芸文庫

英米哲学史講義

一ノ瀬正樹

筑摩書房

目次

まえがき　9

第1章　経験論の源流　19
1 主題の概要／2 経験論からの出発／3 知識・行為・人格／4 中世の経験論／5 フランシス・ベーコン／6 トマス・ホッブズ

第2章　ロック哲学の衝撃　38
1 認識論の誕生／2 観念の方法と生得説批判／3 経験論と知的所有権／4 観念・意識・人格／5 言語のプライベート性／6 知識と確率

第3章　ロックの所有権論　57
1 自然状態／2 自然法から抵抗権へ／3 労働所有権論／4 ロック的ただ

し書き／5　貨幣の導入／6　知的所有権の概念
第4章　ジョージ・バークリの非物質論　74
1　形而上学と認識論のハイブリッド／2　「ペルキピ原理」と非物質論／3　抽象観念批判／4　原因としての精神／5　『視覚新論』の意義／6　「身体」という能動性
第5章　ヒュームの因果批判　97
1　人間の科学／2　因果関係への問い／3　必然的結合／4　自由と必然／5　デザイン論証／6　ヒュームの道徳論
第6章　ベンサムの思想　120
1　功利性の原理／2　快楽の計算／3　禁欲主義／4　共感と反感の原理／5　義務論と功利主義／6　刑罰の正当化と死刑論の展開
第7章　ミルと功利主義　142
1　『論理学体系』／2　因果関係の推定／3　他者危害原則／4　『自由論』の問

題と意義／5　質的功利主義／6　功利主義の豊かな可能性

第8章　論理実証主義と言語分析　163
1　一九世紀ウィーンの経験論／2　ウィーン学団／3　形而上学批判と還元主義／4　センス・データ／5　日常言語の分析／6　行為遂行的発言

第9章　論理学の展開　184
1　ア・プリオリな真理／2　フレーゲの論理主義／3　命題論理／4　述語論理／5　ラッセルのパラドックス／6　嘘つきのパラドックス

第10章　ウィトゲンシュタインの出現　206
1　異色の哲学者／2　『論理哲学論考』の世界観／3　語りえないもの／4　意味の使用説／5　言語ゲーム／6　規則のパラドックス

第11章　現代の功利主義　228
1　シジウィックの議論／2　行為功利主義と規則功利主義／3　ヘアの選好功利主義／4　二層理論と測定範囲の問題／5　シンガーと動物解放論／6　パー

ソンの概念とモラル・ラック
第12章 プラグマティズムから現代正義論へ 250
1 プラグマティズムの格率／2 アブダクション／3 真理論への拡張／4 民主主義そして連帯へ／5 『正義論』のインパクト／6 リバタリアニズム
第13章 帰納の謎 279
1 経験に由来する知識／2 ヘンペルのカラス／3 グルーのパラドックス／4 観察可能性／5 反証主義と理論負荷性／6 生物学の哲学
第14章 自然主義の興隆 302
1 規約による真理／2 経験主義の二つのドグマ／3 自然化された認識論／4 行為の因果説と心の哲学／5 自由と責任／6 倫理学の自然化
第15章 認識の不確実性 327
1 確率と曖昧性／2 二つの確率／3 確率的因果／4 シンプソンのパラドックス／5 条件文と確率／6 ソライティーズ・パラドックス

第16章　ベイズ主義の展開　350
1　実践的推論／2　義務論理／3　ベイズ的意思決定理論／4　ニューカム問題／5　因果的意思決定理論／6　因果・人格・経験
索　引　382

まえがき

本書は「功利主義」と「分析哲学」という二つの哲学・倫理学の潮流について、両潮流の源流に当たる「経験論哲学」に沿いながら論じ、なおかつ「計量化への志向性」という見地から功利主義と分析哲学が融合していく様子を追跡していくことを主題として、二〇一〇年に刊行した放送大学のテキストを、『英米哲学史講義』として新たに改訂増補した書物である。とりわけ、第12章「プラグマティズムから現代正義論へ」を、「英米哲学史講義」というコンセプトに合わせるべく、新たに書き下ろし、付け加えた。これで、完全とまではむろん言えないとしても、英米哲学史全体のおもな流れをおおよそ通覧した内容になっていると思う。

さて、そもそも二〇〇八年に、放送大学の佐藤康邦教授（当時）から、「功利主義と分析哲学」という主題で科目を担当してもらえないか、という依頼を受けたときは、正直、大いにとまどった。二つの領域それぞれが広大な、しかもさしあたり独立したテーマで、その両方を一冊の書物の中で連係させながら論じることに、途方もない困難を瞬間的に感じたからである。非常に迷ったが、少し考えてみると、「経験論哲学」という共通の源泉を要として、しかも「程度」を許容するという意味での「計量化」をともに志向している（少なくともそういう側面がある）という点で、功利主義と分析哲学を一つの構想のもとに論じることは可能かもしれないと考え始め、お引き受けすることにした。

その後、筑摩書房の増田健史氏から、「ちくま学芸文庫」として本書を再版したい、という有り難いお話をいただいた。その際、読者の接近しやすさという点に鑑みて、『英米哲学史講義』というタイトルのもと、コンセプトを一新したい、というご依頼を受けた。私にも異存はなかったが、その新コンセプトのもとで再版するには、どうしても「プラグマティズム」や「現代正義論」についての叙述の欠如が気にかかって仕方がない。ということで、急遽《きゆうきよ》、新章を書き下ろすことにしたのである。

もともとの構想は、最初の五つの章では「経験論哲学」について論じて、第6章から第14章まで功利主義と分析哲学のさまざまなトピックについて検討していく、というものであった。そして、最後に「ベイズ主義」についての章を配して、現代哲学の文脈に沿って、功利主義と分析哲学が融合した姿を論じるという構成になっていた。その途中の第12章において「プラグマティズム」と「現代正義論」を論じることになったわけだが、そのどちらのトピックも、経験論、功利主義、分析哲学と、陰に陽に関わっており、全体のカラーには変化はない。

＊

ところで、「功利主義」という言葉を聞いて、皆さんはどう感じるだろうか。これが倫理学あるいは道徳哲学の一つの立場であることを知っている人でも、あまりポジティブな印象を受けないかもしれない。その理由はおそらくはっきりしている。「功利」という日本語が、倫理や道徳にふさわしくないと感じられるからであろう。私たちにとって倫理や道徳というのは、道端で苦しそうにうずくまっている人がいたら手をさしのべてあげるというような、あるいは暴力など他人を害する行為を控えるといった、他人を思いやる態度のこととしてとらえられているように思われる。これに対して「功利」というのは、「功利的な人」という言い方が日本語では「打算的な人」という意味になることからして、どうしても自己の利益のことを意味する用語として理解され、したがって「功利主義」というのは、なんとなく、自己の利益を追求することをよしとする立場、というように考えられてしまっているふしがある。

もちろん、これは単純な、そして不幸な誤解である。「功利主義」とは、本書第6章以降で詳しく論じるように、社会全体の「最大多数の最大幸福」を実現する行為をよしとする立場にほかならず、決して個人の利益追求をそのまま承認する立場ではない。ある特定の個人の利益追求が、社会全体の幸福を減少させるならば、それを禁ずるのが功利主義の立場であり、享楽的な態度が社会全体を害するとするならば、功利主義は断固としてそれを阻害する。それゆえ、今日「功利主義」は、日本語としての名前の印象のマイナス要因を回避するため、「公益主義」などと呼ばれることもある。私自身は、「最大多数の最大幸福」というスローガンに即して、「大福主義」という呼び名を本書では提唱している。なんとなくふくよかで、しあわせな感じが伴う呼び名で、功利主義が受けてきた誤解を解くのにもよいかと思った次第である。

いずれにせよ、功利主義への誤解が生じるのは、多くの人が、倫理や道徳ということで、さきに挙げたような、人を助けるとか、人を害さないといった、道徳のルールあるいは原則を守ることを、あるいはそれを守ることのみを「道徳的によいこと」として思い描いてしまう、という点にあるように思われる。そんなことは当たり前ではないか、そうした道徳のとらえ方のどこが問題なのか、と思われるかもしれない。けれども、冷静に考えてみると、これは事実を偏ってとらえているし、場合によっては危険な態度にもつながりかねないのである。

まず、私たちは事実として必ずしも「道徳の原則」を守ることだけをいつも正しいと考えて生活しているわけではない。ときと場合によっては、「嘘《うそ》も方便」といわれるごとく、人を苦しませないために嘘をついてしまうこともあるし、外国との交渉などでは、道徳的に絶対にこちらが正しいと一面では思っていても、国益を考えて原理原則を少し曲げたほうがかえってよい、と判断することさえある。つまり、道徳の原則を守るよりも、苦しませないとか、国益にかなうとか、そうした考慮を優先している場合が事実として多々あるのである。そして、こうした私たちの態度をそのまま人間のありようとして認めて道徳哲学を展開しようとするのが「功利主義」なのである。

つまり、「功利主義」は、国益とか、学生の利益とかを考慮しながら展開されている私たちの実際の社会生活の実態をまず認めて、そこから倫理学を構築しようとしているのだが、そこのところが日本ではうまく伝わっていないのである。しかるに、現実の政治、社会、経済の営みは、ほぼすべて「功利主義」的な考え方に実質上のっとっている。そうした実態に目をつぶって道徳哲学を論じるのはいささか偏っているといわざるをえないだろう。

また、道徳のルールや原則を守ることのみをよしとする立場は、結局、道徳の原則を、個々の事情を考慮することなしに、一律にかつ厳格に適用し順守しようとすることになりがちであり、そうした立場は、特定の宗教などに関して生じるような、いわゆる「何々原理主義」と呼ばれる硬直した態度に結びつく危険があるという、この点も注意されてよい。もちろん、だからといって、道徳のルールや原則がないがしろにされてよい、ということには断じてならない。このあたりをどう考えるか、それがまさしく、本書が論じようとしている主題である。そして、現代の正義論は、こうした功利主義に対する検討から発生してきたのである。

功利主義に対する単純な誤解と似たような事情が、アメリカの「プラグマティズム」にも当てはまる。「プラグマティズム」はかつて「実用主義」と訳されていた。「実用」を謳う哲学など、いったい誰が真剣に受けとめるだろうか。訳語は本当に大切である。訳語一つでイメージが固定され、バイアスがかかってしまう。私はかつて、ある先輩の方から、英語で哲学なんてできるのですか、と真顔で問われたことがある。まことに不幸な帰結である。虚心坦懐に向きあえば、功利主義もプラグマティズムも、きわめて深く練られた思想であることは直ちに理解されるだろう。まずは、英米哲学の中身に向きあってほしい。

＊

さて、他方で、「分析哲学」だが、これもある面で誤解されているふしがある。とくに、哲学に少し詳しい人に誤解されているように思われる。というのも、「分析哲学」というと、論理分析とか言語分析に終始した、伝統的な哲学の問題を意図的に軽視する、過激な議論を展開する英語圏の哲学の潮流のようにとらえられているように、ときに感じられるからである。

しかし、こうした「分析哲学」に対する印象は、単にオールドファッションであるにすぎない。確かにこうした印象は、第8章で論じる「論理実証主義」に関しては一定程度当てはまるかもしれない。けれども、二一世紀の今日、もはや事態は著しく変容を遂げている。論理実証主義が排除しようとした形而上学の問題が、分析哲学的な流れの中で堂々と盛んに論じられている。また、一部の論理実証主義の哲学者たちが無意味な命題に分類した倫理学についての主張も――しかも「何々すべき」という規範的な主張が――、まさしく功利主義との連関も含めて、現代の分析哲学の一大トピックとなっている。扱っている主題だけに関していうならば、現代の分析哲学は、ドイツ観念論の哲学と変わりない。存在論、認識論、倫理学、美学、宗教哲学、形而上学。まことに伝統的なのである。

そういう意味で、実は、「分析哲学」という名称は二一世紀の現在、あまり意義を持たない。つまり、「分析哲学」と称して、他の哲学の流れと対比させることにほとんど意義が見いだされないような状況になってきたということである。事実、第1章でも触れるが、現在では実は、「分析哲学」という名称は世界的にはそれほど多く用いられない。むしろ現状では、「認識論」、「形而上学」、「倫理学」、「論理学」、「科学哲学」といった、領域名を用いることのほうが圧倒的に多いのである。私自身、イギリスの哲学者たちと「分析哲学」という語を用いて会話をしていたとき、クワインの哲学のことですか、と問い返されたことがある。クワインは、第14章で論じるが、一九五〇年代から七〇年代ぐらいまでに活躍した哲学者である。つまり、三〇年以上前の哲学を「分析哲学」という名で思い描いているわけである。これが現状である。しかし、そうはいっても、おもに英語圏で展開されている、経験科学や論理と結託した形で、できるだけ明晰《めいせき》な議論を心がける、といった大まかな特徴を持つ哲学の傾向として「分析哲学」という名称を用いることは、少なくとも間違ってはいないし、とくに日本では十分に通用している。私自身、本書では「分析哲学」という名称をそうした大まかな意味で用いている。

*

本書を執筆するにあたって、多くの方々からの恩恵を受けた。まずは、放送大学の関係者の皆様に感謝申し上げたい。そしてなにより、本書『英米哲学史講義』を文庫化することを促していただいた、筑摩書房の増田健史氏に心よりお礼申し上げたい。増田氏の継続的な励ましこそが、本書完成の原動力であった。

放送大学のテキストとして執筆したときには、二匹の愛犬への感謝を記した。いまはもう彼らはいない。寂しいが、自分に与えられた環境と時間のなかで励むしかない。妻と娘、そして愛猫に感謝しつつ、本書を世に送りたい。

二〇一六年五月

一ノ瀬正樹

英米哲学史講義

第1章 経験論の源流

1 主題の概要

本章では、本書「英米哲学史講義」がどのような主題を扱うのか、その概要を記す。本書では、英米哲学の核となる思想を「経験論」としてとらえる。その際、古典的な「イギリス経験論」と、その発展形としての「功利主義」と「分析哲学」に焦点を当てる。「功利主義」と「分析哲学」というのは、ともに哲学の一つの潮流を大まかに表している。「功利主義」とは、ジェレミー・ベンサムやジョン・スチュアート・ミルによって自覚的に創始された、「幸福」ということを最上位の価値として位置づける倫理学の立場で、その後、現代に至るまで実践的諸学問の中に大きな影響力を与え続けている、大変にパワフルな思想である。

今日では、「功利主義」は、ピーター・シンガーの議論に代表される「動物倫理」の議論を一つの要として、生命倫理や環境倫理といった応用的な領域にも巨大なインパクトを与えており、決して無視することができない動きとなっている。しかるに日本では、「功利主義」というときの「功利」という言葉が「利益」という概念を連想させ、それゆえに「功利主義」は、「自分の利益を利己的に追求することをよしとする立場」のことであるというような、とんでもない誤解がはびこってしまっているふしがあり、そのために理解や研究がやや遅れている感が免れない。もしそうならば、それは世界的に見て、ぜひ改善されるべき知的損失である。この点については、第6章から順次論じたい。

また、「分析哲学」とは、およそ二〇世紀の初頭くらいから徐々に一つの哲学の流れとして形をなしてきた哲学的立場の総称で、一般的には、ゴットロープ・フレーゲの業績、それを受けたアルフレッド・ノース・ホワイトヘッドとバートランド・ラッセルによる『数学原理』、そしていわゆる「ウィーン学団」やそれとの緩い結びつきの中で活躍したルトヴィヒ・ウィトゲンシュタインやカール・ライムント・ポパーらの言語哲学や科学哲学などの仕事を発端として、やはり今日に至るまで大きな影響力を及ぼし続けている哲学上の大まかな流れを意味している。「分析哲学」は、概して、経験諸科学の成果をつねに参照しながら、論理や言語を主題的に取り上げ、そのことによって哲学の諸問題に立ち向かう立場であると述べてよいだろう。

実は、「功利主義」自体に「幸福」を経験科学的に計量していくという発想が含まれるがゆえに、今日では「功利主義」も「分析哲学」の一部と見なされることがある。こうした意味での「分析哲学」は、おのずと、経験諸科学を考慮せずに展開されるア・プリオリズム（経験に先立つという意味で、「先験主義」と訳せよう）や形而上学《けいじじょうがく》、そして論理性よりも着想をメタファー（隠喩《いんゆ》、暗喩《あんゆ》）や文学的表現によって叙述しようとするようなタイプの哲学とは、さしあたり一線を画すような形で展開されてきた。

けれども、二一世紀の今日、事情は大きく変わりつつある。「分析哲学」と総称されてきた哲学の流れの中でも、伝統的なア・プリオリズムや形而上学、なかでもさまざまなオントロジー（存在論）や自由意志論などが正面から論じられることが多くなったり、歴史の物語論が分析哲学的な行為論の脈絡から起こりつつも、文学的な叙述を旨とするタイプの哲学と融合していくなど、ことさら「分析哲学」という総称を用いることの意義が薄れてきつつある。実際、今日の欧米では、あまり「分析哲学」という呼び方はなされず、むしろ個別に「メタフィジックス」（形而上学）、「認識論」、「倫理学」という領域名のほうが使われる頻度が高い。とはいえ、もちろん諸科学と連係し、論理的に明晰《めいせき》な議論を目指すという一般的な意味においては、二〇世紀の「分析哲学」の伝統はいまなお継承されている。

2 経験論からの出発

いずれにせよ、功利主義と分析哲学には明らかに共通していることがある。二つ指摘できる。一つは、両者とも基本的に英語圏で活躍する哲学者たちによっておもに展開されてきた、という点である。さらにもう一つの共通点は、すでに示唆したことだが、「幸福」の強調にせよ、科学との連係にせよ、「経験」を基盤にしていくという確固としたポリシーで貫かれている、という点である。すなわち、「経験論」という共通のバックグラウンドを持つ、という点を二つの思潮は共有しているのである。

そもそも、「経験論」ということで最も歴史上著名な哲学の潮流は、「イギリス経験論」であることを考えると、英語圏で展開され、強い経験論的志向性を持つという「功利主義」と「分析哲学」の二つの哲学の潮流の源流は、ほかならぬ「イギリス経験論」ではないかという見込みが生まれてくるのは自然である。実際、古典的な「イギリス経験論」と、ここで主題とする「功利主義」と「分析哲学」とは、多少のでこぼこや相違があるとはいえ、複層的な仕方で連続し、全体として一つの大きな流れを形成しているといってよい。

確かに、「分析哲学」の流れに位置する哲学者の中には、ア・プリオリな演繹《えんえき》論理に議論の基盤を求める人々がおり、それは「イギリス経験論」とは結びつけにくいのだが、そうはいっても、概して「分析哲学」のおもな動向や「功利主義」の展開は、経験論との強い親和性を持つ。そうであるなら、「功利主義」と「分析哲学」を問題にしていくということは、経験論哲学を解き明かしていくということにほかならない。

もちろん、こうした記述の仕方がどのような意義を持ち、どのような理解をもたらすかということは、すべて「経験」とか「経験的」という概念をどうとらえるかということにかかっている。しかし、ここではあまり難しく考えず、もともとの原義に沿い、そして常識的な意味にもかなった仕方で「経験的」ということを理解したい。

そもそも、「経験的」を意味する「empirical」という言葉は、ギリシア語の「エムペイロス」という形容詞に起源を持っている。「エムペイロス」とは、「試みる、企てる、努力する」を意味する「ペイラオー」と、「〜において」とか「〜の中に」を意味する「エム」との合成であり、原義として「努力することの中に」とか「試みることにおいて」ということを意味する。これは、私たちの日常語としての「経験」の概念とほぼ同じである。「経験を積む」という日常的な言い方は、「さまざまに努力し、試みるという過程を経て」という意味にほかならず、「経験的」すなわち「エムペイロス」の意義をそのまま受け継いでいる。「アフリカ旅行をした経験がある」とか「アルバイトの経験がある」というような表現の場合も同様であろう。

このことをなぜ強調するかというと、哲学を知っている人が、かえって陥ってしまう罠《わな》なのだが、「経験的」ということで、「感覚」や「知覚」を通じて、という意味にとってしまう人がいるからである。これはイギリス経験論より後のイマヌエル・カントの用法であって、決してすべての哲学者がそういう仕方で経験概念を用いているわけではない。哲学史を理解するときに、後発の哲学の用語法によって、それ以前の哲学を理解するという、倒錯に陥ってはならない。それに、原義からすると、感覚や知覚に経験を集約させてしまうと、「努力する」、「試みる」という経験概念の核心が見えづらくなってしまう。したがって、本書では「経験的」ということを、原義および日常的用法に即して、おおよそ「努力し試みることの中において」という意味で理解していきたい。

3　知識・行為・人格

さて、このように「経験的」ということをとらえると、特徴的な考え方が浮かび上がってくる。二つ指摘しておきたい。

一つは、この意味での「経験的」というあり方を知識や認識に当てはめたとき、知識・認識と実践・行為という二区分がくずれ、認識と実践が融合していくという点である。「知る」ことと「行う」ことが、明確な区別なく連続してとらえられるということである。というのも、「経験的」に「知る」こととは、何かを努力して追求していくことに、すなわち文字どおり努力して何かを行うことにほかならないからである。辞書を引いて知識を得ること、図書館で何かを調べて「知る」に至ること、こうしたことをイメージすれば、「知る」ことが「行う」ことであるという把握はすんなりと受け入れられるだろう。だとすれば、「知る」主体は同時に「行う」主体であること、つまり行為主体である「人格」（パーソン）が知る主体であること、これも浮かび上がるであろう。*1

こうした見方は、逆に、「行う」ことは、何かを「知りながら」何かを追求していくことであり、よって、「行う」ことも「知る」ことであると考える道筋も開く。テニスを「行う」ことが、相手の出方やルールを「知る」ことにどれだけ結託した行為であるかを思い描いてほしい。この点のゆえに、「功利主義」が知識を論じる「分析哲学」の中に組み込まれることが理解される。「功利主義」は、幸福を追求していく考え方であるため、「何が幸福であるか」を知ろうと努力するという営みを本質的に含むからである。

そして第二に、さきのように「経験」を「努力すること」や「試みること」としてとらえるならば、知識に関してであれ、幸福のような価値に関してであれ、「程度」を許容し、したがってその「程度」の「測定」を本来的に要請するということが出てくる。「努力すること」は、基本的に、いつも進展し続けるプロセスであって、したがって、達成されたものに対して一かゼロかという二者択一の考え方はなじまず、どのくらい、という量的測定や計算を見込む営みだからである。要するに、「計量化への志向性」、これが経験論には本質的に胚胎《はいたい》されているのである。このように特徴づけられる経験概念に基づいた経験論哲学は、のちに論じていくが、哲学者ジョン・ロックを典型的な代表者とする。さらには、功利主義の快楽計算という考え方もまた、経験論の特徴をあますところなく示した考え方であるといえる。

しかし、このような経験論哲学は、一直線で展開されてきたわけではない。ときには、「行う」こととは独立に、「知る」対象が私たちの営みの外に実在する、といった実在論的考え方が混ざり込んだり、努力し試みるという私たちの実際のありようを離れて、抽象的な主体が持ち込まれたりして、いくつかの経験論に反するように見える方向性との衝突や融合のもとで経験論は展開されてきた。

けれども、計量化するといっても、計量の基本単位は厳密には何らかの意味で抽象化されたものでなければならないし、実際、経験論にはそうした抽象化された要素への要請があるからこそ、分析哲学で論理学（それは抽象的に推論形式を扱う学である）が核心をなす主題とされるに至ったわけである。もちろん、あくまでそれは、経験的な問題に対して論理を適用するという動機づけのもとにではあるが。

また、努力して知ろうとすることの究極的なゴールには、私たちの営みを超えた理念的なもののありようがやはり見込まれているはずであり（そうでなければ知識を構成する真理の概念が成り立たないだろう）、その意味で、実在論や抽象化というベクトルも経験論の展開には必要な要素であるといえるだろう。

4　中世の経験論

さて、経験論の源流を少し見ていこう。努力したり、試みたりするということを旨とする経験論哲学が、なにゆえ英語圏、とりわけイギリスに発祥したのかは厳密には分からないが、おそらく、イギリス人のある種の地域性や国民性、すなわち、いきなり理想や理念を掲げるのではなく、現実の生活の中でこつこつ努力して少しずつ新しいものを見いだしていくといった実証性や実際性を尊ぶ地域性・国民性が、何らかかかわっていたのかもしれない。市民革命や産業革命が世界で最初に達成された事実から、そのことがうかがわれるかもしれない。

実際、イギリス経験論の芽は、かなり昔に遡《さかのぼ》ることができる点からして、何かその風土や地域性のようなものがかかわっていたという実感は増す。中世時代の一三世紀に活躍したオックスフォード学派と呼ばれる哲学者たちは、当時のアリストテレス一辺倒のスコラ哲学に批判的であり、数学や自然科学を重視し、経験を重んじた。

まず、ロバート・グローステストの「光の形而上学」が挙げられる。それは、光を物体性の原理ととらえて世界を統一的に理解しようとする試みだが、そうした試みは明らかに世界を数学的・量的方法で測定していくという考え方の先駆けとなっている。また、グローステストの弟子であるロジャー・ベーコンは、人間の無知の四原因を指摘し、数学の意義を強調しながら、実験を用いることの重要性を説き、権威や演繹に依拠した当時の議論法に疑問を投げつけた。さらにベーコンは、世界のすべての現象を「スペキエス」(種)と名付けた物体的な力によって因果的に説明しようとして、科学的な世界観のひな型を提示した。また、この「スペキエス」は、世界に充満しているように描かれており、その限りで、「エネルギー保存則」の考えの萌芽《ほうが》を与えているととらえられることもある。*2

その後、イギリスからはドゥンス・スコトゥスが出るが、彼は形而上学や神の存在証明に焦点を合わせ、経験論哲学とは異なる方向での仕事を残した。

しかし、一四世紀になってイギリスにはウィリアム・オッカムが登場し、その後の経験論哲学に大きな影響を与える。オッカムは具体的かつ個別的な感性的経験と内的な反省的直観を認識の起源として重視し、事物の内にある普遍性を否定し、普遍は単に思考上のものであって、単なる記号にすぎないとして、哲学史上著名なノミナリズム(唯名論《ゆいめい》)を提起した。こうした唯名論は、のちの経験論哲学の発展に大きな影響を及ぼした。

5 フランシス・ベーコン

やがて時代が下り、一六世紀末になると、エリザベス女王治世下においてフランシス・ベーコンが、哲学そして学問の世界に新風を吹き込み始める。ベーコンは一五六一年生まれで、司法職に就き、政治家としても活躍し、大法官にまで上り詰め、爵位も受けた。だが、のちに収賄汚職のかどで捕まり、ロンドン塔に収監される。釈放ののち、研究生活に専念し、一六二六年、雪の中で実験中に肺炎にかかり死去した。彼の帰納法についての議論は、『ノヴム・オルガヌム』（新機関）において展開されている。ベーコンの哲学は「帰納法」の提唱によって歴史上よく知られている。

フランシス・ベーコン　1561-1626年

ベーコンによれば、「新機関」とは、ものごとを探究するにあたって理性を一層すぐれた完全な仕方で使用する学問を意味し、それは論理学の一種の技術ではあるが、三段論法を主とした普通の論理学とは多くの点で異なる。三段論法は形式においては確実性を持つが、三段論法を構成する命題が示している概念の内容が混乱しているとするなら、それにのっとって立てられた結論には何も確実なものはない。したがって、ものごとを探究するとき、三段論法のような演繹論理は、道具として利用はできても、最終的なよりどころにはならない。最終的なよりどころは帰納法の論理にある。

ここでベーコンが触れている対比は、いわゆる演繹と帰納という二つの論理についての対比である。演繹とは、一般的な原理や公理から個別の命題や文を導く場合や、三段論法のように前提されることが含意する結論を導き出す手続きのことをいい、形式的に絶対に間違うことがないが、ベーコンが指摘するように、内容については正しいという保証を与えてくれない。

では、帰納法とは何か。一般に帰納法とは、「このクジラは肺呼吸をしている」、「あのクジラも肺呼吸をしている」などなどの個別の観察から、「およそすべてのクジラは肺呼吸をする」といった結論を導く、いわゆる単純枚挙の推論のことを指すと考えられているが、ベーコンはそうした単純枚挙は子どもじみた飛躍であり、その結論はあぶなっかしく、単に慣れているものだけに注目して結論を引っ張り出しているにすぎないとして退ける。ベーコンの言う帰納法とは、感官と個別的なものから、適切な排除と除外によって自然を分解し、そうして否定的事例を必要なだけ集め、徐々に一般的な命題へと上昇していったのち、肯定的事例について結論を下す、という方法を意味する。

しかしベーコンは、こうした帰納法の出発点をなす感覚に対しても、無条件でそれを信頼するわけではなく、そこに誤謬《ごびゅう》の種が宿されていることを強調する。そうした誤謬を極力避ける方法は、単なる感覚的な観察を越えた「実験」である。ア・プリオリズムとはかけ離れた見方、つねに間違いうるという自覚を伴った見方が、ここに提示されているのである。

すなわち、ベーコンの考えていた帰納法とは、感覚的観察を無条件で信頼せず、注意深く利用しながら、実験という方法を駆使して、少しずつ肯定的な法則命題へと上っていく作業にほかならず、原理的には、間違う可能性を否定できないがゆえに、さらなる探究をいつも要請する、という方法なのであり、そういう意味のもとで彼に帰せられる有名な言葉「知は力なり」は理解されなければならない。いずれにせよ、ベーコンが経験論哲学の意義をまさしく体現する哲学者であったことが、以上からよくうかがい知れるだろう。

二点注意しよう。ベーコンは、正しい帰納法を適用するにあたって、私たちの精神に植え付けられている偏見をなくすことが必要であると考え、かつてロジャー・ベーコンが挙げた「無知の四原因」に対応するかのように、有名な四つのイドラ（偶像）を示し、それを糾弾すべきことを説いた。[*3] 四つのイドラとは、「種族のイドラ」、「洞窟《どうくつ》のイドラ」、「市場のイドラ」、「劇場のイドラ」である。

「種族のイドラ」とは、人間の感覚や知性を尺度として事物をとらえようとしてしまう偏見であって、たとえば犬には言語がないと、人間の言語を基準に断定してしまうことなどがそれに当たるだろう。「洞窟のイドラ」とは、人間各人の性質や受けた教育によって抱いてしまう偏見であって、結核はほぼ根絶したと教えられた医師が、患者の結核の兆候を見逃してしまうことなどがそれに当たる。また、「市場のイドラ」とは、人間相互の接触と社会生活に由来する偏見、とりわけ言葉によって生じる偏見で、ベーコン自身は、学者たちの用いる空虚な言葉を例に挙げているが、「子ども」とか「外国人」というレッテル貼《は》りに伴う偏見も、ここでの例に該当するだろう。そして「劇場のイドラ」だが、これは哲学のさまざまな学説や誤った法則から生じる偏見で、古代や中世の哲学を検討する労を怠り、軽々しく信じ込んでしまうことがそれに当たる。ベーコンは、まずこうしたイドラを取り除くことが正しい帰納法の適用に必要だと考えた。

次に注意すべき点は、ベーコンが帰納法の利用を論じるとき、「aはPである」といった肯定的事例から単純枚挙で「すべてのaはPである」を導くことを強く拒絶して、「aはQでない」という否定的事例から除外を行うことを主張しているという点である。これは、「aはPである」をいくら確認しても、もしかしたら次に観察する「a」は「Pでない」という可能性を排除できないのに対して、「aはQでない」という一つの事例を確認しただけで、「aはQである」という主張を完全に除外することができるというシンプルな論理的関係に基づいた思考法である。この考え方は、のちにカール・ライムント・ポパーによって「反証可能性」の議論として自覚的に提起されるに至る。これについては、第13章で言及する。

しかし、さらに注記すべきは、ベーコンはこうした否定的事例についてさえ、決定的な結論を導くとは全面的には思っていなかったということである。ある主張を覆す実験結果をベーコンは「道標の事例」と呼び、これはいわゆる「決定実験」と同じ意味だが（一つの実験がある主張を決定するという意味）、それでさえベーコンは、「ときとして」解釈を完成させると述べるだけで、決して絶対的な権威を認めることはしない。まことに、ベーコンの言う帰納法は慎重かつ用意周到なものなのである。しかし、実験を重ね続けたのち、自然の解釈の仕事を肯定的に行うときが来る。そのときには、決然とジャンプして解釈を開始し、その後、また新たな段階において帰納法的な探究を続けていく、これがベーコンの考える認識のあるべき姿なのであった。

6 トマス・ホッブズ

さて、ベーコンより少し遅れて、イギリスではトマス・ホッブズが影響力を示し始めてくる。ホッブズは一五八八年に生まれ、オックスフォード大学に学び、多様な外国語を身につけたのち、貴族の家庭教師として活躍する。ヨーロッパ大陸への旅行を何度か行い、ガリレオ・ガリレイなどとも会談し、そしてベーコンその人からも直接学びつつ、近代自然科学の考え方を吸収する。

ホッブズは、物理的現象に関して、アリストテレス的な目的論、つまり事物は何かを目指して運動するという見方を排除して、原因があり、そして結果が生じるということを目的概念と独立にとらえるという立場、すなわち機械論的自然観を採用するに至る。これは、当時の自然科学に即した立場を採るということであり、その限りでホッブズの考え方は経験論的であるといえる。

トマス・ホッブズ　1588-1679年

しかしホッブズは、ベーコン以上に感覚の信頼性に懐疑的で、当時の自然科学の、原理から言葉の定義を介して演繹的かつ確実に結論を導くという幾何学的な側面を非常に重視し、懐疑から免れた知の体系を求めようとした。そのため、私たちの感覚的経験ではなく、この世界には私たちの感覚と独立に物体が存在するとする実在論的な仮説を採用し、そこに科学的知識の基盤を求める。こうした方向性は、経験論の発想とは多少異なるものであり、そうした非経験論的な傾向は、彼の機械論的自然観と幾何学への志向性とが相まった形で、政治哲学にも反映される。

ホッブズは、主著『リヴァイアサン』において、国家権力の正当性を検討するため、国家が存在しない人々の状態を仮説的に想定する。これは「自然状態」と呼ばれる。この際、ホッブズは、自然状態に生きる人間に対して機械論的な見方を取り、人間を、快楽を追求し、苦痛を避けるという行動をいわば自動的に行う一つの機械であるととらえる。このようにとらえると、どのような状況が演繹されるか、というようにホッブズは考える。そして、有名な「万人の万人に対する闘争」という、「戦争状態」が帰結するという議論を展開する。

ホッブズによれば、自然状態において各人は各人の快楽を追求するという「自然権」を有しており、そうした自然権の互いによる行使からは必ず競争が帰結し、衝突が起こる。こうした戦争状態は、死によってのみ終結する悲惨な状態であり、それがゆえに、平和を求めるという「自然法」がここから導出され、それにのっとって各人が一人の人間または合議体に自然権を相互に譲渡するという「契約」を結ぶことにより国家権力が形成された、そういう意味で国家権力の正当性は演繹的に論証される、これがホッブズの議論である。

ホッブズは、人々の自然権の譲渡によって形成される国家を、人工的な「パーソン」(人格)ととらえ、これは自然権を譲渡した各人が自分たち自身の意志を具現する存在であって、その意味で国家権力の判断は各人自身の判断にほかならない、したがって国家に人々が抵抗することはできない、なぜならば国家に抵抗することは自分自身に背くという不正になるからだと、そのように論じ及ぶ。

このようにホッブズの契約論の中では、国家に人々が抵抗することは否定される。そして、これらの議論展開はすべて、機械的な仕方で快楽を求め、苦痛を避け、それゆえに互いに戦争状態に陥ってしまう、という人間のとらえ方から演繹されるものである。ホッブズのこうした議論は、合理性の意味を、さまざまな想定のもとで、透明な論理性のもとで検討しようとする今日の「ゲーム理論」にもつながるところがあり、彼の戦争状態論はゲーム理論でしばしば扱われる「囚人のディレンマ」の一例と見なされるときもある。

しかし、もちろん、ホッブズの仮定するような人間像は、はたして人間のとらえ方として承認できるものなのだろうか、たとえば母親とその乳飲み子の間にも戦争状態が発生してしまうのだろうか、といった当然の疑問が出るだろう。これらについては、ジョン・ロックについて論じるときに少し触れたい。

いずれにせよ、こうしたホッブズの哲学は、自然科学に重きを置き、ベーコンの経験論的な考え方を継承し、それに一つの見方を加えたといえるとしても、幾何学的な演繹法へとぐっと傾き、しかも経験と独立な実在を前提するというものでもあり、経験論の流れからやや外れた道筋をたどっていると、そうまとめることができよう。

参考文献

一ノ瀬正樹『人格知識論の生成——ジョン・ロックの瞬間』、東京大学出版会、一九九七年
フランシス・ベーコン『ノヴム・オルガヌム』、服部英次郎訳、『世界の大思想6』所収、河

出書房新社、一九六六年
トマス・ホッブズ『リヴァイアサン』、水田洋・田中浩訳、『世界の大思想13』所収、河出書房新社、一九六六年
マックス・ヤンマー『力の概念』、高橋毅・大槻義彦訳、講談社、一九七九年

注

＊1　こうした路線の議論展開については、拙著『人格知識論の生成』を、とくにその序章を参照のこと。

＊2　このあたり、マックス・ヤンマー『力の概念』第四章を参照。

＊3　ベーコンは、人間の精神が「空白な書板」(tabula abrasa) であるなら問題ないが、そうではないので、まずは偏見をぬぐい去ることが必要だ、と述べる(『ノヴム・オルガヌム』二一九頁)。この述べ方は、次章で論じるジョン・ロックが、人間の心はもともとは「何も書かれていない板」(tabula rasa) であるとしたことと表現上は対応しているが、趣旨が正反対になっている。ベーコンとロックという、イギリス経験論の創始者二人が、人間精神に関する正反対の認識から論を立てたことは大変に興味深いと言える。

1〜16章の参考文献の著者名が、本文に合わせた表記になっている場合もあることを、ここにおことわりしておく。

第2章　ロック哲学の衝撃

1　認識論の誕生

本章では、経験論の哲学の真の意味での創始者であると同時に、現在でも経験論哲学の前衛に立っているといってもよいほど突出した影響力を及ぼしている哲学者、経験論哲学の本丸にどかっと居続ける哲学者、ジョン・ロックについて論じる。

ジョン・ロックは、一六三二年にイングランドに生まれ、長じてオックスフォード大学に学び、哲学、法学への関心を深めていくと同時に、自然科学者のロバート・ボイル、医学者のトマス・シドナムと交流し、自然科学や医学に傾倒していった。ロックは、のちにアシュリー卿（のちのシャフツベリ伯一世）のもとに仕え、その支援により多くの研究を成し遂げていくが、その間、アシュリー卿の肝膿瘍《かんのうよう》の開腹手術をロック自身が執刀してもおり、彼は生涯、医学への関心を持ち続けた。

こうしてアシュリー卿のもとで研究を続けるうち、一六七一年ごろに知識人たちとある会話をしたことがきっかけとなって、ロックは自身の哲学の体系化に大きく踏み出すことになる。それは、一六九〇年に出版された『人間知性論』という西洋哲学史上屈指の古典的著作となって日の目を見ることになる。

この『人間知性論』を生み出すきっかけとなった知識人たちとの会話とは、道徳や宗教の原理をめぐるものであったらしく、『人間知性論』冒頭に置かれている「読者への手紙」によれば、そうした主題を論じているうちに、そもそも人間の知性の能力を調べ、人間知性が取り扱うのに適した対象と適さない対象とを見定めることが何より必要なのではないかと思い至り、それがこの『人間知性論』へとつながったと記されている。すなわち、人間の知識の起源・確実性・範囲、および知識未満の信念や同意の根拠と程度を探ること、これが同書の主題である。ここに、いわゆる近世認識論が本格的に誕生するのであり、ロックの議論は先駆的なものとして、その後の認識論の展開に重大な影響を与え続けた。

ジョン・ロック　1632-1704 年

たとえば、のちに近世認識論を一つの頂点に導いたイマヌエル・カントは、『プロレゴメナ』三節において、「ア・プリオリで総合的な判断」というカント固有のとらえ方の源泉が、ロックの『人間知性論』にあることを明言している。「ア・プリオリ」とは、経験に先んじて、つまり経験によらず、という意味で、「総合的」とは、主語に含まれていない内容を述語として与える判断のことで、カントは数学や自然科学の判断などがそれに当たると考えた。そして実際、ロックは『人間知性論』(四・八・八)で、同語反復のような、確実だが知識の拡張をもたらさない非啓発的な命題に対して、幾何学的命題は確実であり、かつ啓発的であると論じている。*1

2 観念の方法と生得説批判

さて、『人間知性論』の中身に目を向けよう。同書は四巻から構成されている。第一巻は、「生得的思念について」(Of Innate Notions) と題されている。ここで最初に、「観念」(Idea) という、ロック哲学にとってアルファでありオメガであるというべき最重要の基本用語が導入される。「観念」とは、「およそ人間が思考するときに知性の対象となるもの一切を表示するのに最も役立つと私が考えた用語である」(一・一・八)。『人間知性論』は隅から隅まで完璧《かんぺき》に「観念」をめぐる議論を展開している。ロック認識論がしばしば「観念の方法」(the Way of Ideas) と称されるゆえんである。

しかし、この規定をもって、「観念」を心像（イメージ）あるいはセンス・データ（感覚与件）と単純にとらえてはならない。[*2] なぜなら、ロックは、「知識」や「思考」それ自体（二・六・二）や、「存在」や「単一」といった高度に一般的な概念（二・七・一）も、「観念」として扱い、論じているからである。それゆえ、ロックの「観念」は、ロック哲学に固有の用語としてとらえられるべきである。実際、ロック自身、『人間知性論』全体にわたって、「Idea」というように大文字で始まる表記をしている。特殊用語であることを明示しようとしていたと考えて間違いないだろう。いずれにしても、「観念」は、最も基本的な用語でありながら、最もミステリアスな概念であり、依然としてロック哲学の理解は、結局は「観念」をどうとらえるかにかかっているのである。

しばしば「ポスト・モダン」などということが言われ、「モダン」はもはや乗り越えられてしまったかのようなもの言いがなされたりするが、実は、「モダン」の核心に位置していたロックのような哲学史上名高い哲学者の思想でさえ、その哲学の意義はいまだ明確に理解がなされているとは言い難い状況なのである。「ポスト・モダン」を言う以前に、いまだ「モダン」は謎として立ちはだかっている。しかし同時に、私たちは「モダン」の延長上に、「モダン」の強い影響力のもとで生きている。なので、たとえば、知識と実践とのかかわり、自由や責任の問題などに沿って、「モダン」の謎がときどきリアリスティックかつ切迫した仕方で姿を現し、近世の哲学・思想への振り返りを促す。哲学・思想を学び研究することの意義は大きい。

さて、「観念」を導入した後、ロックは、人間は生まれながらにして知識を持っていると主張する生得《せいとく》説の批判を行う。ルネ・デカルトやゴットフリート・ヴィルヘルム・ライプニッツ、あるいは当時のイギリスの何人かの哲学者たちは、知識の普遍性を申し立てるとき、この生得説にコミットしていたが、ロックはそうした論調をきっぱりと退けようとする。ロックは、人間の心は生まれたときには「何も書かれていない板」(tabula rasa)だ、と考えたのである。

ロックの議論の根拠は明快である。生まれたばかりの赤ちゃんは知識獲得の経験を積んでいないのだから、知識を持っているとはいえない、実際、赤ちゃんは、生得説者が生得的知識の典型とするような論理的原理(同一律や矛盾律)をまったく認知していない、というのである(一・二・四-五)。つまり、そうした原理について赤ちゃんにたずねても答えられない、ということである。明らかにこうした議論は、知識・認識をどうとらえるかに依存する。第1章でも触れたが、経験論の考え方にストレートに従うならば、知識や認識は認識主体の中に生成するある種の現象または出来事としてとらえられ、それは場合によってはある種の実践・「行うこと」であるとも解される。

たとえば、筑波山《つくばさん》の標高は八七六メートルであると知る、というのはそれなりの時間と労力の結果として達成される一つの実践であるといった理解の仕方こそが、経験論的な発想法による知識概念となる。そして実は、ほかならぬロックこそ、こうした知識観を全面的に展開した哲学者なのである。というのも、ロックは知識や認識を個人が何らかの努力によって獲得して、現に意識しているものと解していたからである。ならば、定義的に、誕生直後の赤ちゃんが知識を持っているということはありえないことになる。

これに対して、生得説支持者は、知識というものを、特定の個人が現に意識しているものというよりも、真理に対応する内容や表現として押さえて、その上でそうした真理の体系を可能ならしめる基本的な原理（論理的・数学的原理など）を生得的（本有的）な知識として強調したのだと考えられる。言ってみるなら、生得説支持者が、文章として表された内容を「正しいかどうか」という観点から知識を論じるのに対して、ロックはその知識を「持っているかどうか」という観点から認識論を構築しようとしたのである。「真理」より、むしろ「所有」を機軸にした認識論である。

こうした路線は、事柄として決して奇妙ではない。さきの「筑波山の標高は八七六メートルである」という文に対して、その正しさを問題にする文脈は当然あるが、あなたや私がそれを知っているかどうかが問われる文脈ももちろんあるからである。入学試験を想起してほしい。特定の知識を持っているかどうかが、そこでは決定的な違いとして際立ってくる。知識を論じるとき、いつでも、それが正しいかどうか、ということだけが問題となるわけではない。その知識を持っているかどうか、ということが問題になることもしばしばあるのである。

ロックは、こうした知識観に沿った形で、「誰が」知っているのか、という観点に焦点を合わせて認識論を構想し、それがゆえに生得説をまずは退けたのである。こうした生得説批判は、単に理論的な原理だけではなく、実践的な原理にまで及び、道徳法則や自然法や神の概念などの生得性も明快に否認される。この問題は、二〇世紀になってノーム・チョムスキーが普遍文法の生得性を言い立てたことによって、新たな形で再燃したことは記憶に新しい。

3 経験論と知的所有権

さて、以上に確認した考え方から引き出される二つの点を押さえておく。第一に、『人間知性論』を生む機縁となった知識人たちとの談話に際して、道徳や宗教の原理が主題となり、そこから認識論が開始されたということが、ロック認識論が道徳論的出自を持つことを意味するという、この点を注記したい。あるいは、知識と行為の交差するさまに目を向けることから発してきた、というべきだろうか。

実際、ロックは、『人間知性論』全般にわたって、私たちの知識は、努力や注意をした上で現に意識することによって確立されてくることを強調する。知識・認識は、私たちの労働のたまものなのである。このことは、ロック哲学の標語というべき、ロックが自らの論述法に与えた名称、「historical, plain method」（一・一・二）に現れているとみてよい。

これは、「事象記述の平明な方法」と訳されてきたが、『人間知性論』の与える文脈からすると、「historical」は「事象記述の」ではなく「歴史的で」、つまりは「過去から現在に至る時間の積み重ねにおいて」と素直に訳したほうが、ずっと適切である。各個人の努力の積み重ねの歴史、そうした個人の努力の背景をなす社会の歴史的環境、そのようなファクターに知識・認識の核心を見定める、と解するとき、「historical, plain method」（つまり「歴史的で平明な方法」）はまことにロック認識論の標語にふさわしいと思われるからである。

第1章でも触れたが、「経験的」（empirical）とは、もともと「努力し試みることの中において」という意味を持つ。してみれば、ロック哲学はまさしく「経験論」の代表であると言えるだろう。言い方を換えれば、「経験論」とは、歴史的な位相で現れる私たちの行為に沿って知識・認識を理解していこうという態度であると理解されなければならない。この点で、感性の形式と純粋悟性《ごせい》概念という、無時制的に成り立つ、つまり過去・現在・未来という私たちの実践や行為を規制する要素とはさしあたり無関係に、したがって経験に先立つア・プリオリな位相でもって認識をとらえようとするカント哲学とは、まさに対極である。

実際、ロックは、しばしば知識のありようの、年齢による相違や、さまざまな文化間における相違に言及するが、カントのア・プリオリズムに導かれる認識論の中に、年齢差による相違といった観点を見いだすことは困難である。哲学史の教科書の中では、しばしば、カントは大陸合理論とイギリス経験論とを融合させた、などという記述がなされることがあるが、私がこの「英米哲学史講義」で導入している経験論の意義に従う限り、カント哲学の中に経験論的な要素を見いだすことは難しい（もっとも、厳密に言えば、カントは人倫の形而上学《けいじじょうがく》、地理学、人類学などの主題に即しては、ア・プリオリズムというよりも、経験論といったほうがいいような観点を導入している）。

次に引き出される二つ目のポイントは、『人間知性論』の描き出す人間の知識とは、さきの第一の点から分かるように、努力を蓄積した各個人に宿る（裏返せば、努力しない者にはそうした知識が成立しない）ものであり、その意味において『人間知性論』は、現代の知識概念をめぐる最重要キーワードである「知的所有権」、あるいは「知的財産権」（intellectual property）の問題を論じるのに、まことに適した構図を提供しているという点である。

「知的財産権」とは、知識の所有に関する権利であり、したがってこの第二の点は、知識概念と所有権概念とはどのように連関するかというスリリングな問題と結びついていく。この問題は、次章において主題的に論じる、ロックのもう一つの主著である『統治論』、そこにおける所有権論が、『人間知性論』とどういう関係にあるのか、という問いを自然と促す。

いずれにせよ、哲学史で語られる認識論（カントに集約される）が、年齢差・性差・経歴差などを捨象《しゃしょう》した、人間一般の抽象形である「主観」をめぐって記述されてきたのとは完全に裏腹に、認識論のスタートラインには、むしろ歴史的・社会的にそれぞれに異なった事情にある個人に、その個人が獲得した何かとして立ち上がるような知識概念がすでに誕生していたのである。『人間知性論』が宿すこの先鋭的な現代性を、見落としてはならない。

4 観念・意識・人格

『人間知性論』第二巻に目を移してみよう。第二巻は「観念について」（Of Ideas）という表題のもと、「観念」それ自体についての論究を行っている。ロックは「観念」を論じるにあたって、その源泉と構成という二つの角度を交差させることによって大まかな分類を与える。「観念」の源泉として「感覚」と「内省」が挙げられ、「観念」の構成に関して「単純」と「複雑」という区分が提起される。ここで問題を提起するのは、単純・複雑の区分、とりわけ「単純観念」である。

ロックは「単純観念」を論じるとき、感覚に由来するもの、内省に由来するもの、感覚と内省の双方に由来するもの、といった分類を立てながら、色、音、空間、形、思考すること、意志すること、力能、存在などを「単純観念」としてリストアップする（二・三−八）。こうしたリストを一見しただけで、「単純観念」がモザイクやパッチワークのような空間的合成の単位・アトムとして導入されているのではないことがただちに明らかとなる。

では、どういう意味で「単純」なのか。ヒントは、第三巻の言語論にある。ロックは語句の「定義」という言語実践について、それは「単純観念」を列挙することによって行われるのであり、「単純観念」自体は定義されない、と論じる（三・四・六−七）。つまり、私たちの言語実践の中での「定義されない」ものとして、「単純観念」が押さえられている。言い換えれば、ものを説明するときに、これ以上説明できないという打ち止めの地点に現れる「観念」として「単純観念」が導入されているのである。そして、そうした対人的な説明の基盤にあるという点において、私たちは「単純観念」を勝手に作ったり消去したりすることはできないともいわれる（二・二・二）。「単純観念」は公共性を担っているのである。

反対に、「複雑観念」は、心は「新しい複雑観念を勝手に作り出すことができる」（二・二・二）とされるように、私たち個人の創造性にゆだねられている。「複雑観念」は、様相、実体、関係の三つに分けられるが（二・一二・三）、そうした領域で私たちは、さまざまな「複雑観念」を案出し、自分のものとすることが原則的に可能である。「複雑観念」はプライベート性を担っているのである。

「単純観念」内での「一次性質と二次性質」という著名な区分にも、こうした思考様式が認められる。大きさや形などの「一次性質」は、制度的に流通した科学理論に即して公共的に認められるべき「観念」であるのに対して、色や匂《にお》いなどの「二次性質」は、言語実践としては確立されており、その意味で公共的でありつつも、「一次性質」と因果「関係」にあるものとして（そうした「関係」を宿すという意味で「複雑観念」を織り込んでいるがゆえに）、それを語る本人にそう語り立てる最終的な権威があるような、プライベート性に傾斜した「観念」なのである。

さらに、第二巻で見落とせないのは、第二七章「同一性と差異性について」で論じられる人格（person）論である。ロックは、「同一性」という観念を、互いに意義を異にする三つの場面に区分する。実体、生物、人格の三つである。実体については時間空間的な一つの起源、生物については同じ体制の身体に、それぞれ同一性の根拠が求められる。

では、人格あるいは人格同一性の根拠は何か。この問いに対して、ロックは、それは「意識」（consciousness）である、と答える（二・二七・九）。この場合の「意識」とは、必ずしも「記憶」と同義ではなく、人格とは「法廷用語である」（二・二七・二六）とされるように、第三者の観点から課せられる、規範的含みを持った様態であり、「意識」と同語源の「良心」（conscience）と密着した本来の用法である。「良心」と「意識」とは、ともにラテン語の「conscientia」という用語、つまり「共有知識」を意味する語に起源を持つ。実際、今日の日本語の用法でさえ、これに沿った「意識」概念の用例がある。

たとえば、「バリアフリーの時代に向けて意識を高めていこう」といった場合の「意識」である。これは、明らかに個人に内在する、当人にのみ接近可能な何か、ということとは異なる、もっと共同的なものを指している。しかるに実は、すでに示唆したように、ロックの考えでは、知識が成立すること、「観念」が立ち上がること、それもまた、努力をした上で「意識」することに基づくのであった（二・一・二ほか）。してみれば、「観念」や知識とは、「人格」において生成する、あるいは「人格」、「パーソン」として生成する、という事態がロックによって描かれていることになる。これは実に重大な主張であるし、ロック哲学の一つの結束点でもある。なぜなら、次章で触れることの先取りになるが、ロックの『統治論』では、所有権の基盤がやはり「パーソン」であると明言されているからである（第二論文、第二七節）。ここに、知識の所有という事態に対応する認識論が生成していることは疑いない。この点については、次章でもう少し詳しく検討する。

5　言語のプライベート性

すでに触れたように、『人間知性論』第三巻は、「言葉について」（Of Words）と題された言語論である。これまでの私のまとめから分かるように、言語についての考察はロックにとって本質的であり、ロック認識論とは言語論であるといってもよい。

言語の意味についてロックは、それは「話し手の観念である」（三・二・二）というテーゼを立てる。これによって、ロック言語論は、意味とはそれぞれの使い手だけが接近できる私的なものである、とする「私的言語」論の典型と目されてきた。そしてそういう意味でロックは、第10章で論じるルトヴィヒ・ウィトゲンシュタインの私的言語批判の標的ではないかと長らく言われてきた。はたしてどうなのだろうか。

確かにロックは、言語に、つまりはその意味の本体である観念に、プライベート性があることを見越していた。しかし、言葉の意味についての人々の「暗黙の同意」（三・二・八）に言及し、それに従わなければ適切に言葉を使っているとは言えないとする点からしても、ロックが言語の社会性・公共性をむしろ前提していたことは明らかである。

では、「観念」のプライベート性とは何か。それは、彼の全体のスキームからして、「私的所有」という意味でのプライベート性であると考えるべきだろう。すなわち、ロックの言う言葉や観念のこうしたプライベート性は、本人だけに理解できるという意味のプライベート性ではなく、むしろ、たとえば、詩人や作家が紡ぎ出す言語世界がそれらの著者に固有のものであり、場合によっては私的所有を主張できるようなものである、という意味でのプライベート性なのである。

こうした点は、なにも詩人や作家の紡ぎ出すような芸術的なレベルに限らない。私たちの日常的な会話においても、そのときどきに試みにかつ即興的に用いられる語彙《ごい》や口調は話者固有のものであって、おそらくはその人の人格性・パーソン性と深く結びついたプライベートなものであろう。いずれにせよ、ロックの思考は「経験的」ということの原義に沿った形で、首尾一貫して展開されていることが分かるだろう。

6 知識と確率

さて、『人間知性論』第四巻に移ろう。第四巻は、「知識と意見について」(Of Knowledge and Opinion) と題されており、ロックはここに至って、ようやく直接的に知識そのものを主題化する。「観念間の一致・不一致の知覚」(四・一・二)、これがロックの与える知識の定義である。ロックはこうした一致・不一致の知覚としての知識を四つに区分する。「同一性あるいは差異性」、「関係」、「共存あるいは必然的結合」、「実在」の四つである。

一致・不一致の知覚とは何なのかという点で、いささか分かりにくい議論である。

たしかに、「この白い石けんは黒くない」といった場合は、「白い石けん」と「黒い」が不一致であるとして、つまりは「白い石けん」と「黒くない」が一致しているとして、知識の成り立ちを説明できるかもしれない。しかし、たとえば「この石油に火を近づけたならば、ただちに燃え広がる」といった、条件文の形での知識など、どういう意味で一致・不一致ということを測るのだろうか。しかもロックによれば、「知覚」や「知識」それ自体も「観念」とされていた（二・六・二）のであり、そのことも混乱を助長する。

また、ロックは、知識を「現実的知識」と「習慣的知識」に区分し、後者を「直観的知識」と「論証的知識」に細分していくが、その過程で、外的対象の実在を伝える「感覚的知識」という奇妙な知識概念も加える。ロックの言う「現実的知識」とは、一致・不一致を現にいま知覚しているときの知識であり、「習慣的知識」とは、かつて現実に一致・不一致を知覚して、それが記憶され、習慣化したもののことである。そうした「習慣的知識」の中で、想起するとただちに現実に一致・不一致を確認できるものが「直観的知識」と呼ばれ、想起したとき、一致・不一致の知覚を再度確認しなくても、一度固く信じたという点をよりどころにして知識が成立するものは「論証的知識」と呼ばれる。三角形の内角の和が二直角に等しい、といった知識が「論証的知識」の例として出される。

さらに、「感覚的知識」とは、感覚している対象が私たちの外に実際に存在するとする知識のことである。しかし、こうした私たちの感覚と私たちの外の実在との一致・不一致は原理的に不可能なのではないか。こうした疑問がすぐに湧《わ》いてしまうだろう。この点、これ以上踏み込まないが[*3]、いずれにせよ、こうした点を十全に理解するには、第四巻後半で展開される、知識未満の信念を「意見」や「確率」(probability)というタームで位置づけていく議論を考慮していく必要がある。結局、「確率1」が知識に当たり、「1未満の確率」が意見に対応するのだから、「確率」概念によって全体を統括できるからである。

歴史的なことを言うと、ロックの『人間知性論』が刊行されるよりも三〇年ほど前に、フランスの哲学者ブレーズ・パスカルによって、「確率」の考え方が数学的に体系化された形で人類にはじめてもたらされた。これは決定的な出来事であったといってよい。その後、一九世紀、そして二〇世紀に至るまで、私たち人類のおよそすべての学問に確率的な思考法が順に浸透していった。このことはしばしば「確率革命」などと呼ばれる。私は、もし総括的な哲学史を語るとするならば、確率概念の導入前と後とで、最も大きな思想の転換がなされた、ということを基軸として語るべきだと、そのように思うくらいである。いずれにせよ、ロックは、いわば「確率革命」の最初期に位置していた哲学者だったのである。

ロックは、たとえば、熱帯地方に生まれて育った人が、人間が氷の上を歩くのを見たと誰かが証言したとき、「確率」によってその信頼性を測る必要が出てくる、というように

「証言」を媒介した認識の様態について主題化している。そして、私たちの経験に合致する証言、多くの人々の一致した証言などの場合は、それが正しい確率が高く、経験に反する証言やきわめて時間的に隔たった、つまり古い証言などの場合は、高い確率は与えられないなどと論じ、さらには感覚を超えた事柄、天使とか悪魔の存在とか、奇跡の問題とか、そうした事柄についてはは類比（アナロジー）が判断のよすがであって、それによって正しい確率は与えられるべきだと論じ及ぶ。これは、第16章で論じる「ベイズ主義」を彷彿《ほうふつ》とさせる議論展開であり、ロック経験論の現代性・前衛性が十分にうかがえる部分である。その意味で、ロック哲学の衝撃は依然として今日まで残存しているのである。

いずれにせよ、こうした展開からすると、ロックの知識論は、「確率」という度合いや量を核心的な基準として持つ、ということになる。努力して、試していく、という「経験的」の原義は、第1章でも触れたように、度合いを高めていく、という量的な考え方を同時に含んでいたという点を想起するならば、まさしくロックは経験論の真ん真ん中を突き進んでいった哲学者であるといえるだろう。

参考文献

一ノ瀬正樹「感覚的知識の謎――ロック知識論からするプロバビリティ概念の探究」、『西洋

哲学史再構築試論』（渡邊二郎監修）所収、昭和堂、二〇〇七年
イマヌエル・カント『プロレゴメナ』、篠田英雄訳、岩波文庫、一九七七年
Locke, J. *An Essay concerning Human Understanding*. ed. P. H. Nidditch, Oxford University Press. 1975.
ジョン・ロック『人間知性論』㈠〜㈣、大槻春彦訳、岩波文庫、一九七二－七七年

注

＊1　以下、『人間知性論』からの引用は、巻数・章数・節数を記して引用個所を明示する。
＊2　もっとも、「センス・データ」もそう単純な素材ではない。この点については、本書第8章を参照。
＊3　この点、詳しくは拙論「感覚的知識の謎」を参照してほしい。

第3章　ロックの所有権論

1　自然状態

第2章に続いて、ジョン・ロックを扱う。ロックは、前章で取り上げた『人間知性論』という哲学史上の古典的作品以外に、もう一つ、人類に大きな影響を与えた作品を残している。『統治論』（『市民政府論』、『政府二論』、『統治二論』などとも呼ばれる）である。これは中学校の教科書にも載っている古典である。この著作が世に出たのは『人間知性論』刊行と同年の一六九〇年であり、匿名の書物であった。いくつかの直接・間接の証拠により、これがロックその人によって書かれた著書であることがほぼ確証されている。

この『統治論』は、イギリスの名誉革命後に刊行されたので、一六八八年のイギリス名誉革命への影響は語ることができないとしても、次の世紀、つまり一八世紀の、アメリカ独立宣言、フランス人権宣言に対しては大きな影響を与え、基本的人権思想の基礎となった記念碑的著作である。日本国憲法が「基本的人権の尊重」(第一一条など)をうたっている限り、日本の法制度もまた、事実上ジョン・ロックの思想の影響下にあるといえるだろう。

さて、『統治論』という著作は、第一論文と第二論文の、二つの部から成り立っている。第一論文では、ロバート・フィルマーの『族父権論』で展開される「王権神授説」に対する批判が展開される。ロックは、フィルマーが『聖書』の記述を根拠にして王権神授説を展開するときの論法が、はたして正しく『聖書』の記述にのっとったものになっているかということを検討し、フィルマーの議論が決して『聖書』によって根拠づけられることはないと論じるのである。たとえば、神によってアダムが創造されたことはアダムが支配権を授与されたことにはならないとか、仮にアダムに支配権が授与されたとしても、それを誰が継承するのかは確定できないとか、そうした批判である。そうしてロックは、このように王権神授説を退けた後、では政治的な支配権や統治権の根拠はどこにあるのか、ということを自らの説として第二論文で展開する。

一般的にいっても、総理大臣の持つさまざまな権利、警察の持つ権力、市役所の持つさまざまな認可権など、よく考えてみれば、この社会には多くの政治的統治権あるいは法的権力が機能しているが、それらは、強力でありながら、目に見える何かなのではない。

では、それはいったい何であり、なぜ私たちはそれに従わなければならないのか。こうした問題設定は、当時の西洋世界では大変ポピュラーなもので、第1章で扱ったトマス・ホッブズもまさしくこの問題を扱っていたわけだし、フィルマーの王権神授説もまた、そうした問題に対する一つの応答であった。王権による支配がゆらぎ始めた時期なので、そうした支配権の根拠づけが改めて必要とされたのである。

この問題を扱うにあたってロックは、政治社会が発生する以前の段階に目を向けて、それがどのようにして政治社会に移行していくのか、ということを吟味する。政治社会が成立する以前の世界のあり方は、ホッブズの場合と同様、「自然状態」と呼ばれる。「自然状態」とは、定義上、いかなる政治的権力もない状態のことだから、誰もが誰にも支配されない、自由で平等な状態である。ロックの言う「自然状態」は、ホッブズの「自然状態」のような仮説的な意義も持つといえそうだが、国と国との関係、新大陸アメリカの状況などを、現実の「自然状態」ととらえており、その点で事実記述的な側面を濃密に持つ。それに、ロックの場合、ホッブズと違って、「自然状態」においても人々は必ずしもつねに戦争状態になってしまうわけではなく、「自然法」のもと、緩やかな結合をなしているとする。この点は、動物の場合と同じで、政治社会が成立していないからといって、たとえば母親と乳飲み子の間に、あるいは繁殖の相手相互の間に、戦争状態が生じるなどということとは生物の事実としてないわけで、ロックの「自然状態」は、そうした生物的事実も見据えたものとなっている。

しかし同時に、いま述べたように、ロックは「自然状態」を「自然法」という、神の命じた永久の道徳法則とも結託させてとらえており、その意味でロックの「自然状態」は、単なる事実記述として描かれているのではなく、道徳をそこに含み持つ、という意味で、規範的な意味合いをも帯びていた。事実と規範を融合させた議論構成で、ホッブズと比べて議論が純粋に論理的に展開しにくくなっていることになるが、それは別の言い方をすれば、さまざまな反論に備えた説得力を勝ち得ているともいえるのである。

2　自然法から抵抗権へ

では、こうした「自然状態」における「自然法」の命じることとは何か、ということになる。一言でいってそれは、自己を保存せよ、そして自己保存に矛盾しない限りで他者ひいては人類を保存せよ、という二つになる。こうした自然法のとらえ方の根底には、あらゆるもの、とくに人類は神が創造したものである、それゆえ私たち自身であっても私たち自身を勝手に処分してはならず、維持していかなければならないとするキリスト教的な論理がある。

では、どのように自己保存を成し遂げていくことができるのか。それは、私たちが何かを所有することによってしかない。衣食住のために何かを所有しなければ、自己保存を成し遂げられないのである。しかるに、いくら「自然法」が「自然状態」のもとで人々を緩やかに結合させているといっても、所有ということが絡んでくると、ときとして人々の間に対立が生じる。他者の所有に属するものを奪おうとしたり、他者の生命を危険にさらしたりということが生じる可能性がある。こうした状態のことを、ロックはホッブズと同様に「戦争状態」と呼ぶ。

ロックは、各人は「自然状態」において、戦争状態を引き起こして「自然法」に違反した者を処罰する権利を有している、そうした処罰権が明確になっていなければ法というものは有名無実になってしまうのだ、と言う。いわば、立派な憲法があっても、それが破られた場合にどうするか、という現実的な対処、つまり刑法がなければ憲法は生きてこない、といった考え方である。こういう意味で、ロックは「自然状態」においては各人が処罰権を持つ、という考え方を提示するのである。

つまり、自分に対する侵害のみならず、自分に無関係の自然法違反だとしても、処罰する権利を万人が持っているという考え方である。もっとも、そうはいっても、自然状態は社会状態ではないのだから、人々に共通の裁判所があるわけではなく、したがって、戦争状態になったときにいったいどちらが正しく、どちらが違反者なのか、という点が一概に言えない場合が生じることが予想されるし、実際、ロック自身、そうした場合のことを想定している。

こうしたとき、どうするか。ロックはこう言う。「良心」に従って、「天に訴える」しかない、それが本当に正しいかどうかは、最後の審判において明らかになるであろう、と。大変にキリスト教的な発想である。ロックの思想が基本的人権の思想の源泉だとするならば、人権思想というのは実は最初から普遍性を持っているわけではなく、濃密にキリスト教の考え方に依拠した思想なのである、ということが分かってくる。

しかし、いずれにせよ、こうした戦争状態は不安定であることは間違いない。よって、徐々に、人々は各人の「天に訴える」に毎回依存するのではなく、もっと効率的なやり方で自然法順守の監視を求めるようになる。こうして、人々の同意に基づいて社会が形成されることになるのである。すなわち、自然状態において各人が持っていた自然法違反を処罰する権利を、とりあえず特定の為政者に委譲して、処罰のプロセスを一括して行ってもらう、という社会システムを形成することに、人々が同意するに至るのである。

ロックの思想は、この意味で、ホッブズと同様、いわゆる社会契約論の系譜の一つと位置づけられるのである。ただ、ロックの場合、こうした社会システム形成の眼目は、自然法の命じる、自己保存、人類保存である。つまり、あくまで各人、そして人類が自分たちを保存維持するためにものを所有することを確保していくこと、これが社会システムの目的である。よって、万が一、処罰権を預けられた為政者が社会を構成する各人の所有権を侵害するようなことが生じたならば、それはそもそも社会システム構築の目的から外れることにほかならず、よってそうした政府に対しては抵抗してよい。これが有名なロックの抵抗権の議論であり、これこそが独立宣言や人権宣言を動機づけたのである。

いずれにせよ、こうしたロックの議論の根幹は、各人がものを所有すること、所有権を持つことにある。

では、ロックの考えにおいて、はたして「所有」ということはどのように成立するものなのか。

3 労働所有権論

ロックの所有権についての考え方は、すでに示唆したように、「自然法」と「自然状態」の概念に深く依拠している。自然法が命じることは、自己保存、人類保存である。そして、社会システム成立以前の「自然状態」では、人々は相互に自由で平等である。この状態の中で、人々は衣食住などにかかわるものを所有しなければ、自然法を順守することができない。ここで、キリスト教的な考え方が加味されて、万物は、人々が自然法を守り、自己保存・人類保存していくために、人類全体に利用可能な共有物として与えられた、とされる。ここから「所有権」の概念が導入されるのである。

ロックはこう言う、「大地と人間以下のすべての被造物はすべての人々の共有物であるが、しかしすべての人間は、自分自身のパーソン（person）に対する所有権をもっている。これに対しては、本人以外のだれもどんな権利ももっていない。彼の身体（body）の労働とその手の働きは、まさしく彼のものであるといってよい。そこで、自然が準備し、そのままに放置しておいた状態から、彼が取り去るものは何であれ、彼はこれに自分の労働を混合し、またこれに何か自分自身のものをつけ加え、それによってそれを自分の所有物とするのである[*1]」。

要するにロックは、私たちは自分自身の「パーソン」（人格）に対する所有権を持っており、それに基づいて他のものに「労働」を混合することによって、もともとの「パーソン」への所有権が他のものへと拡張されていく、という論理をここで提起しているのである。一般にこれは、「労働所有権論」と呼ばれる。働いて獲得したものは、働いた者の所有になるという理屈であり、さしあたり直観的には相応の説得性がある考え方だろう。

しかし、すべて明快というわけにはいかない。そもそも、「自分自身のパーソンに対する所有権」とは何なのか。「パーソン」というのは、所有できるものなのか。それに、「労働」によって所有権が確立するといっても、労働して得たものは何であれ自分のものになるのか、そもそも労働の成果はどこまで及ぶのか、といった根本的な問題も惹起《じやつき》されるだろう。

ロックにおける「パーソン」については前章でも見たし、第11章でも一般的観点から

「パーソン」の意義について詳しく扱うが、少し先取りしていえば、「パーソン」とは声を出して主張したり応答したりする公共的な活動態のようなもので、自明の実体的存在者として前提されるようなものではなく、むしろそれ自体が何らかの仕方で生成消滅するものである。ロックの『人間知性論』では、こうした「パーソン」が公共的かつ規範的な含みを持つ「意識」によって規定されていたのであった。

では、『統治論』の文脈では、そこでの用語法に沿ってどうとらえ直すことができるだろうか。当然出てくるとらえ方は、『統治論』での「パーソン」は、それ自体が「労働」によって確立されてくる、というものであろう。つまりこれは、ロックの労働所有権論を、まず「パーソン」への所有権が基盤として前提されていて、そののち労働を介して他のものへの所有権が成立してくる、というようにではなく、「パーソン」も含めてすべてのものへの所有権が労働を介して成立してくる、という一元的な仕方で理解することにほかならない。このことは、一見奇妙に聞こえたとしても、実は、公共的かつ規範的な仕方で主張したり応答したりするという、いわば「パーソン」になるという能力は、人々が先天的に持っているものではなく、多くの経験や教育などにかかわる苦労や努力、つまり労働によって培われたものであるという、そういう自然な見方につながっている。そして実際、ロック自身、こうした見方を採っていた。

ロックは、生命・身体を他人に譲って自分自身を奴隷にすることはできないという議論を展開するとき、このように述べていた。「売られた人（the Person sold）は、絶対的で気ままな専制的な権力に従属したのではないからである」*2。「売られた人」という以上、「パーソン」は売ることができるような、そういう獲得物の一種なのである。ならば、「パーソン」自体が労働によって獲得されるという理解には不思議な点はない。

4　ロック的ただし書き

しかし、では、そもそもロックは「労働」ということでどういう事態を考えていたのか。ロックの挙げる例は、ドングリを拾うこと、リンゴを寄せ集めて食べること（『統治論』第二論文、第二八節）、大地を耕し収穫すること（同、第三二節）といった、フィジカルな行為である。しかし、こうした単純な例だけで労働所有権論を理解し尽くすことはもちろんできない。実際、たとえば、リンゴを寄せ集めて食べるといったって、それがもともと他人の所有するリンゴ園のリンゴだったら、所有権が発生しないのは自明だからである。労働と所有権は、文字どおりに直結しているわけではない。そして実は、ロックは、単に労働すれば所有権が発生するとしていたわけではなく、ある「条件」を満たしたときはじめて労働が所有権を生むと考えていたのである。こうした条件は、今日「ロック的ただし書き」（Locken proviso）と呼ばれている（第12章で触れるノージックが、そう呼ぶことを提案した)。

「ロック的ただし書き」は、一般に二つあると理解されることが多い。他者に十分なものが残されている場合という条件(『統治論』第二論文、第二七節)と、労働を混合したものを損傷したり浪費したりしないという条件(同、第三一節)の二つである。つまり、たとえば、天然資源が枯渇しそうなときには、いくら努力し労働してそれを採掘しても、自分のものにしてはならないということであり、トウモロコシを自分の労働によって収穫したとしても、それを使わずに腐敗させてはならない、ということである。いずれの条件違反の場合も、他者の所有権になるはずのものを奪ってしまうことになり、ある種の窃盗に等しい行為だと見なされる。よって、そうした行為は、人類保存という自然法に反することであり、禁じられなければならないのである。

しかし、そうだとすると、所有権を目指す「労働」ということの中に、「ロック的ただし書き」にかなうかどうかという考慮が含まれていなければならないということになるだろう。言い方を換えれば、それぞれの「労働」が自然法にかなった、自分の「所有権」に帰する行為であるという点について、他者に説明できるという態勢になっていなければならないということである。ということは、すなわち、こうした「労働」を介して、声を出して主張し応答するという「パーソン」が、同時に生成してくるといえる。そして、このように現れてくる「ロック的ただし書き」にかなうかどうかという考慮の営みそれ自体、高次の「労働」であるといえる。つまり、ロックの言う「労働」とは、究極的には、「ロック的ただし書き」、つまりは自然法を考慮していくという努力へと昇華していくと考えられるのである。

5 貨幣の導入

次に問題にしたいのは、「貨幣」、つまり「お金」である。いま述べたように、「ロック的ただし書き」によると、いくら労働によって得たものでも、他者に十分なものが残っていなかったり、収穫したものを浪費したり腐らせたりしたならば、それは自分の所有とはならない、ということになっていた。これは、人類保存という自然法の要請からの帰結である。

他者に十分なものが残っていないときに、たとえば現在で言うと、「石油」とか「インフルエンザワクチン」とかの希少なものがそれに当たるが、それを特定の人が、たとえ自分の労働によって得たからといって独占してしまうと、他者の生存が脅かされることになるからである。しかし、このようなただし書きを文字どおり守っていると、所有というのは現在ただいまの必要性を満たすものだけに限定され、所有の蓄積ということは難しくなり、結局、人間の生活は不安定なものとなりかねない。

しかし、もし他者にも十分なものが残っていて、しかも腐らないものを所有の対象とするならば、ロック的ただし書きに違反することなしに所有の蓄積ができるようになり、生活の安定性がもたらされるようになるだろう。こうした考え方に沿って、金や銀などの金属が注目され、それが所有物としての価値を有するということに人々が暗黙の同意を与えることによって、「貨幣」が生まれた、というのがロックの議論である。

こうして、文字どおり富の蓄積が自然法に沿った形で許容されることになり、ひいては労働をした分に比例する貧富の格差が発生することも認められることになる。この点で、ロックの議論は、貨幣の導入によって富の無制限な拡大と蓄積、そして富める者と貧しい者との無制限な格差、それを容認した、悪い意味での資本主義の源泉と見なされることになる。言い方を換えれば、ロックは貨幣の導入によって自然法の要請をキャンセルした、ととらえられるときがあるのである。

しかし、はたしてそうなのだろうか。貨幣の導入、そして政治社会の成立というプロセスの中で、自然法の要請は消えてしまうのだろうか。

結論から言えば、決してそうはならないのである。そもそも貨幣の導入自体、自己保存、人類保存という自然法を順守するためにこそ要請されたものであった。貨幣が導入され、政治社会が同意によって成立したとしても、自然法の拘束力が消えることは決してない、というのがロックの基本的な考え方である。それに、貨幣が導入されても、そのことで貧富の格差が著しく進み、貧しい階級の人々の生存が脅かされ、よってそうした人々の不満が高まり、社会が不安定になってしまったならば、自然法の要請する自己保存、人類保存は順守されなくなってしまう。

したがって、ロックの考え方に素直に従う限り、仮に貨幣が導入されても、無制限に富の蓄積や貧富の差の拡大は認められない、ということになるはずなのである。この点で、ロックの基本的な考え方は、カール・マルクスの思想とも、ある共通点を持っている。実際、マルクスは、ロックの労働所有権論から大きな影響を受けている。

6 知的所有権の概念

最後に、こうしたロックの所有権論の現代的な射程として、前章でも触れたが、「知的所有権」あるいは「知的財産権」の問題、つまり、著作権や特許権などの問題との関連について考えてみる。これは、文字どおり所有権の概念と知識の概念とが融合する問題であるが、実はロックの哲学はこの問題にもともとから構造上適している。鍵は、所有権の原点とされている「パーソン」にある。すでに触れたように、所有権は「パーソン」を起点として、そこから「労働」を介して成立してくるものであった。しかるに、ひるがえって、前章のテーマであった『人間知性論』での認識論を思い起こしてみるならば、それは「観念」を基本的な素材としていたが、「観念」はひとえに「意識」され自覚されることによって生成してくるのであった。

ここで想起すべきは、ロックの『人間知性論』の中で、「意識」は「パーソン」あるいは「パーソンの同一性」を確定する基準でもあったということである。これはすなわち、「観念」は「パーソン」の生成と同時に現出してくるということである。ということは、ロック哲学の中で、「パーソン」は所有権の原点であると同時に、知識生成の現場でもある。だとしたら、知識の所有権を語るというのは、まさしくロック哲学が要請していることでもある。今日の知的所有権の概念の源泉は、ロック所有権論の中にあるといっても間違いではない。

けれども、知的所有権というのは両刃《もろは》の剣《つるぎ》でもある。たとえば、新しい薬品について誰かが努力と労働を費やして発見に至ったとしよう。この薬の知的所有権は、この発見者に属することになろう。けれども、この発見者だけが薬の販売権を独占したとき、この薬なしには治らない深刻な病気に多くの人が侵されてしまったとき、大きな不都合が生じるだろう。結果、人類保存という自然法の要請に背くことにもなるかもしれない。しかし、だからといって知的所有権など一切認めない、というのも労働所有権論に反することになる。

では、どこまで知的所有権を認めるのか。これが絶対の判断基準だ、というものはないだろう。同じことは、貨幣による富の蓄積をどこまで容認するか、という基準についてもいえる。こうしたことへの判断は、おそらく究極的には「天に訴える」ということしかない。とはいえ、もちろん、やみくもにエイヤッと線引きするのではない。人類がどのように保存されるか、どのように危害が発生するか、ということを量的に予測し測定して、それを根拠にして決断していくしかない。経験論の発想は、このようにいつでも量的測定へと回帰してくるのである。

参考文献

一ノ瀬正樹『人格知識論の生成――ジョン・ロックの瞬間』、東京大学出版会、一九九七年
下川潔『ジョン・ロックの自由主義政治哲学』、名古屋大学出版会、二〇〇〇年
田中正司『新増補　ジョン・ロック研究』、御茶の水書房、二〇〇五年
森村進『ロック所有論の再生』、有斐閣、一九九七年
Locke, J. *Two Treatises of Government*. ed. P. Laslett, Cambridge University Press. 1960.
ジョン・ロック『統治論』、宮川透訳、中公クラシックス、二〇〇七年

注

＊1　『統治論』第二論文、第二七節（三三頁）。ただし、この訳書では「person」が「身体」と訳されているが、ここでの「person」と「body」の違いはかなり決定的なので、

ここでは「パーソン」とそのまま記しておいた。

＊2 『統治論』第二論文、第二四節（三〇頁）。この議論の背景には、自分自身の生命を支配する権利を私たちは持っていない、という論点がある。ロックに沿えば、私たち自身の生命は自分自身の「労働」によって獲得されたものではないからである。その根底には、私たちの生命は神の賜物なのだ、というキリスト教的な人間観がある。

第4章　ジョージ・バークリの非物質論

1　形而上学と認識論のハイブリッド

　本章では、イギリス経験論の歴史の中で、いささか特異な位置を占めているアイルランドの哲学者、ジョージ・バークリの哲学について検討する。バークリは、二〇世紀になって、アルフレッド・ノース・ホワイトヘッドやカール・ライムント・ポパーによって形而上学《けいじじょうがく》や科学的道具主義という文脈で再評価がなされたり、数学の哲学の文脈で、その厳格主義とか微分法批判といった議論を通じて、現代の分析哲学にも改めて一石を投じるなどして世界的には哲学史上の大物の一人と目されているのだが、なぜか日本では研究者が少なく、せいぜいエピソード的に触れられるだけで、あまり紹介もされていない。

　けれども、バークリの哲学は経験論という思潮のゆらぎを指し示してもいて、経験論哲学の輪郭をとらえるのに最適な事例ともなるし、美学的な文脈では「功利説」を提唱した哲学者であり、のちの功利主義と遠く連係もしていて、本書の方針にもしっくりと位置づけることができる。

今回は、こうしたことにかんがみて、バークリ哲学の主要な考え方についてやや詳しく紹介し、論じていきたい。

しかし、まず最初に、形而上学と認識論という二つの哲学の領域の関係性について触れておく。

ジョージ・バークリー　1685-1753年

形而上学とは、存在のような主題、そして、時間、因果、自由、神など、自然現象を調べてもらちがあかないような根源的な主題を扱う学の意である。今日、形而上学は決して古くさいものではなく、現代の分析哲学では形而上学の研究は大変ポピュラーで盛んに行われている。

これに対して、認識論だが、それは文字どおり、人間の認識や知識について、その根拠、範囲、限界などについて論じる哲学の領域であり、哲学史的には、前章まで論じたジョン・ロックによって本格的に幕が開けられた分野である。

この認識論も、現在ではいささか様変わりをしており、のちに触れるように、自然科学との連係、不確実性の主題化などが試みられ、認知科学や行動科学との重なりのもと、めざましい発展を遂げている。

私がここで確認したいのは、こうした形而上学と認識論とは、決して相互に独立で無関係の分野なのではなく、複層的な仕方で重なり合い、絡み合っているという点である。

たとえば、存在を問題にする「オントロジー」（存在論）と呼ばれる領域は、形而上学の核心をなす分野だが、単に存在者の位相を独断的に宣言すればよいものではなく、やはりそうした存在性はどのようにして「知られるのか」という認識論的な問いを媒介して説得力を得ていく。神の存在の論証がいろいろと試みられていることが、その一つの証しである。

また、逆に、知識や認識についても形而上学が深くかかわる。認識論では、知識や認識を生み出す「原因」を問題にすることがしばしばあるが、因果性が形而上学的な主題であることを思うと、ここに認識論と形而上学の混合的な問題設定を見届けることができるわけである。

そして実は、本章で扱うバークリは、こうした形而上学と認識論のハイブリッドともいうべきユニークな議論を提示した哲学者だったのである。

さて、そのジョージ・バークリだが、一六八五年にアイルランドのキルケニーに生まれている。同郷の先輩に、『ガリヴァー旅行記』で有名なジョナサン・スウィフトがいる。一六八五年生まれというのは音楽家の大バッハ（ヨハン・セバスチャン・バッハ）やヘンデル（ゲオルク・ヘンデル）と同年生まれである。よって、坂部恵の言葉を援用するならば、[*1]バークリはまさしく「バロックの哲学」を彩る一人だったのである。

バークリは、長じてダブリンのトリニティ・コレッジに入り、聖職にも就く。そして、長期にわたってこのトリニティ・コレッジを活動の拠点とする。その後、ヨーロッパ大陸への旅行時代を経て、アメリカ新大陸のバミューダ諸島に大学を建ててキリスト教の布教や教育をするという「バミューダ企画」に深くかかわる。バークリは実際にアメリカに渡り、ロードアイランドのニューポートに滞在までしたのである。しかし、予算上の問題で「バミューダ企画」は頓挫《とんざ》し、バークリは失意のままロンドンに帰還する。その後、故郷アイルランドのクロインのビショップとなり、晩年はオックスフォードに移り、一七五三年に永眠した。

バークリの哲学上の主著と目されているものは、トリニティ・コレッジに所属した若いときに執筆したものが多く、『視覚新論』、『人知原理論』（『原理論』と略）、『ハイラスとフィロナスの三つの対話』、『運動論』、『アルシフロン』、『アナリスト』などがある。また、著作執筆準備のために書き残したと思われる『哲学的評注』（『評注』と略）も重要な資料である。

2 「ペルキピ原理」と非物質論

さて、バークリの哲学は、哲学史的にいって、なんといっても「存在するとは知覚されることである」(esse is percipi) というテーゼによって知られている。以後、これを「ペルキピ原理」と呼ぶことにする。バークリはこの「ペルキピ原理」によって示されている考え方をかなり若年のときに発見し、『評注』に「驚くべき真理」を発見したと記している(『評注』第二七九項)。

バークリは、ロックの用語法に倣《なら》って、人間の知識の内容を「観念」と呼び、感覚や知覚の内容、内省内容、記憶や想像の内容をそれに含める。そしてバークリは、こうした観念は「心の外に存在すること」はなく、「それら観念を知覚する心の中にとは別の仕方で存在することはできない」として、私たちが日常的に「ものがある」とか「これこれが存在する」と言っているときには、実はこの観念の存在のことを言っているのだと論じる。すなわち、ここにテーブルがあるということとは、それが見られたり触られたりしているということであり、匂《にお》いがあるということとは、嗅《か》がれているということであり、色があるということとは、それが聞かれているということであり、音があるということとは、それが見られているということなのだというわけである。かくして、観念が「存在するとは知覚されることである」という「ペルキピ原理」が主張されるに至る（『原理論』第三節）。

もっとも、冷静に考えるならば、この「ペルキピ原理」は観念の存在について述べているのであり、しかも観念が知覚の対象として規定されている以上、これは単に「知覚されて存在するものが存在するとは、知覚されることである」というトートロジーを表現しているにすぎないことにもなりかねない。それに、知覚されていることと、ものが存在することとは、決して同じことだと見なす必然性はない。知覚されなくても、ものが存在していることに不合理はないのではないか。しかし、バークリはこの「ペルキピ原理」をもっと過激な主張として提示していたのである。

すなわちバークリは、この「ペルキピ原理」は存在するということの必要十分条件を示しているのであって、それがゆえに、知覚されないもの、つまり一般に「物質」という名で呼ばれているものは存在しないと、こう論じるのである。ここでの「物質」とは、知覚とは独立に存在するとされているもののこと、つまりは知覚されなくて存在するもののことを意味している。バークリ自身、「ペルキピ原理」はこのように、「物質」は存在しないという見方を促すがゆえに、自分の考え方を「非物質論」（immaterialism）と称している。

こうした事情のため、一般にバークリの「ペルキピ原理」は、物質は存在せず、すべては観念であるという観念論の典型的なスローガンとして理解されており、たとえばウラジーミル・レーニンは『唯物論と経験批判論』の中で観念論を批判することで唯物論を正当化しようとするとき、バークリを観念論者の代表としてやり玉に挙げている。

また、「ペルキピ原理」、そして非物質論は、観念や知覚に全面的にのっとった知識の理論であるという点では、少なくともア・プリオリなもの（経験に先立つもの）に根拠を求めるという立場とは一線を画しているという意味で、経験論的な認識論を志向している。しかし同時に、「ペルキピ原理」は、いま見たように、存在論の議論でもあるので、その意味では形而上学的なテーゼでもある。ここに、さきに述べたように、バークリの哲学が認識論と形而上学のハイブリッドであるということの意味がある。

それにしても、「物質」が存在しないなどという破天荒な主張をバークリはどのように正当化しようというのか、それをもう少し見ていかなければならない。バークリは自らの非物質論を支持するために、およそ三つの論点を挙げている。

第一は、「物質」概念は理解不可能であり、明白な矛盾をはらんでいる、という論点である。「物質」は、定義上、知覚されないのだから観念ではなく、しかるに観念こそが知識や理解の対象となる存在なのだから、「物質」は理解不可能である。しかし、「物質」という概念がともかくも言及されている限り、何かが理解されていることになり、よって何かが知覚されているということになるはずだが、「物質」は知覚されないと定義されているのだから、これは明白な矛盾であると、このように論じるのである。

しかし、この論点はあくまで「ペルキピ原理」を受け入れた上で導かれる論点である。

しかるに、一般的には、「物質」は観念の原型として知覚されずに心の外に存在し、観念はそうした「物質」のコピーであると、そうとらえられているというべきなのではないか。こういう反応を予期してバークリは、こう答える。そのような観念の原型それ自体がもし知覚可能ならば、実はその「物質」は観念にすぎない。あるいは、知覚可能でないならば、知覚できる観念とは似ていないので、それがどうして観念の原型になれるのか、と。原型とコピーというのは類似関係であって、観念は観念にしか似ることはできない。色が不可視なものに似るとか、堅いという感覚が不可触なものに似るとか、そういう言い方は矛盾しているというのである。こうしたバークリの考え方は、しばしば「類似性原理」などと呼ばれる。

さて、第二の非物質論を指示する論点は、「物質」概念を認めると宗教的危険が発生してしまう、というものである。バークリは、延長が心の外に物質として存在するとすれば、延長が無限で永遠なものになってしまい、それは、神を延長されたものと見なすか、あるいは神以外に永遠で無限な自存的な存在者を作り出してしまうかのいずれかになり、どちらにしても危険な考え方を生み出してしまうというのである。また、「物質」の概念を想定しても、観念の生成する次第は少しも明らかにならず、何の役にも立たない、よって「物質」を想定するということは、この世界に何の役にも立たないものを神が創造したと主張する不信心な見方になってしまう、ともいわれる。

そして、非物質論を支持する第三の論点は、「物質」は悪《あ》しき抽象によって捏造《ねつぞう》されたもので、廃棄されなければならない、というものである。では、悪しき抽象とは何か。次にこれを見ていこう。

3 抽象観念批判

バークリの主著『原理論』には、「序論」がついていて、そこでバークリはいわゆる抽象観念批判を繰り広げている。すなわち、個別的な観念以外に、それから一般的特徴だけを抜き出し抽象した観念はありうるのか、という問題、中世の普遍論争と呼応するような問題を、バークリはこの「序論」で論じているのである。バークリは、抽象観念のあり方に三つの様態を認め、そのうちの二つを不可能だとして退け、残り一つを容認し、その容認される抽象観念に基づいて一般性を持つ思考について解明していく。

バークリがとらえる抽象観念の三つの様態のうち、第一のものは、そもそも分離不可能な性質のおのおのについて単独にそれだけを抽象することで、たとえば、延長のない色の観念、色のない運動の観念などである。第二は、個別のものの一群から、全部に共通なもののだけを抽象して一般的観念を形成することで、人間の観念、動物の観念といったもののことである。第三は、個別の観念の一部だけを考慮する抽象観念で、人間の手の観念、目の観念などである。バークリは、第一と第二の抽象観念について、観念の現実からして断じて不可能であるとして、第三の意味でのみある種の抽象が可能であることを認める。

こうしたバークリの議論は、基本的に、観念というものを像的なもの、イメージ的なものととらえていることに基づいている。このことは、第二の、一般抽象観念を否定する場面において、三角形の一般観念が鈍角三角形でも直角三角形でも鋭角三角形でもなく、そしてそれらすべてでもある、としたロックの言い方を引用して、それを明白な矛盾だとして糾弾している哲学史的にも有名な議論を振り返れば分かるだろう。

この議論は、三角形の一般観念を視覚によって確認できるようなイメージとしてとらえたとき、はじめて意味をなす。よって、厳密に言えば、このバークリによるロック批判は、ロックにとっては的を射ているとはいえない。ロックの場合、第2章でも触れたように、知識の源泉となる経験は、経験的ということの原義に即した形で「努力し試みることの中において」という意義を持ち、そういう限りで、三角形の一般的な理解というものを、努力した結果、獲得できる数学的な「概念」として描いているのであって、決してバークリが揶揄《やゆ》しようとしているような矛盾した「イメージ」として描いているのではないからである。ともあれ、バークリは、観念を像的なものととらえた上で、抽象観念を不可能で矛盾しているとして退けるわけである。

しかし、私たちは一般性にのっとった思考や推論をしばしば行っている。はたしてそれはどのように可能なのか。この点についてバークリは、私たちは、一般性を目指す証明をしているときにも、たしかに、たとえば紙に描いた図形は特殊な観念なのだけれども、その特別のあり方（三つの角を持つといった）だけを考慮して、そのほかの性質に注目せずに、その特殊な観念が「同じ種類の他のすべての特殊な観念を代表あるいは表示する」（『原理論』序論、第一二節）ととらえているのだと、そう論じる。こうしたバークリの議論は、「代表説」と呼ばれる。これは、三つの抽象観念のうち、唯一容認されるとされた第三の様態に基づいた説明であるといえるだろう。いずれにせよ、以上のような次第で論じられた抽象観念批判の議論が、非物質論を支える第三の論点を構成しているのである。

すなわち、バークリは、まず知覚されることから感覚の対象を抽象することは悪しき抽象であるとしており、それはつまり、さきに論じた三つの抽象のうちの第一の様態が「物質」概念を促しており、そしてそれは廃棄すべき抽象なのだから、「物質」も否定されなければならない、という論の流れになるわけである。また、大きくもなく小さくもなく、そしてどちらでもあるような「物質」的延長の一般観念などは、さきに論じた抽象観念の第二の様態に基づく抽象であって、それもまた悪しき抽象である以上、やはり「物質」は退けられなければならないということになる。

けれども、実は、この議論展開には少しおかしな点があることが研究者によって指摘されている。それは、抽象観念批判は、人々がなぜ誤った「物質」説を採用してしまうのかについての説明にはなっても、積極的に非物質論を正当化するものとは思えない、という点である。というのも、実際ホッブズがそうしているように、非物質論ではなく物質論を採用しつつ、抽象観念批判を展開することも可能だからである。また、バークリの「代表説」にもただちに疑問が提示されるだろう。「同じ種類の他のすべての特殊な観念」というときの、「同じ種類の」というのは、まさしく抽象観念を先取りしていなければ成り立ちえない概念なのではないか。こうした疑問について論じるには、バークリの「ペルキピ原理」が持つもう一つの重要な側面について論じ進めていかなければならない。

4 原因としての精神

そのもう一つの側面について論じるには、「ペルキピ原理」に対して当然提起されるであろう疑問をまず検討しておく必要がある。それは、もし「ペルキピ原理」を受け入れるならば、私が知覚していないものは存在しないことになるのか、という疑問である。これは誰でもすぐに思いつく疑問であって、よってバークリも最初からこの問題を考慮に入れていた。

バークリは、この疑問に対して、大きくまとめると、三種類の解答を用意している。すなわち、私が知覚していないものが存在するとは、第一に、もし私がそこにいたならば、それを知覚するであろうという反事実的条件文の意味であるか、第二に、私以外の他の精神がそれを知覚しているという意味であるか、そして第三に、それは私に知覚されていなくても、私に「想念」(conceive) されているという意味であるかの、いずれかとして考えられるというのである。

しかし、こうしたバークリの解答は決して明快であるとは言い難い。そもそも、このような仕方で知覚されないものの存在性を認めてしまったなら、「ペルキピ原理」の当てはまる範囲が拡大し、実在と空想の違いがなくなってしまわないだろうか。バークリはこの点に関して、実在の観念は不随意的でいきいきとしているが、空想の観念は随意的で不鮮明であるなどと論じている。この論じ方それ自体の説得力は脇に置くとして、少なくともこうした議論から、「知覚される」という状態が知覚する主体の(随意的か不随意的かといった)あり方によって規定されるという論点が浮かび上がってくる。実際、さきの三つの解答によって、「他の精神」という言い方を媒介して、「精神」や「心」といった知覚主体が「ペルキピ原理」を成り立たせる主題として明らかに浮上してきているのである。

実をいえば、「ペルキピ原理」は存在性に関して、もともとから二元論を打ち出す主張であった。というのも、「知覚される」観念が存在する以上、「知覚する」何かがなければならないからである。このような知覚する存在をバークリは、「心、精神、霊魂、あるいは私自身」(『原理論』第二節)と呼ぶ。そして彼は、精神を単純で分割されない能動的な神についてはその存在を本質とする精神的実体であって、よって精神については観念を形成できないと述べる。なぜなら、観念とは、「ペルキピ原理」が示すように、「知覚されること」として受動性によって規定される存在だからである。つまり、バークリの哲学は、観念と精神という二種の存在から成り立っている世界観を提示しているのである。

実際、バークリは『評注』の中でこう言っていた。「存在とは知覚されることまたは知覚することである」(Existence is percipi or percipere)(『評注』第四二九項)。バークリは、この精神について、そして精神がかかわる関係性について、その能動性ゆえに観念は持てないが、「思念」(notion)は持てるという言い方をしている。精神の能動性についての理解様態を示すため、「思念」という概念を導入したわけである。

このバークリの精神的実体説の最大の特徴は、精神の能動性を「観念の原因」という身分でとらえているという点にある。精神は「知覚する」という能動的働きによって「知覚される」ところの観念を産出するのである。バークリはこう明言する。「観念の原因とは非形体的な実体、すなわち精神である」(『原理論』第二六節)。

しかし、冷静に考えて、これはいかにも奇妙な因果理解である。それに従えば、強風が吹いて窓ががたがた鳴ったとき、強風がそのがたがた音の原因ではなく、それを知覚している「私」などの精神がその原因だ、ということになる。もっと正確に言えば、強風の原因も「私」などの精神だし、がたがた音の原因もそうした精神だということである。これははたしてどのような因果関係の理解なのだろうか。強風を私が引き起こしたとはとても思えないからである。事実、バークリ自身、感覚的観念は私に依存せず、それに関しては私はまったく受動的である、とも記している。そしてここから、感覚的観念は私以外の精神、すなわち「神」の精神によって産出されるとも論じ及ぶのである。

しかし、だとすると、これは、神がすべての原因であり、それぞれの観念は相互には因果関係にはなく、相互に単に神の原因性を示唆する機会にすぎないとする見方、当時のフランスの哲学者ニコラ・ド・マルブランシュらの提起した、いわゆる「機会原因論」と同様の考え方になるのではないだろうか。実際、バークリ哲学の形成に際してマルブランシュからの影響はきわめて甚大だったのである。

しかし、そのように断定してしまうことはできない。なぜなら、バークリは『ハイラスとフィロナスの三つの対話』の中で、神の精神について、「万物は神によって知覚されていなければならないがゆえに、神の存在をただちにかつ必然的に結論する」と述べている（『ハイラスとフィロナスの三つの対話』一一六頁参照）。つまり、神の精神の存在は、決して信仰のレベルと結託してア・プリオリに前提されるものではなく、むしろ「私」の精神のなす推論的な関係性の「思念」という形でとらえられるしかないと、バークリはとらえていた。「機会原因論」とは異なって、あくまで「私」の精神こそがすべてを起動させる出発点なのであり、神や他者の精神はそこから推論されるものなのである。

5 『視覚新論』の意義

しかし、そうだとしても、あるいはそうであるならなおさら、私たちの精神が、私たちに依存せず私たちが受動的に受け入れるしかないような観念の原因である、というバークリの主張は受け入れ難いように感じてしまう。これを理解可能なものにするには、感覚の観念に対する受動性を被りつつも、それでもやはり能動的な原因性を保持する存在として精神をとらえる見方が提示されなければならない。

こうした道筋をバークリ哲学の中から描き出していくためには、バークリが『評注』に記した次の発言が決定的に重要である。「私が存在している、つまりなんらかの観念をもっているあいだ、私は永遠かつ恒常的に意志している。私が現在の状態に黙従していること、それが意志しているということなのである」(『評注』第七九一項)。バークリにおいて「意志」は、「観念を産出するあるいはその他の仕方で作用する」(『原理論』第二七節)原因性として理解されている以上、いま引用した『評注』の見方は、私がつねに観念の原因となっており、それは現在の状態に黙従すること、つまりは現状をそのまま受動的に受け入れることなのだ、というように理解されることになろう。

しかし、これははたしてどういうことなのだろうか。ここで浮かび上がるのは、バークリは人間の生身のありようを精神の原因性としてとらえようとしているのではないか、という理解の仕方である。というのも、身体を持ち、自然の環境の中に生きる生身の人間は、さまざまな外的制約によって受動性を被らざるをえないのだけれども、能動性とは act、つまり作用・行為である以上、生身の身体こそがそうした行為や作用性という能動性の発生場所であると考えられるからである。実際、身体を動かし活動しようとしてはじめて、制約されていて受動的であるという気づきが立ち上がってくるのではないか。

このように、私たちの生身の身体こそ、受動性を包摂した能動的原因性のモデルに最もかなっているのであり、よってバークリの精神を原因とするという奇妙な因果理解の根底には、生身の身体性に原因性を重ね合わせるという発想が宿っていたのではないかと思われてくるのである。

実際、こうした理解の道筋は、バークリの思考の展開にぴったり即している。これまで詳しく言及しなかったが、バークリは『原理論』を刊行する前に、『視覚新論』という著作を刊行していたのであり、そこに身体性を重視する議論がいきいきと展開されていたのである。『視覚新論』という著作の主張は簡単に要約することができる。すなわち、視覚の対象は光と色にすぎず、距離、大きさ、位置などの基本情報は歩いたり手を動かしたりする触覚的な身体的観念に由来するものなのだが、そうした本来互いに異質な触覚観念と視覚観念とは習慣的に結合しているので、私たちは視覚によってもそれと習慣的に結合した触覚的な基本情報を間接的に得られるようになること、そしてそのように触れなくとも遠くから見るだけで情報を伝える、いわば飛び道具としての視覚観念を「自然の創造主の言語」、つまり「神の言語」ととらえること、これが『視覚新論』の主張の骨子である。

バークリはこれらの主張を展開する素材として、「月の錯視」、「網膜倒立像問題」、「モリヌークス問題」など、当時さまざまな形で話題を呼んでいた難問を取り上げている。「月の錯視」とは、なぜ地平線上の月は天頂にあるときの月よりも大きく見えるのかという問題であり、バークリは大きさの知覚を論じる文脈でこの問題に言及する。バークリにとって「大きさ」とは、基本的に身体で測る触覚的なものであるが、視覚のぼやけ具合とか力強さなどが触覚的大きさと習慣的に連動することにより、視覚によって大きさも示唆される。地平線上の月の場合、天頂の月よりも、大気中の粒子の影響で見えが弱々しくなったりするので、より大きく見えるというのである。

また、「網膜倒立像問題」とは、対象の像は網膜上で倒立しているのに、なぜ私たちはそれらを正立したものとして見るのかという、天文学者ヨハネス・ケプラーの倒立像発見以来の問題である。バークリはここでも、上下左右という位置の観念は、重力感とか頭を上下左右に動かすとかの運動を介した触覚由来の観念であり、視覚観念とは区別しなければならないのだが、網膜像の問題の場合、視覚の像の位置を触覚的な地面と比較して倒立しているとする、いわばカテゴリーミステイクが犯されていると、そのように論じる。
そして「モリヌークス問題」だが、これはバークリと同じくアイルランドの学者ウィリアム・モリヌークス（モリニューとも発音する）がジョン・ロックに宛《あ》てた手紙に記した疑問に端を発する、哲学史上著名な問題であり、それは、生来目が不自由な人が、手で触ると球と立方体を区別できるとして、その人が開眼手術を受けて目が見えるようになった場合、手で触れずに見ただけで球と立方体を識別できるか、という問題である。[*2]
これに対しては、ロック自身、すべての観念は経験に由来するのだから、そうして開眼した目の不自由だった人は、球と立方体を視覚で区別する経験をしていない以上、識別できない、と答えたのに対して、ロックと同時代のゴットフリート・ヴィルヘルム・ライプニッツは、人が備える生得的な幾何学的知識によって、開眼した目の不自由だった人は、球と立方体とを見て識別できるはずだ、と答えたことがよく知られている。
バークリも、視覚と触覚とを区別するという論点を基本主張としているがゆえに、当然ながら、ロックと同様、識別できないと答えた。ただ、ロックの場合、大きさや形は一次性質という、感覚に左右されない性質であるとされていたことからして、視覚的であれ触覚的であれ、形に関しては少なくとも種的には同じであると見なされうる点で曖昧《あいまい》さが残っていたのだが、バークリの場合、視覚と触覚とを徹底的に峻別《しゅんべつ》し種的にも異なるとして、識別できないという答えを紛れのない仕方で提示したのであった。

6 「身体」という能動性

けれども、ここで注意しなければならないのは、バークリ自身、『視覚新論』の後に『原理論』を刊行したとき、『視覚新論』では視覚観念だけに焦点を当てたので、触覚観念と「ペルキピ原理」との関係性を論じることは目的外だったと述べている点である。だとすれば、『視覚新論』の主張は、バークリ哲学にとっては中途の、未完成のものであったことになる。

しかしながら、こうしたバークリ自身の言に反して、バークリはのちに『アルシフロン』を刊行したときに、『視覚新論』を付録として併せて再刊行したのであった。バークリ自身、『視覚新論』の意義を本質的に認めてきたことの現れである。いずれにせよ、こうした『視覚新論』の主張は、認識というものを身体的な起源からとらえるという発想に貫かれていた。そしてそれは、さきに跡づけてきたような、精神を、受動性を被りながらも、観念を産み出す能動的な原因として押さえる、というバークリの特異な因果理解とぴったり呼応している。

実はバークリは、すでに『評注』の中で、「存在とは知覚されることまたは知覚することである」と記したのち、それに次のような注記を追加していたのであった。すなわち、

「つまり意志すること、すなわち行為することである」(or velle i.e. agere)(『評注』第四二九a項)。明らかに、精神の能動的な原因性は、「行為する」という身体的なレベルでとらえられていたのである。

こうした考え方は、『アルシフロン』第三対話で展開されているバークリの美についての見方にも反映されている。バークリは、美というものを、身体的かつ触覚的な測定を通じた比較によって創造される「使用」や「効用」や「目的」に重ね合わせたのである。ここには、単なる認識のみならず価値の認識までも徹頭徹尾身体的行為に結びつけ、それらを行為が能動的に産出するダイナミズムへと位置づけていくという発想を見届けることができる。このバークリの美についての分析は、最初に触れたように、「美の功利(効用)説」と呼ばれ、それが道徳的な行為の美に適用される場面では、のちに論じる「功利主義」(大福主義)と一脈通じるところが見いだされるような考え方である。

バークリの議論の筋道が以上のような次第だとすると、さきに触れた抽象観念にまつわる問題、なにゆえ抽象観念批判を非物質論と直結させたか、「代表説」は循環していないか、といった問題にもある程度道筋がつけられる。バークリの抽象観念批判は、観念を知覚するときに精神が被らざるをえない受動性(悪しき抽象はできない)を示しつつ、同時に、そうした制限の中で行為する精神の能動性(許容される抽象や代表説)を描き出すことで、「ペルキピ原理」や非物質論を根拠づけるのではなく、「ペルキピ原理」や非物質論と同調、しながら、精神の原因性の意義を明らかにするという、そこに強調点の置かれた議論だったのではないだろうか。

こうしたバークリの哲学は、存在性とか原因性といった形而上学の問題を主題化しながらも、経験的な知覚をいつも基盤として、しかも能動的な行為を強調することで「努力し試みることの中において」という経験概念の原義に即した議論を展開した、きわめてユニークな経験論哲学であったといえるだろう。

参考文献

一ノ瀬正樹「モリヌークス問題」および「バークリ」、『哲学の歴史6』所収、中央公論新社、二〇〇七年
坂部恵『坂部恵集2』、岩波書店、二〇〇六年
戸田剛文『バークリ――観念論・科学・常識』、法政大学出版局、二〇〇七年
ジョージ・バークリ『視覚新論』、下條信輔・植村恒一郎・一ノ瀬正樹訳、勁草書房、一九九〇年
Berkeley, G. *A Treatise concerning the Principles of Human Knowledge*. In *The Works of George Berkeley*, vol. 2, ed. A. A. Luce and T. E. Jessop, Thomas Nelson and Sons Ltd. 1949.

ジョージ・バークリ『人知原理論』、大槻春彦訳、岩波文庫、一九五八年
ジョージ・バークリ『ハイラスとフィロナスの三つの対話』、戸田剛文訳、岩波文庫、二〇〇八年

注

＊1　『坂部恵集2』などを参照のこと。ただし、「バロック」という概念で坂部がおもに念頭に置いているのはライプニッツである。

＊2　もともとの「モリヌークス問題」には、球と立方体の識別の問題以外に、距離判断が見ただけでできるか、という問いも含まれていたことが分かっている。しかし、ロックは、この距離判断についての問いには言及しなかった。これは一つのミステリーであるといえる。

第5章　ヒュームの因果批判

1　人間の科学

本章では、イギリス経験論の哲学者デイヴィッド・ヒュームの哲学について解説する。ヒュームは近代哲学の大立者の一人で、イマヌエル・カントに与えた大きな影響はよく知られている。現代の分析哲学でも、懐疑論、自然主義、自由意志論、メタ倫理学、ベイズ主義、進化理論と創造説をめぐる論争といった文脈でしばしば引用されたり、「ヒューム的」(Humean) という形容詞で登場したりする。さらには、本書の焦点の一つである功利主義に関しても、まさしくヒュームがその先駆者ではないかと論じられている。

けれども、ヒュームを論じるときに真っ先に検討しなければならないのは、哲学史上著名な彼の因果論であろう。因果の問題に関して、現代に至るまでのその影響力の大きさからいって、ヒュームの因果論ほど注目すべきものはないだろう。ヒュームの因果批判は、

デイヴィッド・ヒューム　1711-76年

前章で論じたジョージ・バークリの因果論とはまったく別タイプの因果性理解を描き出し、またイマヌエル・カントの因果論ともやはりまったく異質な議論である。ここでは、こうしたヒュームの因果批判を中心に、スコットランドを、そして近代哲学を代表するこの哲学者の議論に耳を傾け、経験論哲学の重要な展開を見届け、そのことで功利主義と分析哲学の原着想を確認してみたい。

　デイヴィッド・ヒュームは、一七一一年、スコットランドのエディンバラに生まれた。長じてエディンバラ大学で学ぶが、一八歳のときに「思想の新しい情景」がひらめいたと自ら記している。その後、ノイローゼになって急に太りだしたり、ロンドンで働いたりと、紆《う》余《よ》曲折を経ながらも、「思想の新しい情景」を形にすべく研究を続け、一七三九年には主著と目される『人間本性論』（『人性論』とも呼ぶ）を刊行するに至る。その後も、『人間知性研究』をはじめ、哲学以外にも『イングランド史』を刊行するなど、著作活動に努めた。一度ならず大学の教授候補にもなったが、無神論者ではないかという疑いによるといわれているが、大学に職を得ることはかなわなかった。

一七六三年には駐仏大使ハートフォード卿コンウェイの秘書となり、パリに渡る。フランスの地で哲学者ジャン＝ジャック・ルソーと知り合い、のちにイギリスにルソーとともに帰国し、その後、ルソーのパラノイア的な行動により絶交に至ったという経緯は哲学史上の特異なエピソードとしてよく知られている。[*1] 一七六九年には故郷エディンバラに移り、病を得て、一七七六年に永眠した。死後、『自然宗教に関する対話』が出版された。

さて、いま触れたヒュームの主著『人間本性論』だが、この本の序文で彼は、自らの議論を、当時華々しい成果を誇っていた自然現象を扱うニュートン力学に模して、それと似た実験的方法によって自然ではなく人間の事象を扱う「人間の科学」(the science of man)の構築を目指したものであると記している。このプランは、ニュートン力学に対して、一見やや控えめに、自然現象ではないところの人間の現象だけを主題にする学問を提唱していると読めそうである。けれども、実はヒュームは、かなり壮大かつ野心的な計画を立てていたのである。

というのも、彼の言う「人間の科学」とは、人間の精神現象についての学問の意味なのだが、その限り、自然現象を含むすべての学問は人間が行うものであり、人間の精神現象を伴うものである以上、ヒュームの言う「人間の科学」に包摂されるはずだからである。実際ヒュームは、数学や自然科学もまた「人間の科学」に依存すると述べている(『人性論』㈠、二二頁)。

では、こうしたヒュームの「人間の科学」を支える実験的方法とは、何を対象としたものであったのか。それは、一言でいえば「知覚」(perception)である。ヒュームのいう「知覚」は、かなり広義の概念であって、感覚対象の知覚のみならず、文の理解、情念、価値観なども含む。しかも、ヒュームの論述を素直に追う限り、こうした「知覚」は決して知覚する主体だけに接近可能な一人称的なものではない。むしろ、人間が何かを理解しているという、おそらくは公共的でありうるような「状態」のことを指していると考えてよいだろう。

そしてヒュームは、この「知覚」の中に、活気の大小に応じて「印象」(impression)と「観念」(idea)という二種類を区別するのである。すなわち、「印象」とは、生々しく現前する活気ある知覚のことで、「観念」とは、それほどは活気のない概念的な知覚のことである。ヒュームの言う「観念」が、ロックの言う「観念」とは微妙に異なることに注意したい。そして、ヒュームにおいては、この印象と観念の間には、すべての観念は類似の印象からのコピーである、と規定されているように、コピー関係が原則的に成立している。つまり、ここには、あらゆる物事の理解は究極的には何らかの印象に基づく、という考え方が認められるのである。ここには、必ずしも「努力し試みることの中において」という経験論の原義にぴったり即した態度ではないとしても、明らかにア・プリオリズムとは異なる見方が現れており、その意味で、ヒュームの哲学は一般に経験論の系譜に位置づけられているのである。

さて、ヒュームは、こうした印象と観念の図式を導入した上で、あらゆる哲学的問題を当該主題の「観念」の問題であるとして押さえ、「そこで想定されている観念はいかなる印象に由来するのか」(『人間知性研究』一九頁)という形で問いを立てる。すなわち、ヒューム哲学は、何かの問題に向かうにあたって、その源泉となる印象を特定する、という形で解明するという方針を採るのである。

2 因果関係への問い

こうした方針は、もちろん、因果関係の解明にも適用される。いま述べたように、ヒュームは印象と観念の二分法を採用したが、それぞれの印象や観念は、それ自体としては相互に独立で他の印象や観念とは別個であるという、いわば原子論的な見方をも採用する。しかし、そうだとすると、ものごとの理解というのはどのように達成されるのか。ばらばらの知覚を、ばらばらのまま受け取るだけならば、それらが命題となることはなく、知識に値するような理解は生まれてこない。こうした問いに沿ってヒュームは、ばらばらな印象や観念を結びつける、つまりは連合させる、原理があってはじめて私たちの認識は成立していると考え、三つの連合原理を提出する。「類似」(resemblance)、「接近」

(contiguity)、「因果」(causation)の三つである。こうした連合原理によって、個々の印象や観念は結びつけられ、世界のあり方の理解へと結晶していくのである。ヒュームはこうした連合原理を「宇宙のセメント」と呼び、その根源性を強調している(『人間本性論摘要』二二二頁)。

もっとも、ヒュームの論述からする限り、三つの連合原理の中でも、「因果」が最も基本的であることは間違いない。ヒュームの言う因果とは、私たちが日常的に理解している因果関係だけにとどまらず、私たちが「何かが生じたので別の何かが生じた」というように理解するときのありよう全般を意味しており、非常に広い射程を持つ。

ヒュームは、私たちの知識の様態には大きく二種類のものがあるという。論理的な知識を意味する「観念の関係」(relations of ideas)と、経験的な知識を意味する「事実の問題」(matters of fact)との二種である。この区分はしばしば「ヒュームのフォーク」と呼ばれる。けれども、実は、ヒュームはこうした二区分はさしあたりのものであるとして、最終的にはそれを廃棄して、すべてを「事実の問題」の中に包摂させる。実際、ヒュームは、算術の計算など、「観念の関係」に属するはずの関係も、実は、計算者の熟練度、過去の誤りの記憶、といったことについての過去の経験と観察とによる原因結果に由来するとしているのである(『人性論』(二)、六-八頁)。

このように、ヒュームの文脈においては、数学や論理的推論なども、今日の私たちの通常の理解ではそうしたものを因果関係として扱わないのだけれど、結局は因果性の分析の中に吸収されていく。それほど広い射程を持つ関係性として因果性がとらえられているのである。いずれにせよ、ヒュームは、連合原理の要をなす因果について、さらに掘り下げた解明を目指していく。

ヒュームが原子論的な見方を採用したことはさきに触れたが、だとすると、二つの印象や観念を結びつける因果関係は、ア・プリオリではありえないことになる。なにかア・ポステリオリな（つまり、経験に基づく）特徴によって因果関係の理解が生まれてくると考えなければならない。ヒュームはそれを探ろうとして、まず、原因と結果にあると私たちが見なす場合、そうした原因結果とされる事象は、相互に時間空間的に「接近」している、原因が結果に対して時間的に「先行」している、という二つの特徴をえぐり出す。ヒュームはこの二つの特徴は、因果関係にとって本質的であると見なすのである。もっとも、今日的見地からすれば、この二つは必ずしも因果性にとって不可欠とはいえないかもしれない。

量子論の立場では、観察によって一瞬に宇宙の果てまで届く遠隔的な因果が可能だとされているし（その意味で原因結果は接近していなくてもよいことになる）、ファインマン流の反粒子などのように、時間を逆向きに進んで因果的作用を及ぼす物質概念が想定されたりしているからである（時間を逆向きに進む逆向き因果については第16章でも触れる）。

もっとも、実はヒューム自身が、この「接近」と「先行」の二つの特徴だけでは当該の事象が因果関係にあるということを断定できないと明言している。たとえば、電車の運転手がブレーキのスロットを引いたとき、その周辺にかすかな風が生じて、それから電車が停止するわけだが、そしてこの場合、風の発生と電車の停止とは間違いなく「接近」と「先行」の関係にあるのだけれど、だからといって「風が生じたので電車が止まった」というように因果関係を見取ることはできないはずである。

では、いかなる特徴がさらに備わっていれば、因果関係として成立するといえるのだろうか。ヒュームは、「必然的結合」(necessary connexion) という特徴こそそれだ、と言う。原因結果というからには、それを構成する事象が、単に継起して生じるというだけではなく、必然的に結びついているということがなければならないというのである。こうして、因果性の分析は「必然的結合」の理解にかかってくることになる。こうした議論展開から読み取れることは、まず、ヒュームが因果関係を必然的なものとして、つまりは決定論的なものとしてとらえていたことである。この点は、のちにもまた言及する。

さらにもう一つ読み取れるのは、「必然的結合」という要素をここに導入することは、ヒュームが採用したはずの、ア・ポステリオリな経験に基づく解明という枠組みをひそかに越え出ることでもあるという、この点である。なぜならば、「必然」という用語の意義からして、いまだ経験されていない未来をも包摂しなければならないだろうからである。

3 必然的結合

さて、ではヒュームは、原因結果の間の「必然的結合」という関係性をどのように解明するのだろうか。ヒュームは、因果関係にあるとされる二つの事象間の経験的特徴として、「接近」と「先行」の二つを取り出したが、それ以外の特徴をいくら見いだそうとしても何も見いだせないとする。しかるにヒュームは、過去において一つのタイプの事象と別のタイプの事象とがいつも伴っていたという「繰り返し」の経験、すなわち「恒常的連接」(constant conjunction)に注目する。これは、当該事象それ自体の中身についての経験ではなく、当該事象の繰り返しという経験にすぎないのだが、因果関係にまつわる過去経験として際立っている。

とはいえ、「恒常的連接」を指摘したところで問題が解消されるわけではない。というのも、それはあくまで過去にすでに生じたことの経験であるにすぎず、未来にはかかわらず、よって「必然」ということを保証するものではないからである。しかし、そうはいっても、こうした過去についての経験しか手がかりはない。

では、過去の経験からどのようにして未来の(必ずこれこれになるという)予測が導かれるのか。この問題は、哲学では「帰納の問題」と呼ばれる。

ヒュームは、この問題について、まず過去から未来を予測することは理性的推論によって正当化することはできないとする。ヒュームのさしあたりの枠組みでいえば、理性的推論だとすれば、「観念の関係」についての論理的推論か、「事実の問題」についての経験的推論かのいずれかのはずだが、いずれだとしても、過去から未来を導く帰納には妥当しない。まず、未来が過去の経験とは異なるものであるということは、いくらでも想像可能である以上、帰納を論理的に正当化することはできない。さらに、帰納を経験的に正当化することもできない。なぜなら、そもそも経験的に推論するときに帰納が前提されているのだから、そうした帰納を経験的に正当化しようというのは明白な循環論法になってしまうからである。

それでは、「恒常的連接」から「必然的結合」という関係性が導かれるのは、どのようにしてなのか。ヒュームはここで、「習慣」(custom) あるいは「習癖」(habit) という、理性的な働きではないものに訴える。「恒常的連接」という繰り返しによって、同じことを繰り返す癖ができる。そのことによって、あるタイプの事象を知覚すると、それと過去において恒常的に連接してきた別のタイプの事象が生じることを期待するよう導かれ、そうした別のタイプの事象が存在するであろうと信じるよう導かれると、そのように論じるのである。

つまり、習慣によって過去の恒常的連接の再現を信じるよう心が導かれること、そうした「信念」に向かうよう心が決定されること、こうした「心の決定」にこそ帰納の成立する場面があるというのである。これは理性ではなく、「想像」(imagination)の働く場面である。こうして、原因結果の間の「必然的結合」とは、心が習慣を介して二つのタイプの事象を結びつけるよう決定されてしまうと「感じる」こと、こういう意味での「印象」にほかならないことになる。「必然的結合」ひいては因果関係の「観念」は、こういう意味での「印象」に由来するのである。

しばしば哲学の教科書などで、ヒュームは因果関係を否定した、などと記述されていることがあるが、それは文字どおりには完全な誤りである。ヒュームは、以上に述べたような仕方で、私たちの因果関係の理解を解明してみせたのであって、それはむしろ、因果関係が成立していることを前提した議論である。ただ単に、因果関係は事象それ自体に内在して成立しているのではなく、現象の規則的繰り返し、つまり「恒常的連接」を経験することを介して、私たちの心の中で習慣として成立すると、そう分析しただけなのである。こうしたヒュームの因果論は、「恒常的連接」のアスペクトに強調点を置いたとき、「因果の規則説」などと呼ばれることがある。

4 自由と必然

さて、ヒュームは以上に見たような彼独自の因果批判の議論を、さまざまな哲学の諸問題に適用しようとしていく。ヒューム哲学というのは、いってみれば、全体として因果論として展開されているといってもよいくらいなのである。なかでも、後世への影響力という点で、ヒュームの自由意志論は特別に注目する必要があるだろう。

自由あるいは自由意志の問題は、古代以来の哲学の大問題であり、それは主として、自由と必然はどのように折り合うか、という問いの形で論じられてきた。つまり、森羅万象が因果的必然性によって決定されているとするならば、はたして自由意志というものは意義を持ちうるのか、という疑問から議論が展開されてきたのである。

私が大阪に行きたいと思って、新幹線のチケットを買う。これは私の意志による。けれども、すべてが実は因果的必然性によって決定されているとするなら、私が大阪に行こうという意志を持つことも、それに先立つ原因によって必然的に決まっていたことになる。そんな状態を、はたして自由などといえるのだろうか。

しかるに、さらに、もしそうした意味で自由意志なるものが一切認められないのだとしたら、自由な行為に伴う「責任」の概念は基盤を失ってしまうのではないか。どんな凶悪な犯罪を犯しても、責任はなし、ということになってしまうのではないか。では、自由ということをどう考えていけばよいのか。こうした問いが、自由意志の問題を惹起《じゃっき》してきたわけである。これに対してヒュームは、自らの因果論を適用しながら、因果的必然性が森羅万象を決定しているとしても、そのことが自由意志の成立と背反しない、それどころか自由意志が成立するためには因果的必然性、つまりは決定論が必要だと、そう論じるのである。*2

こうしたヒュームの自由意志に対する立場は、自由と必然、つまりは自由と決定論が両立するとしているので、一般に「両立主義」(compatibilism)と呼ばれる。これを展開するにあたり、ヒュームはまず、自由という概念を、暴力に対置される「自発性の自由」と、必然と原因との否定を意味する「無差別の自由」との二つに区分し、有意味な形で「自由」として認められるのは「自発性の自由」だけであるとする。そして、「自発性の自由」は「必然」と背反しない、それどころか「必然」を要請すると、そう論じ進める。

ヒュームは、自然現象と同様に、あるいは自然現象と連続的に、人間の活動にも「恒常的連接」をなす規則性があることを確認する。たとえば、死刑囚が断頭台に引かれていくとき、斧《おの》や車輪の働きだけでなく、看守の誠実さからも、それらが原因となって自分の死が必然的に結果するであろうことを予見する、といった例をヒュームは挙げている。

では、こうした事態を踏まえたとき、「自由」とは何を意味することになるのか。ヒュームは言う、「自由ということでわれわれが意味することができるのはひとえに、意志の決定にしたがって行為したり行為しなかったりする力、これのみである」（『人間知性研究』八四頁）。すなわち、意志を原因として行為あるいは非行為が生じること、それが「自由」が成立していることなのである。逆に言えば、意志を原因としない振る舞いは「自由」な行為ではない、ということでもある。

たとえば、電車に乗って吊《つ》り革につかまっているとき、電車が急ブレーキをかけたので、私は思わず転倒し、同時に隣に立っていた人を押し倒してけがをさせてしまったとしよう。これは私の意志による行為ではない。なので、ヒュームの図式に従えば、これは「自由」な行為ではないので、けがをした人に心情的に申し訳ないと思うにしても、「責任」は問われない。しかるに、電車が安定走行中に、何か悪意があって、隣に立っている人を故意に押し倒した場合は、それは私の意志が原因となって必然的に引き起こされた行為なので、「自由」な行為であり、「責任」が問われることになる。

反対に、もし自由と必然は対立すると考えて、自由が成立するのは必然が否定される場合だととらえるならば、ある意志が生じてもそれの結果としての行為はいわば偶然に生じるだけになり、行為の評価を行為者の意志に結びつけることができなくなる。人を押し倒そうと意志しても、意志と行為の間の因果的必然性が否定されているのだから、本当に押し倒す行為が発生するかどうかは、いってみればルーレットで決まるようなものである。

こうなると、「人間は、最も恐ろしい罪を犯した後でさえ、彼が誕生した最初の瞬間と同じように、無垢《むく》で汚れのないままで」（『人間知性研究』八七頁）あることになってしまうのである。これがヒュームの両立主義の議論である。因果論が直接的に適用されている好例である。

こうした自由意志論、そしてヒューム流の両立主義については、第14章でも再び触れる。

5 デザイン論証

次に、ヒューム因果論のもう一つの側面に目を向けてみたい。それは、神の存在証明としての「デザイン論証」をヒュームが批判的に検討する場面である。これはしかし、決してヒューム因果論の一適用場面にすぎないのではない。本章の最初に、私はヒュームの伝記的な事柄に触れて、一八歳のときに「思想の新しい情景」がひらめいたとヒューム自身記していることに言及した。では、この「思想の新しい情景」とは何だったのだろうか。彼のその後の哲学の展開からして、そうした新しい情景が因果論にかかわることはほぼ間違いないと思われる。

それにしても、ヒュームは若いときにどういう経過でユニークな因果論を展開し始めたのだろうか。実は、この点については、ヒューム自身がある書簡の中に記していることがヒントになる。それによると、ヒュームは、二〇歳前後のときに、死後に公刊された『自然宗教に関する対話』の原稿を試行錯誤を繰り返しながら書き続けていた、というのである。つまり、ヒュームの「思想の新しい情景」は因果性にかかわるものであり、その因果論の源泉は『自然宗教に関する対話』に展開されている、神の存在証明をめぐる議論にあった、ということである。

　では、『自然宗教に関する対話』はどのような論点を提示しているのだろうか。しかし、このことを紹介する前に、一つ、この対話篇《へん》に関する決定的な難問を述べなければならない。それは、この対話篇は三人の対話者によって議論が進められる体裁をとっているのだが、著者であるヒュームを代弁しているのが誰なのかがよく分からないのである。それが分からないような形式になっているのである。この事態をどう考えるのかについては多くの論争があり、定説はない。せいぜい、フィロという対話者の議論がヒューム自身に近いのではないか、という意見が多いというだけである。ただ私は、もう少し素直に受け止めたいと思う。すなわち、ヒュームは誰か一人の対話者に自らの見解を語らせているのではなく、対話という形全体を用いて問題の困難さを浮き彫りにしているのだ、と。そう考えれば、誰がヒュームなのか、という問題を論じるのは無用となる。

　ともあれ、この『自然宗教に関する対話』だが、これはいわゆる「デザイン論証」という神の存在証明が妥当な論証かどうかをめぐって対話が行われる書物である。「デザイン論証」とは、自然には秩序が存在し、そうした秩序の中には、人間が機械を作るときのような、しかし人間が機械を作るときよりもはるかに精巧かつ巧妙な、知性と意図（デザイン）の多くのしるしが認められるので、その原因として偶然やランダム性を当てるのは不当であり、よってそれらの知性と意図の原因となる存在者、すなわち神が存在しなければならないとする論証のことである。これは、のちにカントが「自然神学的証明」と呼んだ神の存在証明と同じで、自然の巧妙な仕組みへの驚嘆に基づく議論であり、子どもでさえ理解できるような、最も伝統的で明瞭《めいりょう》な証明であるとされる。さらに「デザイン論証」は、今日の進化理論と創造説の対立という場面にも依然として深くかかわっているのである。

この論証に対してヒュームは、『自然宗教に関する対話』の中でいくつかの疑問を提起する。疑問の論点は多数あるが、たとえば、結果から原因を知ろうとするこうしたタイプの推論の場合、結果を生み出す限りの属性が原因に認められるだけのはずなのに、「デザイン論証」では、至高の知性と仁愛などが原因である神に帰せられてしまい、問題なのではないかとか、あるいは、「デザイン論証」は原因それ自体は知られず、結果だけから推論する形の論証で、原因結果の関係性成立に不可欠の「恒常的連接」の契機を欠いているのではないか、といった疑問点である。しかしヒュームは、「デザイン論証」を全面的に否定し尽くしてしまうのではなく、宇宙の秩序の原因は人間の知性と遠い類比を持つ、とまでは言えるだろうとも述べている。

こうしたヒュームの議論は、ヒューム因果論がどのような視点に立ち、どのような射程を持つのか、それについて考える本質的な素材を提供してくれると同時に、因果性というものに本来的にまとわりつく謎をも浮き彫りにしているともいえるのではないだろうか。

ヒュームは、「デザイン論証」についての議論以外に、奇跡の証言はどこまで信じられるか、という奇跡論の場面からも宗教哲学的な話題を論じ、やはり今日まで影響を与え続けているが、そこでも事実や証言者の事情と証言の真理性への確信との間の因果関係として問題が立てられており、ヒューム哲学における因果論の根源性を確認することができる。

6 ヒュームの道徳論

さて、最後に、ヒュームの道徳論に一瞥《いちべつ》を与え、それが功利主義（大福主義）の先駆けとなっていたことを見届けて、この章の議論を終えたい。ヒュームの道徳論は、二つの点で大変特徴的である。

第一に、ヒュームの議論は、私たちが道徳的に「善《よ》い」とか「正しい」と理解している事実について、それがどのようなことであり、どのような因果的メカニズムで生成しているのかを「記述」するということを目指しており、原則として「何々すべき」という「規範」を導いたり提示したりはしていない、という点が大きな特徴である。それゆえに、ヒューム道徳論は今日の「メタ倫理学」に一つの素材を提供しうる体系となっている。実際ヒュームは、「何々である」(is)と「何々すべきである」(ought to)とは区別されなければならないとして、記述と規範の混同を戒めている。この戒めは「ヒュームの法則」と呼ばれることがある。

第二に、ヒュームの言う道徳的な「善い」とか「正しい」とかの評価は、おのおのの行為ではなく、そうした行為を因果的に生み出すところの「人格」(person)、あるいはそうした人格の持続的「性格」(character)を対象とするものであり、それなので彼は、道徳の問題を人格や性格が備える「徳」(virtue)の問題として扱っているという点が特徴として指摘できる。「人格」それ自体については、ヒュームは「様々な知覚の束ないし集合」(『人性論』(二)、一〇三頁)として、人為的かつ架空のものとして規定していたが、逆に言えば、まさしく人為的な道徳実践の場でこそ「人格」概念は機能するのであろう。

いずれにせよ、いま触れた二つの点のどちらに関しても、ヒューム自身の因果論が大きな分析手段を提供していることは言うまでもない。

では、まず、道徳的評価の因果的メカニズムの記述についてだが、ヒュームはこの点で、いわゆる「道徳感情論」(moral sense theory)と呼ばれる系譜に属する。ヒュームは言う、「徳から起る印象が快適で、悪徳から生ずる印象は不快である」(『人性論』(四)、三五頁)。すなわち、道徳的評価の根拠は快苦の気持ちなのである。もちろん、こうした快苦の感情や気持ちはごくごく主観的なものでしかないかもしれないし、評価対象の行為や行為者の性格が評価する人の個人的な利害にかかわらない場合には、そもそもそうした快苦の気持ちは発生しないかもしれない。

ここで導入されるのが、「共感」(sympathy)の原理である。それは、「他人の心的傾性や心持を交感伝達によって受取る」(『人性論』㈢、六九頁)という個々の働きで、この働きを介して、自分の利害に直接かかわらない事柄に関しても快苦の感じを抱くことができ、そのことで道徳的評価を下すことができるようになる。

もっとも、そうはいっても、この「共感」は情念にかかわる原理であって、それゆえ自分と類似している人の場合とか、自分との類縁関係がある場合とか、そうした場合のほうが強く働くという事情はやはり避けがたく、依然として主観的な偏りを許してしまう。そこでヒュームは、道徳的評価を共感に従って下す際には、「一般的視点」(general point of view)に立たなければならないとする。つまり、当該行為の本人や関係者の利害や快苦に注目し、それに共感して評価を下すのだが、その際、評価する側の利害や、類縁関係などは考慮しないようにする、ということである。

そしてヒュームは、こうした評価の仕方は、実際に生じていると述べる。自分の敵が勇敢な行為をしたとき、自分たちにとって不利益だとしても、それを褒めたたえる気持ちになる。それは、こうした一般的視点に立って共感原理を働かせているからだ、というのである。こうしたヒュームの道徳感情論は、快苦の感じに道徳的区別の根拠を置くという点で、明らかに、のちに触れるところの功利主義の先駆けとなっている。

最後に、ヒュームの「徳」についての議論に言及しておこう。ヒュームは、道徳的価値を「徳」と表現し、すべての「徳」は社会全体の幸福をもたらすという点で同じだが、二つの種類の「徳」を区別しなければならないという。すなわち、個々の行為がそうした善をもたらすところの「自然的徳」と、個々の行為としては善をもたらさないとしても、人類がそうした行動の体系に協力するとき善をもたらすところの「人為的徳」である。そして、後者の「人為的徳」の中に「正義」が含まれる。

ヒュームは、この「正義」の徳を、「コンヴェンション」(convention)の概念によって説明する。「コンヴェンション」とは「共通利害の一般的感じ」である。それはたとえば、ボートを漕《こ》ぐ二人の間で、約定などしなくても、暗黙的に共通の利害に従ってオールを共同して漕ぐ、というようなときに発生している事態のことである。これによって、個々の行為の次元ではなく、社会全体の次元で遂行すべき行為が正義として是認されていく。たとえば、契約の履行などである。いずれにせよ、ここでも共通の利害が徳の評価の核心をなしている以上、功利主義の先駆けをなす考え方を見取ることができるだろう。

けれども、最後に強調しておきたいが、以上のようなヒュームの議論は、あくまで道徳的評価の事実を記述しているのであって、何か規範的な提言をしているのではない。このことは、道徳感情という最も一般的なレベルについても、そして、人為的徳としての正義にかかわる「コンヴェンション」のレベルでも、等しく当てはまる。それに対して、次章でジェレミー・ベンサムに沿って紹介する功利主義という立場は、基本的に規範を提示する倫理学説なのである。この意味で、ヒュームは功利主義に対する先駆的な思想を展開したが、規範倫理としての功利主義はベンサムを待たなければならない、ということになるだろう。

参考文献

杖下隆英『ヒューム』、勁草書房、一九八二年
中才敏郎編『ヒューム読本』、法政大学出版局、二〇〇五年
デイヴィッド・ヒューム『人性論』㈠〜㈣、大槻春彦訳、岩波文庫、一九四八―五二年
デイヴィッド・ヒューム『人間知性研究――付・人間本性論摘要』、斎藤繁雄・一ノ瀬正樹訳、法政大学出版局、二〇〇四年
デイヴィッド・ヒューム『自然宗教に関する対話』、福鎌忠恕・斎藤繁雄訳、法政大学出版局、一九七五年

注

＊1　ところで、カントは、ヒュームとルソーという二人から大きな影響を受けている。この点で、ヒューム、カント、ルソーという、当時の英独仏を代表する哲学者の三角関係はまことに興味深い。

＊2　決定論を主張するヒュームは、「偶然」という事態は真には存在しないと断言している（『人間知性研究』八五頁）。

第6章　ベンサムの思想

1　功利性の原理

本章では、本書の焦点の一つである「功利主義」（大福主義）について、その創始者と目されるイギリスの哲学者、ジェレミー・ベンサム（ベンタムとも発音される）の思想に沿って検討していく。ベンサムは、前章で扱った哲学者デイヴィッド・ヒュームよりも少し後の世代の人で、一七四八年の生まれである。父は弁護士であった。ベンサムは、一二歳のときからオックスフォード大学に学び、とりわけ法学に関心を示し、フランスの唯物論哲学者クロード＝アドリアン・エルヴェシウスの『精神論』、死刑廃止論を主張したイタリアの法学者チェーザレ・ベッカリーアの『犯罪と刑罰』などから大きな影響を受けた。刑務所の改革などにも大きな関心を示し、理想的刑務所である、通称「パノプティコン」の計画なども立てた。ベンサムの業績は多岐にわたるが、なんといっても『道徳および立

ジェレミー・ベンサム　1748-1832 年

法の諸原理序説』（以下『諸原理』と略）において明確な形で定式化された「功利主義」の提示が注目されなければならない。

　では、功利主義とは何なのか。功利主義は、ベンサム以降、今日まで大きな影響力を持ち続けている倫理学の有力な立場の一つである。倫理学という分野は、今日の観点からいって、大きく三つの領域に分類できる。「メタ倫理学」と「規範倫理学」と「応用倫理学」である。「メタ倫理学」とは、倫理学で用いられる基本概念である「善《よ》い」とか「正しい」という評価の言葉について、その意味や意義を分析する、ということを課題にする分野である。「規範倫理学」とは、文字どおり「何々すべき」という規範の提言を行う議論のことである。「応用倫理学」とは、メタ倫理や規範倫理の理論を現代の実際的な問題に応用し、さらには発展させていく分野のことで、生命倫理や環境倫理、動物倫理などがそれに当たる。

　功利主義は、この中で、規範倫理学に属する代表的かつ重大な影響力を持つ立場であるが、同時に一般には大変に誤解されている考え方でもある。功利主義の特徴は、その創始者であるベンサムがまとめた「功利性の原理」に集約的に表現されている。

ベンサムは、功利性の原理を提示するにあたって、まず、快楽主義のテーゼを掲げる。「自然は人類を苦痛と快楽という、二人の主催者の支配のもとにおいてきた。われわれが何をしなければならないかということを指示し、またわれわれが何をするであろうかということを決定するのは、ただ苦痛と快楽だけである」(『諸原理』八一頁)。

ベンサムは、人は場合によってはこうした快楽と苦痛の支配を言葉では否定するかもしれないが、実際上は依然としてその支配下にある、と言う。たしかに、人が何かをしようと決断するとき、たとえその行為自体が苦しくつらいことだとしても、その行為を遂行することによって達成される何かプラスのこと、その意味で何か快適なこと、それがゴールにあると見越されているといえるだろう。

たとえば、苦しい受験勉強をするのは大学合格という快い喜びを得ることがゴールに見定められているのだろうし、道端でうずくまって苦しんでいる人を助けようとするときも、そのように助けることによって自分の良心が苦しまないようにすること、そしてそのことで、ある種の義務を遂行した満足感という快さを得ることが目指されているといえる。

快楽と苦痛という用語でそれを語るということを好まないとしても、事実はそうなのだ、という冷厳な人間把握がここにある。ベンサムは、こうした快楽と苦痛が行為に拘束力を与える限り、それら快苦は「制裁」(sanction)と呼ばれると述べている。

功利性の原理とは、こうした快楽と苦痛の支配あるいは制裁という事実を率直に承認し、それを基礎にした道徳原理であるというのである。ここで、ベンサムは、有名な「最大多数の最大幸福」という言い方に言及する。すなわち、功利性の原理とは、「その利益が問題になっている人々の幸福を、増大させるように見えるか、それとも減少させるように見えるかの傾向によって、または同じことを別のことばで言いかえただけであるが、その幸福を促進するようにみえるか、それともその幸福に対立するようにみえるかによって、すべての行為を是認し、または否認する原理を意味する」（『諸原理』八二頁）。

要するに、ある行為が道徳的に善いか悪いかの判断基準は、その行為が人々の幸福を全体として増大させるか否かという、つまりは行為の結果として産み出される幸福の度合いにある、というのである。ベンサムは、実際、幸福の総計とか苦痛の総計という言葉を使って快楽を計算する、という考え方を功利性の原理に織り込ませている。

たとえば、電車の中で若者が座り、老人が立っているときの、全体の幸福の度合いと、逆に若者が立ち、老人が座っているときのその度合いとでは、前者のほうが全体として疲労という苦痛の度合いが高い（老人が立っているときのほうが疲労という苦痛の総量が多い）と考えられる以上、若者が立ち老人が座る、という行為が道徳的に善いのであり、なすべきことなのだ、とされるのである。

ベンサムは、正しい行為である、と、なすべきことである、という言葉は、この功利性の原理によらなければ意味を持たないとさえ述べ、功利性の原理が強い意味で規範的な性質を持つことを強調する。このように功利主義は、規範の根拠を、行為の結果として帰結する幸福に求めるので、結果主義あるいは帰結主義と呼ばれることがある。

規範倫理には、功利主義のほかに、行為の結果ではなく、行為の動機となる意志に道徳的善悪の基準があるとする「義務論」と呼ばれる立場と、行為者のありように道徳的評価の基盤を置く「徳倫理学」の立場があるが、功利主義としばしば対比されるのは義務論である。つまり、動機としての善い意志を重視するか、結果としての幸福を重視するか、というコントラストが両者の間には見いだされるのであり、そのうち功利主義は結果としての幸福重視の立場なのである。

2 快楽の計算

ここで確認するべきは、快楽の総計という計算は、基本的に社会の利益ということを単位として考えられているということである。ある行為が功利性の原理にかなった、道徳的に善い行為であるというのは、社会全体の幸福の量を増大させるという意味なのである。この意味で、功利主義は、個人の利己的な欲求の充足を追求することをよしとする利己主義的な考え方とはまったく異なるし、それどころか功利主義は、個人の利己的な欲求を多くの場合、抑制することを命じる。さきの電車の例がそうである。利己的に考えるならば、若者だって座っていたいかもしれないが、功利主義の道徳は、それを善いこととは見なさないのである。けれども、日本では、たぶん「功利」という言葉の語感のゆえだろうが、功利主義は利己主義的な考え方と誤解されているふしがある。これはしかし、絶対に払《ふっ》拭《しょく》されなければならない。

こうした誤解を避けるため、「功利主義」という言い方ではなく、「公益主義」という言い方をしようとする人もいる。しかし、私は、すでに触れているように、むしろ「最大多数の最大幸福」というスローガンに即して、「大福主義」という訳語もいいのではないかと感じている。利己的というのは悪く響いても、「幸福」ということは決して悪く響かないはずである。そして実際、功利主義とは、なによりも道徳的判断の基準を「幸福」に置くという、幸福至上主義の学説なのである。それに「大福」という名称は、あの甘い和菓子を想い起こさせ、あたたかい幸福のイメージも伝えるのに適しているようにも思う。[1]

もちろん、功利主義あるいは大福主義が理論として成立するためには、越えなければならないハードルがある。それは、幸福の量を、つまりは快楽と苦痛の量を、どのように計算・測定するのか、という基準を明確にしなければならないという点である。それができなければ、大福主義といっても、絵に描いた大福になってしまう。ベンサムは、この問題について、かなり多くのページを割いて詳細に検討を加えている。

ベンサムはまず、快楽と苦痛には、物理的、政治的、道徳的、宗教的という四つの源泉があるとする。その上で、快楽と苦痛それ自体として考えた場合、「強さ、持続性、確実性、遠近性、多産性、純粋性」という六つの事情を考慮して、その価値あるいは量を計算しなければならないと主張する。

たとえば、若者が席を老人に譲る、という行為について見れば、それが産み出す（老人の側の）快楽、それが産み出す（若者の側の）苦痛、などを各結果のおのおのについて計算して、最後に快楽と苦痛を差し引き総計して、行為全体のもたらす快楽量あるいは幸福量を計算するというのである。この場合、快楽は、利益、報酬、恩恵などと言い換えてもよい、とされていることからすると、それぞれの快楽量は場合によっては市場価値として金銭的に計算されることも許容されていると思われる。もちろん、こうしたやり方でどこまで厳密かつ正確に幸福の量を計算できるのか疑いは尽きないが、疑いが残るからといってすべてを廃棄してしまう白か黒かという二者択一の考え方はいただけない。

たとえば、飢えで苦しむ人々にパンを一切れだけ与えるのと、パン一切れとチーズとを与えるのとでは、それらの人々の快楽の度合いが異なるのは、誰が考えても明らかである以上、幸福の「量」というベンサムが取り入れようとしている概念には誤りはないどころか、むしろ明らかに真理を突いているといえる。ならば、それをできるだけ正確に体系化していこうとする努力に異議を唱える理由はない。

では、こうした功利主義あるいは大福主義は、ほかのどのような道徳理論との対立の中でその特徴を際立たせるのだろうか。その点を確認し、その上で実際問題への適用として、刑罰の問題に触れていきたいと思う。

3 禁欲主義

ベンサムは、自らの「功利性の原理」を展開するにあたって、それに対立する二つの考え方を批判の対象として言及する。すなわち、「禁欲の原理」と「共感と反感の原理」である。

まず、「禁欲の原理」についてだが、それは「功利性の原理」とはまったく正反対の考え方で、当事者の快楽や幸福の量を減少させる行為は善いこととして是認し、幸福や快楽を増大させる行為は否認する、というものである。一見、信じがたい考え方ではあるが、私たちの日常的な感覚からいっても、快楽を追求する放蕩三昧《ほうとうざんまい》の生活を道徳的に非難したり、苦しみに耐えながら刻苦勉励する姿に道徳美を感じたり、というのはさほど珍しくないことを考え合わせれば、あながち荒唐無稽《こうとうむけい》な道徳説というわけではない。練習をストイックに続けるスポーツ選手を称賛する気持ちも、この禁欲の原理に由来していそうである。その意味では、私たちは実際に禁欲の原理を受け入れているのかもしれない。ベンサムによれば、こうした禁欲主義の原理を受け入れてきた人たちには二種類あり、それは道徳家と宗教家であるという。

けれども、冷静に考えて、こうした人々が文字どおりの意味で快楽や幸福を悪とし、苦痛や不幸を善としたのではない。道徳家が禁欲的な生活をよしとして、それを実践するのは、あくまでも人々から栄誉と名声が与えられるだろうという希望があるからにほかならない。また、宗教家が禁欲的であることをよしとする背景には、来世の処罰に対する恐怖があるという。つまり、来世で受ける苦痛を回避したいという動機によるという。ということは、つまり、禁欲の原理といっても、実は根底には、栄誉や名声から受ける快楽とか、来世の処罰という苦痛を避けたいとか、そうした究極的な「大福」を求める動機が潜在しているのであって、それは実際上、「功利性の原理」に従っていることにほかならないのである。ストイックな練習をするスポーツ選手だって、そのゴールとしてよい成績を収めること、そういう意味での快楽や幸福が見据えられているのである。

ベンサムは、ある種の快楽が、長い目で見たとき苦痛を伴うことを知って（たとえば、飛躍放蕩三昧など）、そこから快楽という名のもとに現れるものすべてを非難するという、飛躍した推論をしてしまうとき、禁欲の原理が出現すると分析している（『諸原理』九四頁）。

いずれにせよ、功利主義、つまり大福主義は、禁欲主義のように真の事態を隠蔽《いんぺい》するようなやり方ではなく、もっと率直に人間の真のありように基づいて、快楽や幸福は善いのであり、苦痛や不幸は悪い、という主張を首尾一貫して展開しようとするのである。ただし、繰り返すが、功利主義、つまり大福主義の是認する幸福や快楽とは、個人のレベルでの利己主義的なものではなくて、社会全体の幸福量という次元での幸福である。それを増大させる行為が善い行為として是認され、規範的に「しなければならない」行為なのである（『諸原理』八四頁）。

4　共感と反感の原理

さて、もう一つベンサムが対抗学説として言及するのが、「共感と反感の原理」である。これについては、前章でヒュームについて論じたとき、道徳感情論という文脈で少し論じた議論と深くかかわっている。ベンサムによれば、この「共感と反感の原理」とは、ある行為を「単にある人がその行為を是認または否認したいと思うゆえに、是認または否認し、その是認や否認をそれ自体として十分な理由であると考えて、なんらかの外部的な理由を探し求める必要を否定するような原理を意味する」（『諸原理』九四頁）とされる。

ベンサムは、こうした共感と反感の原理に依拠して道徳理論を展開した哲学者として、シャフツベリ卿（伯三世）、フランシス・ハチスン、デイヴィッド・ヒューム、ジェイムズ・ビーティなど、当時のイギリスの思想家の名前を挙げている。ここでの「共感と反感の原理」に対する批判のポイントは、道徳感情とか、常識とか、自然法とか、そうした言葉を使って述べられている道徳理論は、実質的に、何が悪くて何が善いかということに関する論者の主観的な感情を述べているにすぎず、道徳的判断に対する何らの客観的根拠も提示していないという点にある。

ベンサムは、とりわけトマス・ホッブズやジョン・ロックなどが依拠した「自然法」の概念に対して、それは曖昧《あいまい》であって、実際的には単なる好悪の感情であると厳しく批判する。そして、原理というものが是認や否認の感情の正当化を提供するべきものである限り、「共感と反感の原理」は、感情をそのまま基準にしてしまう以上、真実には原理といえる代物《しろもの》ではなく、かえって原理の否定を意味すると、そこまで強く糾弾するのである。

もっとも、たとえばヒュームに関して前章で見たことからすると、ベンサムのこの批判はやや厳しすぎるかもしれない。ヒュームの場合、共感の原理に加えて、「一般的視点」を導入することで、道徳的判断の客観性を保とうとする姿勢を打ち出したりしているからである。

では、なぜ、ベンサムは「共感と反感の原理」に基づく道徳理論を、これほど強く拒絶しようとしているのだろうか。それは、（実はヒュームも同じ危険性を考慮していたのだが）この原理に基づいて道徳的判断を下した場合、大変危険な事態が生じると考えていたからである。

ベンサムが言及している例は、刑罰の例である。共感や反感を基準にしてしまうと、刑罰に値しない場合に刑罰を科したり、刑罰に値する場合でも、それが値する以上に刑罰を科したりしてしまうことが生じうる。わが国で近年始まった「裁判員制度」なども、万が一裁判員の共感や反感が前面に打ち出されてしまうならば（そうでないことをぜひ願うが）、ベンサムの危惧《きぐ》が当てはまってしまうこともあるかもしれない。また逆に、遠くで目につきにくい害悪は、手近な害悪に劣らず真に害悪であったとしても、共感や反感を促しにくく、何らの反響も産み出さないという誤り、すなわち寛大にすぎるという誤りも起こりうる。しかし、功利主義では、人によって幸福の軽重をつけず、一人を一人として数え、一人以上には数えない、というのが基本原則なのである。

こうした問題性は、同性愛とか、現代の新しい生殖技術などについての道徳的判断をするときにも発生しうる。単なる好悪の感情だけで、あるいは不自然だという感覚だけで、こうした営みを頭から否定してしまうという事態を、ベンサムは危惧していたといえるだろう。

5　義務論と功利主義

禁欲主義、そして共感の理論との対比のもと、功利主義、つまり大福主義の意義がさらにクリアになってきたかと思う。ここでは、次に、もっと大きな規模での対立に少し言及していきたい。さきにも触れたが、行為の結果としての幸福を道徳の判断基準とする功利主義・大福主義に対して、行為に先立つ動機の善さを道徳の判断基準とする、義務論と呼ばれる立場がある。義務論は、文字どおり、行為を導く意志が義務に従うものになっているときに道徳的な正しさは実現されているとする、イマヌエル・カントに代表される立場にほかならず、基本的に、行為の結果は道徳的価値評価に無関係だとするのである。

たとえば、さきの、若者が老人に席を譲る例でいえば、老人を敬うという（一般的に承認される）義務に従うという意志のゆえに席を譲ることは、義務論に従えば正しい行為だが、老人に席を譲れば他人から尊敬されるだろう、あるいは恋人に格好よく思われるだろう、といった義務感とは別の意志や動機によって席を譲った場合には、義務論的には正しい行為とはいえないのである。しかし、意志がどうあれ、老人に席を譲ったという事実は同じであり、それゆえそこから結果としてもたらされる幸福の量も同じなので、功利主義・大福主義的には、どっちにせよ同じ道徳的評価が導かれることになる。

では、このように義務論と功利主義とを比較した場合、それぞれどのような長所・短所があるだろうか。

まず、功利主義つまり大福主義についていえば、道徳理論あるいは倫理学説としての最大の利点は、義務の衝突や、いわゆるモラル・ディレンマに対して、相応の解答を与えることができるという点にあるといえるだろう。たとえば自分の国が何らかの理由で他国と戦争に至ろうとしているとき（我が国の場合とて自衛という場面ではこうしたことも生じうる）、そこには愛国主義にのっとって自国を支援し、場合によっては従軍すべきであるという義務が生じるだろうが、当然他方で、戦争はそれ自体よくないことであり、いかなる場合でも他人を傷つけるべきではないという博愛主義を貫くべきであるという義務も生じるだろう。

こうしたとき、私たちはどうするべきか。功利主義はすなわち大福主義なので、それぞれの選択肢のもたらす幸福の量を勘案することによって、より大きな量の幸福をもたらす行為を選択することができる。つまり、功利主義・大福主義は、「計量化への志向性」という経験論の本質を体現している思想なので、「程度」ということを文字どおり主題化するという議論構成になっており、その「程度」の相違の次元でモラル・ディレンマに対する解答可能性を持ちえているわけである。

けれども、こうした視点は、他方においては功利主義の欠点となってしまうようにも聞こえる。というのも、こうした「程度」の比較は、あくまで全体の幸福量をどのくらい増大させるかということに焦点を合わせているのであって、個人個人に対しては、事柄の本性上、どうしても冷淡になりがちだからである。言い方を換えれば、功利主義・大福主義の立場では、個人というのは場合によっては単なる手段として扱われかねないということでもある。

次章のジョン・スチュアート・ミルのところでも触れるが、人を五人殺さなければならないことと、人一人を殺さなければならないこととの、いずれかしかない場面に直面したときどうするか、という問題（「トロリー問題」あるいは「トロッコ問題」と呼ばれる）に対して、功利主義つまり大福主義は人一人を殺して五人を救うという、きわめて現実的な選択を結局は推奨するだろう。たしかに現実にはそれしか方法はないのかもしれないが、どうしてもここには、殺される人という個人を尊重するという視点が薄いように感じられてしまうのである。極端なことをいえば、臓器移植などに関して、一人の健康で無辜《むこ》の人を殺してその臓器を取り出し、複数の人が助かるならば、その一人の人を殺すことは道徳的に正しい、といった受け入れ難い帰結を功利主義・大福主義は引き出してしまいかねないように思われるのである。功利主義つまり大福主義が実際に社会システムとして採用されたとき、この部分の危惧がはたして致命的な欠陥となってふくれ上がってしまわないか。この点に、功利主義・大福主義の弱点があるといえるかもしれない。

では、他方で、義務論はどうだろうか。義務論と功利主義は、いわば双対の関係をなしていて、前者の長所は後者の欠点となり、逆もしかり、といえる。すなわち、功利主義・大福主義が個人個人の尊重という点でやや冷淡であり、個人を手段として扱いかねないというのに対して、カントに代表される義務論的な道徳論では、自分や他人という人格は決して手段として扱われてはならず、つねにそれ自体目的として、尊厳を持った存在として扱われなければならないと主張される。これは、人権思想とか、私たち個人個人のかけがえのなさという日常的直観にかなった見方であるといえる。

けれども、義務論の立場が内包する最大の問題は、さきに触れたような、義務の衝突とかモラル・ディレンマの場合に対して、有効な解決法を提示できないという点にある。「これこれしなければならない」(嘘《うそ》をついてはならないなど)という義務を重視する限り、それをしないことは、いかなる場合も禁じられるので、ディレンマに面しては、ただ判断が引き裂かれるしかないことになる。あるいは、一方的に一つの義務の遂行だけを強行するだけになってしまう。いわゆる「原理主義者」と呼ばれる立場に至ってしまいうるのである。義務論では、「程度」ということを問題にする余地がないからである。

さらに、義務論の持つ問題点としては、こうした「義務」というものも、実際上は伝統的な仕方で定着してきたものにほかならず、その点で、今日の生命倫理などで発生するような、伝統的な倫理観だけでは解決できないような新しい倫理的問題に対して、義務論は有効な示唆を与えにくいという点も挙げられるだろう。

いずれにせよ、はっきりしていることは、功利主義・大福主義であれ、義務論であれ、人類はこれまで完璧《かんぺき》な倫理学説を獲得しえてはいない、という点である。私たちは、そのつど注意深く考察を加えながら、倫理的な諸問題に立ち向かうしかないのである。

6 刑罰の正当化と死刑論の展開

すでに触れたように、ベンサムは法律に対する関心から功利主義・大福主義を提唱するに至ったという経緯もあり、刑罰の問題に深い関心を抱いていた。そして、刑罰というものはどうして承認されるのか、という刑罰の正当化という問いに対して、今日に至るまで功利主義・大福主義は、義務論的な正当化と相対立しながら一つの重要な道筋を与え続けている。義務論的な刑罰の正当化とは、いわゆる応報主義であり、刑罰は犯罪の応報・報いとして科せられるとするもので、同害報復の原理（目には目を歯には歯を）[*2]に従うという義務に基づく。

これに対して、功利主義・大福主義の立場からすると、刑罰は、それを科すことによって得られる結果が社会全体の大きな幸福に結びつく限りにおいて正当だと見なされるということになる。具体的には、刑罰が犯罪抑止効果を持ち、社会の安全性を増大させたり、あるいは加害者の教育や更生に効果があったり、また被害者の被害感情を慰撫《いぶ》したり、そうした場合に刑罰は正当なものと見なされる、というのである。

こうした議論は、もちろん極刑である「死刑」にも当てはまる。一般に、応報主義的な観点からは「死刑」が正当化される傾向にある。死刑相当の罪はほとんどの場合「殺人」

だが、義務論的な応報主義では、そうした「殺人」という他人の命を奪ったことの応報として、加害者が自分の命を差し出すという「死刑」を求める、という考え方を採る。義務論では、一人一人の人格の尊厳を重視するが、いったん犯罪行為を犯した場合には、そうした尊厳は自ら損ねられたのであり、厳しく罰せられなければならないと論じられる。それどころか、刑罰を受けることで損ねられた人格の尊厳性が回復するという、ヘーゲル的な見方さえ述べられることもある。

けれども、こうした応報的な死刑擁護論には原理的な困難が指摘できる。それは、他者の命を奪ったのだから自分の命を差し出せ、という考え方にまつわる問題点である。「命を差し出す」とはどういう意味か。差し出された命は誰がどのように受け取るのか。ここには何か文法的にさえ混乱している語り方がある。命は、失われれば消えるのであって、真には、奪ったり差し出したりはできないものだからである。

こうした論点以外に、死刑擁護論・存置論に対する反論としては、死刑は残虐ではないか、死刑と終身刑や無期刑との境界線が明確ではないのではないか、などがある。さらに、死刑には犯罪抑止効果などないのではないか、という論点もしばしば提出される。今日、ときどきアメリカや日本で、自殺したいので死刑相当の犯罪を犯して国家によって死刑にしてもらって自殺を遂げる、といった尋常ならざる動機の犯罪が散見されるからである。これがもし本当なら、死刑制度は、犯罪抑止効果どころか、犯罪誘発効果を持っているといわなければならない。少なくとも、死刑制度がなければ同様な犯罪は同様な仕方では発生しなかったのではないか、と推定されるのである。

そしてまた、死刑執行人は職務として人を殺すことに携わっており、それは執行人を苦悩させ、その尊厳性を冒していることにならないか、という反対論もある。死刑を擁護する人は、はたして自分で執行することを買って出られるだろうか。残虐な犯人は憎らしいので死刑にさせたい、でも死刑は残酷なので自分では執行したくないので、ほかの誰かにやってもらいたい、という感情は、動物の肉はおいしいので食べたい、でも動物を殺すのは残酷なので、ほかの誰かにやってもらって、自分は肉食を楽しむことだけをしたい、という感覚と酷似している。ここには、真剣に検討すべき道徳の問題が存在していると認識すべきだろう。

最後に、伝統的かつ最強の死刑廃止論の論点として、「誤判可能性」がある。裁判は人間が行う以上、冤罪《えんざい》や誤判の可能性がつねにある。しかし「死刑」は取り返しがつかない刑罰なので、この問題がある以上、死刑は存置すべきでない、という議論である。いずれにせよ、国連ですでに死刑廃止のアピールがなされ、世界の三分の二の国はすでに死刑を廃止しており、日本も国連から勧告を何度も受けているという現状は、私たち日本人も事実として認識しなければならない。

では、この問題は、功利主義・大福主義の観点からするとどうなるか。功利主義・大福主義の立場からすると、加害者による賠償の可能性を奪ってしまったり、抑止効果も絶対的ではない、ということにより、死刑は簡単に正当化することはできないことになる。実際、ベンサムは、死刑はきわめて凶悪な犯罪に限るとして、死刑を極力行わないシステムのほうをより正しいと考えている。これは、彼が若いときに、死刑廃止論を展開したことで有名なチェーザレ・ベッカリーアの影響を受けたことに関連していると思われる。ただ、こうした功利主義に基づく死刑廃止論に傾く論調に対しては、それでは被害者の被害感情・応報感情は無視されてしまうのか、という批判がつねに向けられる。これは重い批判であろう。

しかし、この批判に関しては、はたして「被害者」とは誰のことなのか、という根源的な問題が提起される。すなわち、死刑該当犯罪の主たるものである殺人に関して、最大の害を被ったはずの直接の被害者はもはや存在せず、その最大の害を考慮に入れることが原理的にありえなくなってしまっているという、そういう問題である。これは、今日盛んに論じられている「死の形而上学《けいじじょうがく》」の核心的主題である。

いずれにせよ、ベンサムは、生涯にわたり刑罰の問題に関心を持ち続けた。そして、理想的な刑務所である「パノプティコン」を提唱した。「パノプティコン」とは、すべてを一望に見渡すという意味で、「一望監視施設」と訳せる。ベンサムは、これをおもに理想的な刑務所として思い描いていたが、工場、病院、学校などにも応用可能である。「パノプティコン」は、円形の建物の中心に監視塔があり、そのまわりを囲んで、囚人のいる部屋が円形に沿って並んでいるという施設である。囚人はつねに監視されているため、ベンサムはこれによって囚人は勤勉に労働し、結果として社会復帰が容易になると、そう考えていた。

この「パノプティコン」は、現代の監視社会を暗示するモデルとしてフランスの哲学者ミシェル・フーコーによって再注目されたが、ベンサム自身としては、犯罪者を死刑にしたり厳罰に処したりするよりも、「パノプティコン」で労働させ勤勉な市民になってもらうことにより、社会の幸福量を増大させることができると考えていたのである。功利主義が、決して利己主義などではなく、まさしく大福主義であるということが、こうした刑罰論からも理解できるだろう。

参考文献

一ノ瀬正樹『死の所有』、東京大学出版会、二〇一一年
船木亨『ランド・オブ・フィクション――ベンタムにおける功利性と合理性』、木鐸社、一九九八年
ジェレミー・ベンサム『道徳および立法の諸原理序説』、山下重一訳、『世界の名著49 ベン

サム／J・S・ミル』所収、中央公論社、一九七九年
堀内捷三「責任論の課題」、『刑法理論の現代的展開　総論I』所収、日本評論社、一九八八年
山田孝雄『ベンサム功利説の研究』、大明堂、一九七〇年

注

＊1　社会全体の公益を基準にするという、共同体主義的な発想という点で、功利主義はマルクス主義とも一部発想を共有している。カール・マルクス自身は功利主義を明確に批判しているが、事実としてマルクス主義と功利主義には共通点も多々あるのである。

＊2　もっとも、この「目には目を歯には歯を」は、復讐《ふくしゅう》を正当化するよりも、復讐の限界を示す原理として、つまり科してよい最大刑を示す原理として機能してきた、という指摘もある。堀内捷三「責任論の課題」一九六頁参照。

第7章　ミルと功利主義

1　『論理学体系』

　本章は、前章のジェレミー・ベンサムについての議論を受け継ぐ形で、イギリスの功利主義思想の展開に重要な貢献を果たしたジョン・スチュアート・ミルの哲学について紹介し、併せて功利主義・大福主義的発想の特徴について再び一般的検討を加えていきたい。

　ジョン・スチュアート・ミルは、父ジェームズ・ミルの長男として一八〇六年にロンドンで生まれる。ジェームズ・ミルはエディンバラ大学で学んだのち、『政府論』や『人間精神現象の分析』などを刊行した歴史学者、経済学者、政治学者であり、民主主義に強い関心を抱いていた。ジェームズは、ベンサム自身とも親交があり、その民主主義への傾倒が、ベンサムに対しても影響を与えると同時に、ベンサムの功利主義を学び、それを強く信奉していた。彼は息子のジョン・スチュアート・ミル（以後、ミルと略称）を、功利主義学派の後継者として育てようとして、徹底的な英才教育を施す。幼年時代からミルは、ギリシア語やラテン語を習得し、数学、歴史学、経済学の古典を少年時代に読まされたのである。もちろん、ベンサムの功利主義もたたき込まれた。

ミルは、長じても大学で学ぶことはなく、東インド商会に就職した。しかし、過度の英才教育への反動からか、一八二六年に「精神の危機」が訪れ、ベンサム主義だけでなく、ウィリアム・ワーズワースの詩やドイツ理想主義思想、そして社会主義思想や実証主義などにも興味を傾けるようになった。その後、一八四〇年代以降、『論理学体系』を皮切りに、後世に大きな影響を及ぼす著作を続々と発表していった。

ジョン・スチュアート・ミル
1806-73 年

ミルの哲学は全体にわたってきわめて実際的・実証的であり、その象徴的な現れが『論理学体系』である。ミルは、もともとアリストテレスなどを通じて論理学に親しんでいたが、父ミルの『政府論』に対して政治学者トマス・マコーレーが加えた批判、すなわち、政治学をベンサムの快楽主義に立脚して、政治形態の評価を幾何学的な演繹《えんえき》法によって確立することはできない、とする批判と、それをめぐる論争に接して以降、推論一般の学としての論理学を徹底的に検討し、その社会科学への適切な適用を整理しなければならないと考えた。そこでミルは、『論理学体系』を著し、当時、帰納的な科学論の先端研究を展開していた天文学者ウィリアム・ハーシェルや科学史家ウィリアム・ヒューエルなどから学びつつ、演繹法以上に根本的かつ基礎的な論理としての帰納法の徹底的な検証と展開を試みたのである。ミルが、フランシス・ベーコンやジョン・ロックに連なる、文字どおりの経験論の哲学者であったことが明白にうかがわれる。

『論理学体系』におけるミルの着想は、一言でいって、すべての推論の経験化である。まず、伝統的な三段論法が検討される。たとえば、「すべての人間は死ぬ、ウェリントン公爵は人間である、よってウェリントン公爵は死ぬ」といった三段論法は、すべて、最初の大前提「すべての人間は死ぬ」という命題の自己展開にすぎず、推論と言えるものではない。よって、この三段論法とされるものの意義は、ひとえに大前提がどのように成り立つかにかかっている。ミルは、これに対して、すべての一般的真理は個々の事例から導かれなければならない、という徹底的な帰納主義の立場を採るのである。この立場はかなり大々的なもので、論理学のみならず数学にまで適用され、一般的かつ必然的な真理とされている公理も、もとをただせばきわめて多数の事例によって確証され、そこから帰納された命題なのであって、決して特別かつア・プリオリな命題ではないとするのである。

2 因果関係の推定

とはいえ、ミルは演繹法を一切拒絶するわけではない。第5章で論じたデイヴィッド・ヒュームの、いわゆる「ヒュームのフォーク」の議論では、論理と経験が峻別《しゅんべつ》されていたが、ミルは、論理と経験、すなわち演繹と帰納を相互に補完的に働く方法論としてとらえるのである。実際、そうでなければ、帰納的かつ経験的に見いだされた法則性は決して一般性を獲得しえず、単に経験によって確かめられた範囲内で妥当するにとどまってしまう。ミルによれば、現象を説明するには現象の原因を発見しなければならないのだが、それには次の三つの演繹法的な手続きが必要であるとされる。直接帰納、論証、検証の三つである。このようにして、演繹法は帰納法との協同のもとで機能するに至るのである。こうした考え方は、二〇世紀になってカール・ヘンペルが展開した演繹的法則的モデル、あるいはカバー法則モデルという科学的説明についての見解の先駆けになっているといえる。

いずれにせよ、こうしたミルの帰納法、そして演繹法についての考え方は、数学的法則も含めて万事を究極的には経験由来のものととらえるので、数学における「虚数」とか「四次元」空間の幾何学とか、明らかに経験を超えたものについてどう位置づけるのか、という疑問を呼び起こしてしまうだろう。しかし、ミルの論理学が万事を経験由来のものととらえ、そしてそこでの経験というものが私たちが実際に納得するという直観的理解を含意する営みである限り、やはりのちに生じる、数学基礎論における直観主義の考え方の背景を提供していると、そう解釈することもできる。

さて、ミルの言う、帰納法による原因の発見は、いわば、化学者がいくつかの手続きを経ながら物質を抽出していることに似ていて、五種の操作によって特定の現象の必要にして十分な条件、つまりは原因を、できるだけ正確につかまえようとする作業である。それは、一致法、差異法、一致差異併用法、共変法、剰余法の五つである。

一致法とは、ある要素eが含まれて生じるさまざまな現象に対して、それに先立つさまざまな現象の中にいつも要素cが一致して生じているとき、cとeの間に因果関係を推定するという方法である。

差異法とは、ある要素eが生じるときと、その要素eが生じないときとで、eが生じるときにはそれに先立つ現象中にcが生じ、eが生じないときにはcが生じていない場合に、cとeの間に因果関係を推定する方法であり、一致法と差異法の両方を合わせて用いるのが一致差異併用法にほかならない。

共変法とは、ある事態の中の現象cの量や程度が変化すると、それに続いて生じる事態の中の現象eの量や程度が変化するとき、cとeの間に因果関係を推定するという方法である。

そして最後に剰余法とは、ある現象とそれに続いて生じる現象のそれぞれの要素の中で、すでに因果関係にあることが知られている要素のペアをすべて差し引いたとき、残った要素間に因果関係が推定できるとする方法である。

これらは、今日の統計的な因果推定の方法の中に消化され活用されている。

3 他者危害原則

さて、以上に跡づけたように、ミルの哲学は濃密に経験的かつ実際的な傾向を持つ。この傾向性は彼の政治哲学や倫理学にも当然反映される。すなわち、私たち人間が実際に事実として自然に持っている状態、自然に欲している状態、それを尊重しようという傾向性が強いのであり、そうした自然な事実を外的に抑圧したり、率直かつありのままに認めずに、無理に単純化したり隠蔽《いんぺい》したりすることへの強い拒絶がミルの思考には見いだされるのである。この点を跡づけるため、ここでは、まずミルの代表作の一つである『自由論』を見てみよう。

『自由論』で扱う「自由」とは、意志の自由といった形而上学《けいじじょうがく》的な自由ではなく、市民的、社会的な自由、拘束からの自由である。この問題を論じるにあたってミルは、かつては民衆と専制的支配者との利害が対立していたが、いまや「民衆の民衆自身による権力」という形で国家権力についてとらえなければならない時代であるとしつつも、そうした民主的共和制の時代において最も恐れ注意しなければならないのは、民衆の中の多数者による専制だ、と喝破することから論を始める。

ミルは言う、「『多数者の専制』は、今では一般に、社会が警戒することが必要な害悪の一つに入れられているのである」(『自由論』二一九頁)。実際、今日の我が国でも、選挙の際には、多数の議席をいかに獲得するかだけに政治家は焦点を合わせ、そして多数を取った政党は数の力を用いて法律を強引に制定していくという状況にあると、もしかしたら記述してよいかもしれない。これは、ミルの時代にも同様なのであった。言い方を換えれば、多数決によって何かを決定していく、という一見民主主義の基本的なプロセスの中に宿る、ある種の不当性、暴力性をミルは見取っていたのであった。

この根底には、個人が自分個人に関して決定し実行することは、基本的に、その個人当人の自由なのであって、他人が多数意見だからといってそれに反することを強制したり統制したりすることはできないはずだ、という徹底した自律的個人観、個人のオートノミーへの絶大なる重視の思想があった。ミルがこのことを『自由論』という書物の主題として導入する有名な個所を引用しよう。

「この論文の目的は、用いられる手段が、法的刑罰という形の物理的力であれ、世論という道徳的強制であれ、強制と統制という形での個人に対する社会の取り扱いを絶対的に支配する資格のある、一つの非常に単純な原理を主張することである。その原理とは、人類が、個人的にまたは集団的に、だれかの行動の自由に正当に干渉しうる唯一の目的は、自己防衛だということである。すなわち、文明社会の成員に対して、彼の意志に反して、正当に権力を行使しうる唯一の目的は、他人にたいする危害の防止である」(『自由論』二二四頁)。

これは一般に「他者危害原則」と呼ばれる。すなわち、他者の行動に干渉できるのは、他者が自分に暴力を加えようとしているときに自分がそれを阻止しようとして相手にフィジカルな手出しをするというような場合、つまり正当防衛の場合だけであって、それ以外の場合は他人に害を加えないのだから本人の自由に任せてほうっておくべきだ、という考え方であり、自由主義と呼ばれる流れの根本原則と一般に見なされている。この「他者危害原則」は、今日では、いわゆる生命倫理での「自己決定権」を正当化する論理としてしばしば利用され、人工妊娠中絶、安楽死、脳死時の臓器提供などを個人の自由裁量の範囲内の事柄として容認するという文脈を形成する。

しかし、ミル自身はこの「他者危害原則」に沿って、まずは「思想・信条の自由」を強調する。こうした思想や信条は当人の内面の意識の問題であり、そこには絶対的自由が認められなければならない、そしてその自由は思想の表明や出版の自由と不可分であり、そうした言論の自由が認められないのは思想・信条の自由が認められないのと同じである、としている。だが、この「他者危害原則」は同時に、冷静に考えれば本人にとって危険だったり有害だったりすると思われることでも、他人に直接危害を加えないという限りで容認してしまう、という含意も持つことになる。ミルは「他者危害原則」についてこう言う、「たとえ仲間たちがわれわれの行為を愚かしいとか、片意地であるとか、まちがっているとか考えるとしても、われわれのすることが彼らに害を与えないかぎり、彼らから妨害されることなく、その結果は自分で引き受けて、自分のしたいことをするという自由を要求する」（『自由論』二二八頁）。いわゆる「愚行権」である。

ミルは、個人の自由を他者に危害を加えない限り認めるべきだという考え方を徹頭徹尾貫徹しようとして、喫煙や飲酒を過度に行って自分の健康を損なったとしても、だからといって他人がそれを禁止して行わせないよう強制することはできないと考える。それどころか、アヘンなどの麻薬や毒薬の販売についてさえ、それに干渉して禁止してしまうことは、少なくとも買い手の自由を侵害している可能性があるとして、そうした干渉に疑問を呈しているのである。ミルは、このようなレベルまでも含む意味での自由を実践していくこと、あるいは社会が実践させていくこと、それが究極的には私たちの幸福につながるのだと考える。

4 『自由論』の問題と意義

ミルがこれほどまでに個人の自由を追求し、たとえ本人にとって多少の不都合が結果するとしても、「多数者の専制」を免れ、自由に行い、自由に意見表明ができるということを確保しようとすることの根底には、意見の多様性、そしてそれに基づく討論というものが誤謬《ごびゅう》を避け、知性を前進させることにとって何よりも大切であるという固い認識がある。もちろんその背景には、過去において、意見や信条の自由が侵され、真理が迫害によって抑圧されてきたという歴史認識がある。ミルは、こうした思想表明の自由を強調するとき、どんなに奇妙な意見であったとしても、「世論に欠けている真理の部分をいくらかでも含む意見は、どんなにたくさんの誤謬や混乱がその真理に混ざっていようとも、どれも貴重なものと考えられなければならない」（『自由論』一二六八頁）とまで述べるのである。

けれども、こうしたミルの自由主義の考え方に対しては、いくつかの疑問がただちに生じてしまうだろう。ここでは、とりあえず三つほど疑問を提示しておきたい。

第一に、一般的な問題だが、どこまでが自己防衛・正当防衛なのかを確定的に決めることは難しいのではないか、という問題がある。「他者危害原則」に従ったとしても、自己防衛の場合は他者の行為を妨害したり干渉したりできるのであった。けれども、たとえば、加藤尚武が言及している例だが、一九九二年、アメリカのハロウィーンの祭りのときに、日本人留学生があるアメリカ人の家を訪ねていったところ、家人に怪しまれ、「フリーズ」と呼びかけられたのに家人に近づいていったがゆえに射殺された、という事件があった。これは結局、射殺した人は自己防衛ということで無罪で決着したのであった。しかしながら、いったん閉めたドアをわざわざもう一度開けて銃を構えたことなど、自己防衛と断定するにはいろいろと疑問があり、物議を醸した事例である(『応用倫理学のすすめ』第二章参照)。

同様なことは、程度の多少はあれ、自己防衛の概念にはつきまとう。つまり、ここには本質的に曖昧《あいまい》性があるのである。これは、経験的なレベルでものごとを考えていくときの宿命であるといってよい。だからこそ、私は本書で、経験論を「計量化への志向性」ということに集約させ、「程度」を問題にするという思考法が必ず問題になってくるという見込みを述べたのであった。

では、ミルの「他者危害原則」には、こうした計量化についての手だてが展開されているだろうか。それはあまり見受けられないのである。非常に興味深いことなのだが、ミルという哲学者は、その発想からして、ある意味で経験論を地でいくような生っ粋の経験論者に見えるのだが、ベーコンやロックやベンサムにあった計量化への志向性が肝心のところで見受けられないのである。もちろん、帰納論理の展開に際して、大いに経験論の特徴を発揮してはいたのだが、その応用になると、少し違ったところへ向いてしまう。これはおそらく、経験論の一種のゆらぎであると記述できようか。

さて、第二に提出したい疑問は、はたして「他者危害原則」がいうような、他者に危害を加えない行為というものの及ぶ範囲はどのくらいなのか、という点である。過度の喫煙や飲酒をする「愚行権」も認められる以上、そうしたある種の愚行によって健康を損ない、場合によってはそれゆえに死に至ったとしても、それは自己の責任内の結果だとして、他人がどうこう言う筋合いではない、という論理になるはずである。

しかし、本当にこうした行為が他者に害を加えないと言いうるだろうか。たとえば、私が挙げたい一つの論点は、自殺はだいたいにおいて死体の処理を他人にゆだねる行為であって、その限り、他人に大いなる不愉快を与えてしまうものであるという、この点である。もちろん、死とは一般的にそういうものであって、死にゆく人に死体を自分で始末する能力はない。死体処理が不愉快な害なのかどうか、これもまた曖昧性のもとにあるだろう。

しかし、こうした事例以外にも、私たちが自由に行ってよいと一見思われる行為でも、長いスパンで考えれば、他者に危害を与える可能性が見込まれ、したがって、たとえ「他者危害原則」を認めたとしても、制限の対象になりうる行為が多々ある。再び加藤尚武の言を借りるならば[*1]、クローン人間、代理母、精子売買、優生主義的な遺伝子操作など、これらは、将来世代に場合によっては負の影響を与える可能性があるがゆえに、短いスパンでは「他者危害原則」をクリアした、自由に実行してよい行為のように思えるけれども、すべて放任ということにはならない。しかし、だとすると、多かれ少なかれ、同様な考え方が私たちの多くの行為に当てはまってしまうかもしれない。このあたりの線引きをどうするか。やはり、計量化が求められているというべきである。

さらに第三に、かなり根本的なことになるが、ミルが描いているような、自律的な個人というものがはたして現実に存在するのか、という問題がいったんは提起されなければならない。私自身、別の著書で何度か強調したことだが、個人に固有の意見や信条といったって、厳密にそんなものがあるとは思えない、という見方もありうるのである。

どういうことかというと、私たちのものの見方というのは、幼児期からの教育や慣習の結果として植え付けられてしまうものから発するという側面が濃厚であり、その意味で、決して自分個人の内面から純粋に発するなどとはいえないものがほとんどであるということである。むしろ、私たちは、教育や慣習によって、そしておそらく生物的な条件によっても、大きな限定を受けている他律的存在であるとさえいいうる。だとしたら、個人の自由な意見の表明といっても、その人に純粋に固有とは理論的には言い難いことになる。ここにも、やはり度合いの測定という発想が求められていると考えられる。

けれども、こうした疑問を惹起《じやつき》するとはいえ、ミルの『自由論』の果たした貢献はきわめて大きく、「多数者の専制」を戒める意義はいまでも計り知れなく大きい。その点は、ミルの哲学とは直接の関係はないが、ベンサムの同時代人で、ミルにも一定の刺激を与えたと思われるフランスの哲学者コンドルセ（マリー・ジャン・アントワーヌ・ニコラ・ド・カリタ）の提示した「投票のパラドックス」などを顧みるならば、一層説得力が増す。「投票のパラドックス」とは、コンドルセが「多数決の蓋然性《がいぜんせい》」についての論文で展開したもので、たとえば、A、B、Cの三つの選択肢（あるいは三人の候補者）の中から単記投票で一つを（あるいは一人を）選ぶ場合と、それぞれの選択肢（あるいは候補者）をいわば一騎打ちさせ総当たりさせてどちらを選好するかを決めていくという手続きをとって選ぶ場合に、投票結果に食い違いが生じる場合があるということを示した議論で、多数決という手続きが必ずしも正確に民意を反映していないことを暴露している。この意味で、ミルが「多数者の専制」にある種の暴力を見取ったことは、理論的にきわめて的を射た議論展開だったのである。

5　質的功利主義

さて、最後にミルのベンサム主義者としての著作、『功利主義論』について見ていこう。この著作の中でミルは、功利主義とは何であり、それに対する通俗的な批判からどのように擁護できるか、についてきわめて説得的に論じている。倫理学の歴史の中での、古典中の古典であるといってよい。ミルは、ベンサムと違い、カントの義務論的な倫理学を明確に功利主義に対比される倫理学説だととらえ、それを意識的に自覚して議論を展開しており、ミルの議論は功利主義の意義について理解するのに大変適している。

ミルはまず、ベンサムの言う「功利性の原理」、つまりは「最大幸福の原理」が、行為者自身の最大幸福ではなく、幸福の総計の最大量であること、つまり関係者全部の幸福なのだということ、それゆえ、功利主義が行為者に要求するのは、利害関係を持たない善意の第三者のように厳正中立であれということであると、そう強調する。これはベンサム主義の継承である。けれども、ミルの功利主義はベンサムのそれとまったく同じなわけではない。ミルは、快楽主義の先駆けとしてエピクロス主義に言及しながら、それが単なる感覚的な快楽ではなく、知性や想像や道徳的心情に関する快楽のほうにはるかに重きを置いていたことを指摘しつつ、次のように述べる。

「ある種の快楽は他の快楽よりもいっそう望ましく、いっそう価値があるという事実を認めても、功利の原理とは少しも衝突しないのである。ほかのものを評価するときには、量のほかに質も考慮されるのに、快楽の評価にかぎって量だけでやれというのは不合理でないか」(『功利主義論』四六八－六九頁)。

すなわち、快楽や幸福というとき、一律の基準で量を測定するというのではなく、「質」を考慮すべきだ、というのである。これゆえに、ミルの功利主義は、「質的功利主義」などと呼ばれる。この文脈で、あの名高い格言が登場する。「満足した豚であるより、不満足な人間であるほうがよく、満足した馬鹿であるより不満足なソクラテスであるほうがよい」(『功利主義論』四七〇頁)。

これは、はたして、ベンサムの最初の考え方に対してどのような変更を加えることになるのだろうか。ミル自身は、自らの考え方がベンサムのもともとの発想に反するものではなく、むしろベンサムの考え方の実質を明確化したにすぎないととらえていたようであるが、そのような簡単なものではない。ミルは、二つの快楽のどちらが強いかを決めるのはどのようにしてか、という問題に対して、それを決める基準は「両方ともよく知っている人々全部の意思表示のほかに、どんな手段があるだろうか。苦痛にせよ、快楽にせよ、同質ではない。まして苦痛と快楽とは常に異質的である。とすれば、(中略)経験者の感情および判断以外にあるだろうか」(『功利主義論』四七一 - 七二頁)とする。さらにミルは、快楽や幸福の問題を「望ましさ」という形で置き換えた上で、こうも言う、「何かが望ましいことを示す証拠は、人々が実際にそれを望んでいるということしかないと、私は思う」(同書、四九七頁)。「質」ということを問題にする以上、その判定基準はこのように感情のような主観的なものになるのは自然かもしれない。

6 功利主義の豊かな可能性

けれども、このようなミルの議論展開には、二つの指摘すべき点がある。一つは、ベンサムのもともとの功利主義の体系では、うまくいくかどうかは別として、「強さ、持続性、確実性、遠近法、多産性、純粋性」といった、いわば客観的な快苦の測定基準が提示され、快楽計算を科学的に遂行しようとする意図が明示されていた。しかるに、ミルのように個人個人の感情のレベルで快苦の判定をするとなると、ベンサムの意図は大きく変更される、いや損なわれるといったほうがよい。しかも、ベンサムは共感や反感の原理によって道徳を構築することが、単なる個人の好き嫌いに道徳を基づけることになってしまう恐れがあると懸念を表明していたわけだが、まさしくミルの議論はそうした懸念の対象になってしまいかねない。これは「質」を重視するという方針からの帰結である。

さらに第二に、さきに引用したように、ミルは「望ましい」という価値を「望まれている」という事実と同一視しているかのような議論を展開している。この議論は適切だろうか。ミルは、「見える」のを証明するには「見る」ほかない、ということをこの議論の類比として持ち出しているが、それはあくまで「望まれうる」と「望む」との間に関して妥当する類比にすぎない。「望ましい」は、「見える」とか「望まれうる」という可能性の表現ではなく、価値の表現である。ここに、カテゴリーミステイクのようなものが発生しているのではないか。

この点は、のちにケンブリッジ大学の哲学者ジョージ・エドワード・ムーアによって「自然主義的誤謬」と称され糾弾された。すなわち、ミルは、快楽や幸福の判断について、結局は各人の主観的な感情に訴えることになって、「望ましい」という価値を、「望まれる」という事実から不当にも定義してしまった、という批判である。これは、事実と価値の混同に対する批判と解釈できようが、ムーア自身の文脈に沿うならば、「望ましい」という価値はそもそも定義できないはずなのに、それを事実によって定義しようとしたという点で誤っている、ということになる。

とはいえ、これをもってミルの議論を却下することはできない。だいたい、「望ましい」などの価値や規範の源泉は何か、と問われたとき、何を答えとして提出すれば満足した答えになるのだろうか。自然法か、神の啓示か。いずれにせよ、満足した答えなど簡単に出せそうにない。

これに対して、快楽を感じている事実がその源泉だ、とする功利主義の提案は決して軽んじられるべきではない。私たちの言語使用からしても、説得力のある、十分に考慮に値する提案であろう。規範の源泉は私たちの言語使用の規則性だと考える道筋がありうるとするならば、なおさら功利主義の提案は無視されてはならない。そのほか、ミルの議論には、功利主義の倫理学説としての能力あるいは豊かな可能性を顕在化させることに成功している論点がある。最後に、それを二点指摘しておこう。

一つは、前章のベンサムについての議論でも触れたが、カント的義務論との対比から、功利主義の普遍性を示している部分である。ミルは、功利主義は行為の結果を行為の道徳性判断の基準とするのであって、行為の動機は行為の道徳性とは無関係であるとして、義務論的倫理とのコントラストを描くが、同時に、義務論が重視する「正義」の観念に関して、それを特定の心情の形で解釈し直して、功利主義のシステムの中に吸収させて処理しようとしている。これは功利主義をきわめて普遍的な理論とする議論展開であり、第11章で論じるリチャード・マーヴィン・ヘアの「選好功利主義」の考え方の先駆けとなっている。

もう一つ指摘したいのは、功利主義が「モラル・ディレンマ」に対して一定の解答を提示できる倫理学説であることを明示した点が特記される。ミルは言う、「もし功利が道徳的義務の源泉であるなら、義務の発する要求が互いに衝突するとき、功利はこれを裁いて決着をつけることができるはずである。基準を適用するのはむずかしいにちがいないが、全然ないよりはましである」(『功利主義論』四八七頁)。

前章でも少し言及したが、現代の倫理学でしばしばテストケースとして言及される「モラル・ディレンマ」に、「トロリー問題」(トロッコ問題ともいう)というものがある。トロリーが暴走してきて、このままでは線路上にいる五人の人間がひかれてしまう。自分の前に分岐ポイントがあり、それを切り替えればトロリーは別の線路に進み、五人は助かる。しかるに、その別の線路にも別の人間が一人いて、その人がひかれてしまう。どちらも逃げる暇はない。自分はどうすべきか。これが「トロリー問題」である。[*2] 義務論では解答を出せない。人を殺すことは、いずれにせよ容認できないからである。けれども、功利主義ならば、分岐ポイントを切り替えて五人を救うべきだ、という苦渋ではあるけれども、理論的な裏付けのある解答が出せるだろう。ミルは、功利主義の学説としてのこうした力を明確に見取っていたわけである。

参考文献

加藤尚武『応用倫理学のすすめ』、丸善ライブラリー、一九九四年
加藤尚武『脳死・クローン・遺伝子治療』、PHP新書、一九九九年
ジョン・スチュアート・ミル『功利主義論』、伊原吉之助訳、『世界の名著49　ベンサム／J・S・ミル』所収、中央公論社、一九七九年
ジョン・スチュアート・ミル『自由論』、早坂忠訳、『世界の名著49　ベンサム／J・S・ミル』所収、中央公論社、一九七九年

矢島杜夫『ミル『論理学体系』の形成』、木鐸社、一九九三年

注

＊1　加藤尚武『脳死・クローン・遺伝子治療』序章参照。加藤はここで、自己決定を基本ととらえる見方を「自由主義」とまとめ、それに対して、「アトムのように孤立した個人は存在しない」として、自己決定の論理に疑問を呈する立場を「共同体主義」としてくくっている。

＊2　「トロリー問題」には、この基本形以外に、いくつかの派生形もある。この問題は、フィリッパ・フットやジュディス・ジャーヴィス・トムソンらが最初に提起したディレンマで、やや古い話題なのだが、今日では、道徳心理学や脳神経倫理の文脈で再び盛んに取り上げられている。

第8章　論理実証主義と言語分析

1　一九世紀ウィーンの経験論

本章では、前章で論じた一九世紀ジョン・スチュアート・ミルの時代の後から徐々に勃《ぼっ》興《こう》して、二〇世紀以降の分析哲学の潮流を形成する基盤となる流れ、すなわち「論理実証主義」について解説し、そして、それを経過して最終的に至りついた「言語行為論」の骨子について論じる。すなわち、ここでは、分析哲学と総称される哲学の潮流の、二〇世紀半ばまでの核心をなしていた部分（それゆえ逆にいえば、必ずしも二一世紀の今日においてコンテンポラリーとはいえないけれど、今日の分析哲学の基盤をなしている、そういう部分）について論じるということになる。

最初にまず、唐突に聞こえるかもしれないが、高名なドイツの哲学者の文章の引用から始めよう。「不断の絶対的な脅かしを、むきだしのまま保存しておくことができる情状性は、不安である。現存在が不安という情状性のうちにあるのは、おのれの実存の可能的な不可能性という無に直面しているときなのである。不安は、このように規定されている存在者が存在しうるという理由のために不安がる」。[*1]これはマルティン・ハイデガーの議論である。こうした議論を聞いたとき、人が示す反応は大きく二つの方向性に分かれるだろう。「不断の絶対的な脅かし」、「可能的な不可能性という無」、「不安が不安がる」といった表現に、すぐには理解できないけれども、何か深い含意が込められていると感じて興味を抱くという方向性と、そうした表現は単なる詩的なメタファーにすぎず、明晰《めいせき》な哲学の議論とはなりえないと反発する方向性との、二つである。

一九世紀末から二〇世紀前半のウィーンやドイツ語圏には、哲学や思想に関して、この二つの方向性が混在していた。そして、そこから、後者の方向性、すなわち明晰な議論を重視しようという方向性が特有の運動を生み出し、それがドイツ語圏を離れて英語圏に飛び火し、分析哲学的な流れを形成するに至るのである。当時のドイツ語圏、とりわけウィーンでは、一方でドイツ観念論に発する形而上学的《けいじじょうがく》議論、マルクス主義、フロイト理論などが盛んに論じられていたが、他方で、イギリス経験論と親和するような実証主義的あるいは経験論的傾向の哲学思想も勃興していた。

経験論的な傾向を代表するのは、エルンスト・マッハの哲学である。マッハは基本的に物理学者であるが、哲学的な次元での世界観をも提示した。それは「要素一元論」として知られている。マッハのいう要素とは、五感や時間感覚などすべてを包含するところの「感覚」にほかならない。つまり、マッハによれば、物体であれ自我であれ、すべて感覚という要素から成り立っているのである。こうした観点から、認識は感覚という形で対象や事実を模写することであるととらえられ、そうした感覚のレベルで経験や確認ができない概念や想定、たとえばニュートン的な絶対空間や絶対時間の概念などが退けられる。そして学問の役割は、事実や対象を思想のうちに模写して、経験を代替えしたり節約したりすることであるとして、いわゆる「思惟《しい》経済」の考え方を提起した。マッハは一九世紀末にウィーン大学教授となり、のちに触れる「ウィーン学団」、そしてそれによって遂行された論理実証主義の運動の先駆けとなった。

しかし、実は当時のウィーンの学問状況に関してはもう一人、経験論的傾向の哲学を遂行した哲学者の名前を挙げなければならない。それはフランツ・ブレンターノである。ブレンターノの哲学は、アリストテレス研究、心理学研究、倫理学研究など多くの領域にまたがるし、その展開過程で大きな変貌《へんぼう》も遂げているが、なんといっても主著『経験的立場からの心理学』という、文字どおり経験論を標榜《ひょうぼう》する著作が注目されなければならない。

ブレンターノは、哲学の中心課題を心理学の構築に置き、心理学の固有な対象を「心的現象」と呼ぶ。心的現象とは、色や形などの対象として現出する「物的現象」に対して、そうした対象を知覚したり、判断したり、想起したり、予期したり、怒ったり、悲しんだり、というような心そのものの働きのことである。ブレンターノは、こうした現象に接することを経験ととらえ、物的現象への経験を外部知覚、心的現象への経験を内部知覚と呼び、哲学の仕事は内部知覚に訴えながら心的現象を考察することであるとした。こうした問題設定のもと、心的現象の特徴として、有名な「志向的内在」の概念が導入される。すなわち、心的現象は、内容への関係、対象への方向性、内在的対象性などとも表現できる、志向的内在というものによって特徴づけられるとするのである。

このブレンターノの心理学の哲学は、歴史的には、フッサール現象学の先駆けとなった思想として知られているが、イギリスの哲学者マイケル・ダメットが『分析哲学の起源』で論じているように、チェコの哲学者ベルナルト・ボルツァーノとともに英語圏の分析哲学の源流ともなっており、実際、今日の二一世紀の分析哲学系のメタフィジックス、とりわけオントロジーの分野において重要な基盤を提供している。

2 ウィーン学団

さて、こうしたウィーンにおける経験論的な傾向は、もう一つの流れと融合することによって、一つの運動へと結晶していくことになった。もう一つの流れとは、のちにアメリカのプラグマティズムの哲学者リチャード・ローティが「言語論的転回」(linguistic turn)

という名称で名指しした動き、すなわち、哲学の問題は近世以降、長らく観念や表象をめぐって提起されてきたが、実はそうではなく、すべて言語の問題なのであり、文として主題化され考察されるべきだと考える立場が一九世紀末から二〇世紀前半にかけて発生した、という事情のことである。この言語論的転回にも、ドイツ語圏の哲学者が深くかかわっている。次章の「論理学の展開」でも論じるゴットロープ・フレーゲである。フレーゲは、概念、つまりそれを示す語が意味を持つのは命題あるいは文という文脈においてのみである、とする「文脈原理」を提示した。この「文脈原理」を受け入れることによって、哲学の問題はすべて言語的な次元で考察されるというとらえ方が成立してきた。

こうした言語論的転回の趨勢《すうせい》をさらに促したのは、間違いなくルトヴィヒ・ウィトゲンシュタインであろう。ウィトゲンシュタインもウィーン出身であり、彼もまた一九世紀末からのウィーンの思想動向に大きな足跡を刻んだといってよい。ウィトゲンシュタインについては、第10章で扱う。ただ、注意しなければならないのは、言語論的転回の礎石となったフレーゲやウィトゲンシュタイン、とくにウィトゲンシュタインの前期哲学の成果である『論理哲学論考』は、必ずしも経験論的な傾向性を示す思想を展開してはいないという点である。フレーゲは数の存在などについてプラトニズムの立場に立っていたし、『論理哲学論考』のウィトゲンシュタインも実在とその像としての命題という世界観をとっており、両者とも経験的な作用に重きを置いていたふしは必ずしも見当たらない。

しかるに、このマッハやブレンターノによって醸成された経験論的な傾向と、フレーゲやウィトゲンシュタインが方向づけた言語論的転回の、両方の要素を融合させた新しい哲学、新しい認識論が、まさしくウィーンにおいて集団的な討議を介してグループとして生成してくる。いわゆる「ウィーン学団」である。発端は、マッハ、ルトヴィヒ・ボルツマンらがかつて占めていたウィーン大学帰納科学の哲学講座教授に、モーリッツ・シュリックが就任したことにある。それは一九二二年のことであった。

シュリックは、マックス・プランクのもとで物理学を修めた学者だったが、哲学についても造詣が深かった。ほどなくシュリックのもとに、多くの学生や研究者が集まることとなる。その中には、オットー・ノイラート、ルドルフ・カルナップ、フリードリヒ・ヴァイスマンらがいた。ウィトゲンシュタインやカール・ライムント・ポパーも「ウィーン学団」と間接的にはつながっていたといえるが、直接的に参加していたわけではなかった。一九二九年に、ハンス・ライヘンバッハやカール・ヘンペルらも交えて「ウィーン学団」の名を名乗った冊子を公刊し、正式に学団として発足した。「ウィーン学団」はグループなので、厳密には統一された見解を一貫して持っている集団なわけではない。ノイラートのように急進的な物理主義（すべての現象は物理現象であるとする考え方）を唱える哲学者もいれば、シュリックのように精神現象についての表現の固有性を認める哲学者もおり、メンバー同士でもさまざまな見解の相違があった。けれども、共通する基本的な考え方が強力に存在していたことは間違いない。

メンバーの一人であったヴィクトル・クラーフトによれば、「ウィーン学団」は「哲学の科学化」を目指すという点で一致していたという。哲学にも科学的な思考法、すなわち、一義的な明晰性、論理的厳密性が必要であり、独断的な主張や、テストできない思弁は排除されなければならないというのである。彼らは、排除されるべき主張をしばしば「形而上学」と呼んで、それを糾弾したのである（冒頭に挙げたハイデガーの文章のようなものもそういう糾弾の対象になるだろう）。

また、内容的にも、経験論を採用し、認識についてのア・プリオリズムを拒絶するという共通の見解が貫かれていた（ヴィクトル・クラーフト『ウィーン学団』一二―一三頁）。同時に彼らは、「認識は、言語的に定式化されることによって表現される」（同書、二五頁）という立場に立ち、言語分析の手法を採用していたので、「言語論的転回」の流れにも位置していた。こうした問題設定のもと、「命題の意味とはそれの検証の方法のことである」（イアン・ハッキング『言語はなぜ哲学の問題になるのか』一五六―五七頁参照）という有名なシュリックの論理実証主義のテーゼが導かれるのである。このテーゼはウィトゲンシュタインの『論理哲学論考』の考え方とも対応している。ここでの「検証」とは、事実上の検証性のことではなく、原理的な検証可能性のことを指している。いずれにせよ、「ウィーン学団」の哲学は、論理と経験論をおもなよりどころとしたので、「論理実証主義」とか

「論理経験論」などと呼ばれるようになった。

3 形而上学批判と還元主義

いま述べたように、「ウィーン学団」の「論理実証主義」あるいは「論理経験論」は、その名称が示しているとおり、二つのベクトルを有している。それは論理と経験論であり、そのことを意味の検証可能性テーゼに即して述べ直すならば、哲学的に言って有意味な主張、つまり命題には二つの種類しかないということになる。一つは、経験から独立した、必然性を持つ論理的に妥当な分析命題(形式的真理とみなされる)であり、もう一つは、経験に基づいた、事実についての総合命題(経験的真理に対応する)で、それは成立したり取り消されたりしうる。換言するならば、この二つのどちらにも属さない、独断的な形而上学的命題などは、実は命題の形をしているけれども単なる疑似命題であって、無意味な言明として退けられなければならないというのである。

このように、この「ウィーン学団」の論理実証主義の哲学は、伝統的な哲学に対するアンチテーゼの側面を持っており、過激で挑発的な一面を有していた。さきに、彼らがハイデガーのような形而上学的思弁を排除しようとしたことに触れたが、場合によっては、この論理実証主義の哲学は、倫理学的考察一般をも理論的な検討に値しないものとして退けてしまうのである。この点は、ウィーン学団の影響下にあったイギリス・オックスフォード大学の哲学者アルフレッド・ジュールズ・エア（エイヤー）が若き日に刊行した問題書『言語・眞理・論理』にある倫理学についての見解によって跡づけることができる。

エアによれば、倫理的価値についての命題は、そもそも事実についての命題ではないのだから、真や偽ということを言えないもので、それは単なる感情の表出や感情の促しであって、叫びのようなものであるといわれる。エアはこのように述べる、「単に道徳的な判断を表現しているにすぎない文章は何ごともいってはいない」、「それは純粋に感情の表現であって、それ故真や偽のカテゴリーのもとにはこないのである。それは苦痛の叫びや命令の言葉が検証不可能であるのと同じ理由で検証不可能である。なぜなら、それらはほんものの命題を表現していないからである」（『言語・眞理・論理』一三二頁）。こうした立場は、今日のメタ倫理学でいう「非認知主義」という考え方につながってはいるが、エアはもっと過激である。彼はここまでも言う、「倫理的な概念はまがいものの概念であり、それ故分析不可能なものである」（同書、一三八頁）。形而上学や倫理学がまことに盛んに論じられている二一世紀の哲学の現状から顧みると、なんとも隔世の感があるが、当時の論理実証主義の先端では、こうした挑発的な議論が提起されていたのである。

さて、論理実証主義が有意味性の源泉として認める論理と経験という二つの側面は、記号論の言葉を用いるならば、「構文論」と「意味論」として表すことができる。「構文論」

とは、言語や記号の形式上の構造を扱う分野のことである。「意味論」とは、言語や記号とそれによって表現されたものとの関係を論じる分野のことであり、それは主として一般に「真理」の概念を通じて遂行される。

まず構文論についてだが、これについてはカルナップの『言語の論理的構文論』という著作が、論理実証主義の典型的な考え方を記している。カルナップはそこで、構文論の基本的要素として結合規則と変形規則を挙げ、日常言語は複雑すぎるのでそれに依拠せずに、二つのモデル言語を構成して、その構文論あるいは形式的真理を解明する。こうしたやり方ゆえに、論理実証主義の言語分析の手法は、「人工言語学派」とか「理想言語学派」などと呼ばれることがある。

カルナップのいう二つのモデル言語とは、確定言語と不確定言語である。確定言語には論理結合子、数変数、定数、述語、関数が含まれ、それらを全称と存在という限定的な演算子を用いて並べた記号列が有意味な表現となる。それに対して不確定言語は、確定言語に含まれる要素に加えて、「証明可能」とか「分析的」とか「総合的」とかの、簡単な体系内部以外では確定できない概念を扱う無限定な演算子も含む。

はじめカルナップは、こうした構文論だけで言語の全体をとらえきることができ、命題の意味の検証可能性もそこで押さえられると考えていたが、それだといろいろと困難が生じることに気づき、意味論的考察の必要性を訴えることになる。こうして意味の検証可能性テーゼは経験論的考察へと結びついていく。カルナップ自身もこの課題に対して『世界の論理的構築』という著作で試みているが、カルナップも含め、この場面での論理実証主義の考え方の根本は、「体験的所与があらゆる言葉の意味の基礎を構成していなければならない」というものである。つまり、命題や文の意味を解明するということは、それを要素的体験へと還元することであるという、還元主義の考え方にほかならない。

4　センス・データ

けれども、このあたりから論理実証主義の哲学は迷路にはまり込んでいかざるをえなかった。そもそも、マッハの要素一元論以来の問題点だが、論理実証主義において経験論といわれるものは、私が本書で理解している経験論とはいささか異なっている。フランシス・ベーコンやジョン・ロックのような古典的な経験論者のいう「経験」とは、その言葉の原義に沿って、「努力し試みることの中において」ということを意味していたはずである。けれども、マッハの要素一元論での「感覚」や、論理実証主義での「所与」という言い方には、こうした経験概念の本来の意義は大変希薄である。どうしても、経験という概念が矮小化《わいしょう》、そして単純化されすぎている感を免れない。おそらくこうしたことの反映だと思われるが、「感覚」や「所与」という形で経験を理解して還元主義を実行しようとすると、ただちに多くの疑問が提起されてしまう。まず、そもそも「感覚」や「所与」は一人の主体に属す主観的なものであり、実際、カルナップもこうした主観的な体験に基づく還元主義の方法論を「方法論的独我論」と呼んでそれを積極的に採用しているのだが、そうなると普遍的な命題はどう位置づけられるのかという難問がただちに生じる。

また、「感覚」や「所与」それ自体についての疑問も生じる。ウィーン学団の人々は、基本的に、命題を有意味ならしめる要素命題としての体験についての言明を「プロトコル命題」と呼んだ。たとえば、「主体aが、時間tに、場所sにて、かくかくのものを知覚した」というものがそれに当たると考えられた。しかし、こうした「プロトコル命題」も誤ることがありうるので、真の意味で根源的かつ要素的なものとはなりえない。こうして、たとえばシュリックは、「いま」、「ここ」、「これ」という指示語で記される、直接眼前にあるものを指す命題に認識の基礎を求め、それを「確言命題」と称した（ヴィクトル・クラーフト『ウィーン学団』一二二―一二四頁）。しかしこれは、単なる瞬間的な言明であって、とうてい認識の基礎などという役目を果たせないのではないか。こうした論争経過をたどりながら、論理実証主義の哲学は、経験概念や経験への還元という考え方をめぐって、いわば自己崩壊の道をたどっていくことになる。あるいは、むしろ、そうした考察を通じて、経験概念がもともとの原義を回復していくという、そういうプロセスをここに見取ることができるかもしれない。

実際、こうしたプロセスの実例は、論理実証主義における「与件」の概念が英語圏に「センス・データ」（感覚与件）という名称で焼き直されていく次第を見ることで確認できる。「センス・データ」の概念は、ジョージ・エドワード・ムーアやバートランド・ラッセルなどが鍵概念として用い始めたものであり、もともとは論理実証主義のいう「与件」と同じで、感覚によって直接与えられる、認識の基礎をなす情報のことである。この「センス・データ」概念は、イギリスの文脈では、いわゆる「錯覚論法」を通じて導入される。

この「錯覚論法」は、さきに言及したアルフレッド・ジュールズ・エアによって『経験的知識の基礎』という著作の中で整理した形で提示された。蜃気楼《しんきろう》とか、水につけたまっすぐの棒が曲がって見えるとかの錯覚は人を欺くが、「何か」を知覚していることは間違いないし、そうした「何か」は錯覚ではない通常の知覚の場合と連続しているがゆえに、通常の知覚の場合も知覚しているのは実在物ではなく、そうした「何か」であると考えられる。こうした「何か」を「センス・データ」と呼ぼう。これが錯覚論法による「センス・データ」導入である。

しかるに、こうした論法を遂行するには、蜃気楼に関しては実在物の持続性という仮定が、水中の曲がって見える棒の場合には視覚対象と触覚対象の同一性という仮定が必要であるが、そうした仮定は実は絶対受容しなければならないものではなく、拒絶可能である。蜃気楼と呼ばれるオアシスの像は、実は本当に存在するのだが、人が近づくと本当に消えるとか、水につかった棒は本当に曲がるとか、そういう言い方をすることは可能なのである。

ということは、こうした場面で「センス・データ」という言い方に頼って錯覚だと記述することは、知覚について分析するときにどういう言語を用いるのが適切かという言語的な問題なのではないか。すなわち、「センス・データ」言語を選ぶということは、私たちの言語の用法についての「決断」なのである。エアはこのように論じ及ぶ。これは、「センス・データ」に確実性や絶対性を認めないということであり、シュリックの言う「確言命題」の理念を完全に葬り去る議論展開である。

しかし、このエアの議論に関して注意すべきは、「センス・データ」を介して何かを知るという知識の様態そのものが、何らかの選択という私たちの行為と結託しているということを明るみにもたらしているということである。ここにようやく、論理実証主義によって導入された意味の検証可能性テーゼや還元主義という経験論的側面は、本来の「経験」の意義へとゆっくりと回帰してきたといえるだろう。エアは若い日には過激な論理実証主義の語り部であったのだが、彼は、知ってか知らずか、論理実証主義の根本的な考え方の改変を事実上促し、本来の経験論への道筋を描き出したのである。

同じようなことはラッセルが導入した「センシビリア」の概念についてもいえるかもしれない。「センシビリア」とは、実在する対象がつねに提供し続けている可能的「センス・データ」であり、私たちがそれを知覚するとき現実の「センス・データ」となる、というものである。これは事実上、物理的対象がどのようなものであるかという理論に大きく依存する概念であり、その意味で私たちの物理理論の選択というある種の行為に結びついていると考えられるからである。

5　日常言語の分析

さて、しかし、エアの議論は、同じオックスフォードのいわば同僚であるジョン・ラングショー・オースティンによって痛烈な批判を受けることになった。オースティンは、「錯覚」、「欺かれる」といった用語の日常的な言語使用に注目して、たとえば、「錯覚」と「人を欺く知覚」とは同じではないとしたり、人を欺く知覚と真実を語る知覚とは質的に異なり区別できると論じたりして、エア流の錯覚論法を批判した。必要なのは、もっときめの細かい言語の日常的使用の分析なのだ、というわけである。

このような日常言語の用法に注目して言語分析を行うという手法は、実は、論理実証主義の言語分析の手法とは異なる形で、しかしそれを批判し乗り越えた上で生成してくるという意味での間接的な結びつきの中で、おもにオックスフォード大学の哲学者たちによって展開されていた。ギルバート・ライルの『心の概念』、ピーター・フレデリック・ストローソンの『個体と主語』といった成果は、広い意味でこの流れに属する。論理実証主義、とりわけカルナップ流の言語分析が「人工言語学派」あるいは「理想言語学派」と呼ばれるのに対して、オックスフォードの哲学者たちの手法は「日常言語学派」と称されることがある。[*2]

この、いわゆる「日常言語学派」による議論展開の中で、最も特筆に値するのは、いま名前を挙げたオースティンによって成し遂げられた「言語行為論」である。これは、私たちの言語使用の、これまであまり注意されてこなかった側面に光を当てて、そこからきわめてユニークな言語分析を行うという仕事である。大変クリエイティブな仕事で、その後、現在に至るまで、哲学のみならずさまざまな分野にまで影響力を及ぼし、いろいろな形で展開され波及している、分析哲学の歴史の中でも瞠目《どうもく》すべき成果の筆頭である。この「言語行為論」は、カルナップらの論理実証主義における言語分析が「構文論」と「意味論」に集中していたのに対して、「語用論」の視点から言語使用を分析していくという方向性を持つ哲学上の立場である。「語用論」とは、言語とその使用者との関係を論じる記号論の領域のことである。

さて、オースティンが光を当てたのは、これまでは平叙文によって言葉を用いたり文を述べたりするということの眼目は、基本的に、事実を記述したり確認したりするということをモデルとしてとらえられていたが（そのモデルだけで言語使用を理解しようとする立場は

「記述主義的誤謬《ごびゅう》」と呼ばれる)、実はこうした事実確認的用法を根本的に外れる用法が多々存在するという事実である。それは、たとえば「私は明日正午ここにあなたを迎えに来ると約束する」といった約束の表現である。これは、何か事実を確認したり記述したりしているのではなく、まさしくこの発言によって「約束する」という行為を遂行しているのである。すなわち、この発言は「行為遂行的」発言なのである。

オースティンは、こうした行為遂行的発言の例として、結婚式のときに「この女性を妻として認めるか」という問いに対して「そうします」と答える発言とか、新しく出帆する船の船首に瓶をたたきつけながら「私は、この船を『エリザベス女王号』と命名する」と述べる発言とか、遺言状の中で「私は、私の時計を私の弟に遺産として与える」と述べたりとか、そうしたものを挙げている(『言語と行為』一〇頁)。

6 行為遂行的発言

さて、オースティンのパイオニア的仕事は、この行為遂行的発言を単に指摘したにとどまらず、それの分析に着手したことである。オースティンは、行為遂行的発言において遂行される行為に三つの位相を見届けた。

一つ目は「発語行為」(locutionary act)と呼ばれ、それは一定の音声を発すること、一定の単語群を述べること、といった「何ごとかを言う」行為である。つまり、基本的に、音声を発する行為が「発語行為」である。

二つ目は「発語内行為」（illocutionary act）と呼ばれ、それは、発語行為を遂行しながら、同時に、それ自体において遂行されるもう一つの行為のことである。オースティンは、この発語内行為の例として、「質問を発する」、「警告を与える」、「意図を公表する」、「指名をする」などを挙げている。

三つ目は「発語媒介行為」（perlocutionary act）と呼ばれる位相で、何かを言うことによって、聞き手、話し手、またはそれ以外の人物の感情、思考、行為に対して結果として何らかの効果を生むという意味での行為である。たとえば、ある男性が私に「彼女を射《う》て」と述べたというとき、彼は、音声としての発語行為を遂行していると同時に、私に彼女を射つように促すという発語内行為をも遂行しているのだが、やはり同時に彼は、私に彼女を射つことを説得したり、実際に射たせたという発語媒介行為も遂行していたと、そういえるのである。

オースティンのこうした言語行為の分析は、その後、イギリスの哲学者ポール・グライスやアメリカの哲学者ジョン・サールによって大きく発展していった。とりわけ、サールの貢献は、発語内行為の分析を洗練させていったことのみならず、言語行為論をさまざまな領域に広げて応用して、その哲学理論としてのパワーを明示していった点にある。

たとえば、前章のジョン・スチュアート・ミルについての解説で言及した自然主義的誤謬の議論に対して、サールは言語行為論の観点からある解明を与えた。自然主義的誤謬というのは、事実を記述する発言と、規範や価値を述べる発言とは区別されなければならないという見解に基づくものだと一般に解されている議論だが、サールは、そもそも「事実」には、「テーブルの上に白い紙が載っている」のような「なまの事実」と、「ベッカムはヴィクトリアの夫である」のような「制度的事実」という二種のものがあり、少なくとも「制度的事実」について記述する発言には、義務や規範にかかわる内容が本来的に含まれているので、そうした事実についての記述から規範や価値を導出することは間違いではない、と論じたのである。つまり、「ベッカムはヴィクトリアの夫である」という制度的事実を述べる発言には、実は、「二人は互いに助け合うべきである」という義務が内包されているというわけである。これなど、言語行為論が哲学の伝統的な問題に応用された最たる例であろう。

もちろん、言語行為論にはいろいろと批判が向けられている。たとえば、一つの文、一つの発話だけを独立させて考察しているという点が、私たちの発話行為の実相を反映していないといった批判である。しかし、こうした批判があるにせよ、言語行為論がいまでも多くのインスピレーションを哲学の世界に与え続けていることは間違いない。

たとえば、アメリカの哲学者ジョン・バーワイズやジョン・ペリーが提起した「状況意味論」といった、情報理論との連係のもとで展開されている意味論は、明らかに言語行為論を発想の源泉としている。そして、こうした論理実証主義から言語行為論へという言語分析の歩みは、構文論、意味論から語用論の領域へという視野の拡大を意味しており、それはすなわち言語現象を知識と行為との融合形として扱うことに向かう道筋であったともいえる。ならば、それは言語現象を経験論的に読み解くことへの道程であったと理解できるだろう。

参考文献

アルフレッド・ジュールズ・エア『経験的知識の基礎』、神野慧一郎・中才敏郎・中谷隆雄訳、勁草書房、一九九一年
アルフレッド・ジュールズ・エイヤー『言語・眞理・論理』、吉田夏彦訳、岩波書店、一九五五年
ジョン・ラングショー・オースティン『言語と行為』、坂本百大訳、大修館書店、一九七八年
ヴィクトル・クラーフト『ウィーン学団——論理実証主義の起源・現代哲学史への一章』、寺中平治訳、勁草書房、一九九〇年
ジョン・R・サール『言語行為——言語哲学への試論』、坂本百大・土屋俊訳、勁草書房、

一九八六年
マイケル・ダメット『分析哲学の起源――言語への転回』、野本和幸ほか訳、勁草書房、一九九八年
イアン・ハッキング『言語はなぜ哲学の問題となるのか』、伊藤邦武訳、勁草書房、一九八九年

注

＊1　マルティン・ハイデガー『存在と時間』、原佑・渡邊二郎訳、『世界の名著62』所収、四三二頁、中央公論社、一九七一年
＊2　ピーター・フレデリック・ストローソンの『個体と主語』は、日常言語の分析によりながら、「記述形而上学」を標榜している。「論理実証主義」が形而上学を毛嫌いしていたのと比べると、興味深いコントラストがある。ストローソンのアプローチは、形而上学の研究が著しく盛んになっているという二一世紀の現状を、ある意味で先んじていたといえるだろう。

第9章　論理学の展開

1　ア・プリオリな真理

本章では、分析哲学のいわば基本的ツールであり、かつ問題の所在地でもある「論理学」(logic)について、テクニカルではない仕方で、集中的に論じてみたい。第7章のジョン・スチュアート・ミルについて、彼の『論理学体系』に沿って論じたことを振り返るならば分かるだろうが、経験論の文脈では、「論理」というのは社会的な、あるいは実践的な問題をめぐる推論の正しさという視点から探究されるというのが基本的な路線であった。こうした路線は、ミルの主題化した帰納論理になじむことについては紛れはないだろう。

では、演繹《えんえき》論理についてはどうだろうか。このことを確認するに際して、演繹的な論理でさえ日常的な推論の場面で活用されていることに注意することが第一に必要である。

たとえば、慣れていない道を、ある目的地に向かって歩いているとしよう。この道を進めば目的地にたどり着くことは分かっているとする。二股《ふたまた》に分かれているY字路に行き当たってしまった。左側の道に方角を示す看板があり、目的地とは全然別の町の名前が載っていた。だとすれば、右側の道に進むしかない。私たちはこう推論するだろう。この推論は正しいだろうか。こういう正しさを示すときに、論理学が登場する。「左側の道が目的地につながっている」という文をaと表し、「右側の道が目的地につながっている」という文をbと表すとすると、ここで問題となっている推論は、「aまたはbが真である」とき、そしてそのうえ「aは真でない」ときには、「bが真である」ということを演繹する推論である。これは、論理学でいう「選言三段論法」という形式の推論にほかならず、そして論理学は「選言三段論法」は形式の上でつねに真であると論じる。なので、さきのような推論は論理的に正しいことになる。右側の道を選んだ私たちは、論理的に正しい推論をしたのである。

しかし、では、「形式の上でつねに真である」、つまり「形式的真理」は、「論理的真理」といってもよく、前章の論理実証主義についての説明でも言及したものだが、それははたして厳密にはどういうものなのだろうか。論理学はそれをどのような事態として説明するのだろうか。これについては、実はいろいろな見解がありうる。

一つのごく一般的な見解は、言葉の使い方のルールあるいは規約に従うならば、それを否定することができないという事態、それが「形式的真理」ということなのだととらえる道筋である。論理学という学問領域は、実はいまもダイナミックに変容しており、厳密に言うならば、「形式的真理」についての言葉のルールや規約に訴える見解にも問題は多々指摘できるが[*1]、歴史的にいって、とりわけ論理実証主義の文脈において、この種の見解が採られてきたことも事実である。

言葉のルールや規約というのは、経験によって発見されていくというよりも、すでにあらかじめ定まっている、少なくとも自分の生まれる前から自分の経験とは独立に定まっている、と理解されるのが自然である。そして、哲学では、こうした「経験とは独立に定まっている」というあり方を「ア・プリオリ」と呼んできた。だとすれば、論理学は「ア・プリオリ」な真理を扱う学問であるといえることになる。これは、経験論とはかなり異質な領域であるように聞こえる。経験論とは、本書で何度か触れたように、「努力し試みることの中で」、「程度」を許すプロセスとして知識や行為を理解していこうとする立場であり、それゆえに、「ア・プリオリ」なあり方を主題として提起することはないはずだと思われるからである。

けれども、いまの「選言三段論法」の実例からも分かるように、ア・プリオリな真理を扱う論理学が、私たちの実際の行為や活動と一切無縁なわけではなく、私たちの実際の推論や判断といわば相即不離に結びついている。むしろ、私たちの実際の経験のありようを、言葉のルールや規約という側面に焦点を合わせることによって、描き直すことが論理学の仕事である、というように規定できるのではないだろうか。

2 フレーゲの論理主義

しかし、いずれにせよ、論理学はさしあたりア・プリオリな真理を扱う。しかるに、こうした意味でのア・プリオリな真理を扱う、もう一つ別の巨大な領域がある。「数学」である。現代の分析哲学と総称される哲学的営みの核を形成する現代論理学の展開は、この「数学」とのかかわりから始まった。

ゴットロープ・フレーゲ
1848-1925年

論理学はアリストテレス以来の伝統的な学問だが、現代論理学の源泉はゴットフリート・ヴィルヘルム・ライプニッツの普遍結合術にある。その後、ドイツの論理学者ゴットロープ・フレーゲが、孤独な思索を通じて現代論理学の基礎的な枠組みを提示したのだが、フレーゲのその活動は、数学での真理はすべて論理的な真理にほかならないということを示すという計画、一般に「論理主義」と呼ばれるプログラムをその動機とするものであった。フレーゲは、論理的真理のありようを明晰《めいせき》な仕方で整理し、その上で数学的真理をすべて論理的真理のもとに基礎づけることによって、数学の基礎を確固たるものにしようとしたのである。

論理的真理を、あるいはそれを見いだす手続きを明晰化することとは、『概念記法』というフレーゲの著作によって達成された。そして、フレーゲは、『算術の基礎』や『算術の基本法則』などの著作を通じて、当時、数学者ゲオルク・カントールによって考案されていた「集合論」を利用しつつ、ある概念に属する0や1などの基数を、「その概念と一対一対応によって等しい」という概念の外延（つまり集合）であるなどと規定しようとする。これはつまり、たとえば、自然数2とはすべての対からなる集合であり、自然数3はすべての三つ組みからなる集合とする、という考え方である。他方でフレーゲは、概念の意味は命題という文脈の中で理解されなければならないという、いわゆる「文脈原理」をも主張していた。とすると、自然数が概念の集合としてとらえられる限り、自然数に基づく数学の体系はすべて命題として扱われる、つまり論理学の範囲で扱うべき主題となってくる。このようにして、数学を論理に基礎づけるという論理主義のプログラムが展開されていったのである。

こうしたフレーゲの論理思想は、私たちの推論というものを高度に一般化・普遍化して、その形式を問題にするという傾向が強いもので、経験論的な発想とはかなり異質なものであった。しかもフレーゲは、論理に対応的に理解される数学、とりわけ算術の基盤となる「数」について、それは実在する、というプラトニズムの立場にも傾斜していた。よって、そこには、私たちの推論という「実践」の中にはほぼ必ず入り込んでくる「曖昧性《あいまい》」とか「不確実性」とか「時制」とかの要素、それらに焦点を当てるという経験論的なアプローチはあまり見受けられない。とはいえ、フレーゲは、文の使用において反応を喚起するような「力」とか、語によって引き起こされる主観的な「表象」などにも目を配り、経験論的なアプローチを予兆はしていたのである。

バートランド・ラッセル
1872-1970年

今日では、フレーゲが『概念記法』において開明的な仕方で開示した論理学の基本的な仕組みは、後でも言及するアルフレッド・ノース・ホワイトヘッドとバートランド・ラッセルによる大作『数学原理』を経て、「命題論理」と「述語論理」という形で整理され、いわゆる記号論理の標準となっている。ここでは、両者のごく基本的な発想と技法について紹介していこう。詳しいことについては、論理学について数多くの教科書や概説書が出版されているので、そちらを参考にしてほしい。

3 命題論理

まず、「命題論理」だが、これは文字どおり「命題」を単位にして私たちの論理的推論のプロセスを明示化していく、という分野である。「命題」とは、いくつかの解釈の仕方があるが、さしあたり平叙文であると押さえることができる。つまり、命令文、疑問文、感嘆文などとは違う、何かを直説法で記す文のことである。「Aさんは大学生である」というような文が例となる。

一般的に、こうした命題は「p」とか「q」とかの記号で表される。こうした命題は、基本的に「真」か「偽」か、いずれかの真理値を持つとされる。一般に、「真」は「1」、「偽」は「0」と数字で表現される。このように、二つの真理値のいずれかを必ず持つという考え方を「二値原理」と呼ぶ。そして、私たちの推論に使われる否定や接続の言葉、「何々でない」、「そして」、「または」、「もし何々ならば、そのときうんぬん」が、そうした接続語によって結びつけられる命題の真理値によって定義される。つまり、接続語で結びつけられる各命題の真理値の組み合わせによって命題全体の真理値の特徴が浮かび上がり、それがおのおの接続語の定義となるのである。こうした命題の真理値の組み合わせを表す表を「真理値表」と呼ぶ。そして、これらの接続語は、論理学では「結合子」と呼ばれる。

まず、「何々でない」という否定は（命題記号の前に「〜」または「¬」をつける）、「pが真のときpでないは偽であり、pが偽のときpでないは真である」として定義される。「そして」という結合子、これは「連言」と呼ばれるが（「∧」または「&」で表す）、それは「pそしてqは、pが真でqが真のとき真であり、そのほかの場合は偽である」として定義される。

こうした連言の結合子は、単に日常語の「そして」だけに対応するのではなく、こうした定義に当てはまる表現はすべて連言であると考えるべきなのである。だから、「Aさんは学生だけれど、結婚している」という文は、「Aさんは学生である」と「Aさんは結婚している」の両方が真であるときにのみ真なのだから、「そして」ではなく「だけれど」という表現になっているが、やはり連言なのである。

また、「または」という結合子は「選言」と呼ばれるが（「∨」で表す）、それは「pまたはqは、pが偽でqが偽のとき偽であり、そのほかの場合は真である」として定義される。そして、「もし何々ならば、そのときうんぬん」というやや複雑な結合子、これは「条件文」とか「条件法」と呼ばれるが（「⊃」または「→」で表す）、それは「pならばqは、pが真でqが偽のときに偽となり、そのほかの場合は真である」として定義される。ここでの「p」を前件、「q」を後件と呼ぶ。この定義は、言い方を換えれば、「pならばq」を「(pであり、そしてqでない) のではない」と同じであると見なすことである。こうした条件文の理解の仕方を「実質含意」と呼ぶ。

これは、「もし君が試験に合格するならば、私は君にごちそうする」という条件文の例に沿うと分かりやすい。この文は、君が試験に合格して、私がごちそうしないときに、嘘《うそ》をついたことになる、つまり偽になる。そのほかの場合には、少なくとも嘘をついたことにはならないので真となる。たとえば、君が試験に合格しなかったときだが、そのとき私が君にごちそうしたとしても、ごちそうしなかったとしても、少なくとも嘘をついたことにならないからである。こうした条件文の理解の仕方はいささか奇妙ではあるが、真理値だけで定義するという外延的と呼ばれるスタイルを首尾一貫するときに出てくる、自然な理解の仕方である。

こうした結合子の規定に基づいて、どんなに複雑な命題の組み合わせでも、その組み合わせが全体として真になっているかどうかを判定できる。推論は、前提と結論を「前提が成り立つならば結論が成り立つ」という条件文として表現して、その条件文が全体として真ならば正しい推論であると判定できるのである。ここで「全体として真」と述べていることは、条件文を構成するおのおのの命題の真理値のすべての組み合わせに対して、条件文としての真理値がいつも「1」になるということである。これは結局、さきに述べた形

表1

否定

p	～p
1	0
0	1

連言　選言　条件法

p　q	p∧q	p∨q	p⊃q
1　1	1	1	1
1　0	0	1	0
0　1	0	1	1
0　0	0	0	1

式的真理あるいは論理的真理と同じことである。それは、「トートロジー」（恒真式《こうしんしき》）とも呼ばれ、推論の正しさのひな型である。

のみならず、実は、こうしたいくつかの結合子は、二つの結合子だけですべて表現できてしまうことが知られている。たとえば、さきに触れたように、「実質含意」に従えば、条件文は否定と連言だけで定義できるが、同じく条件文を否定と選言だけで定義することもできる。「pならばq」は「pでないか、またはqである」としても定義できるのである。こうした考え方を利用すると、使用する記号を少なくして推論の妥当性を判定できるようになるのである。

念のため、それぞれの結合子についての真理値表を表1として掲げておく。

4　述語論理

けれども、以上のような「命題論理」の体系では、「すべての犬が肺呼吸をするならば、私の愛犬uも肺呼吸をする」といった文、あるいは推論が正しいことをうまく取り扱えない。こうした文を適切に扱うためには、「すべての」とか「ある何々は」（つまり「何々が存在する」）という量を表す表現を記号的に表現できなくてはならない。そこで、文の中の個体（主語）と述語とを区別し、量を表す「量化子」と呼ばれる記号を導入することで、これに対応しようとするのが「述語論理」にほかならない。

述語論理では、「すべての」は全称量化子と呼ばれ、一般に「∀」で表し、「ある何々は」、つまり「何々が存在する」は存在量化子と呼ばれ、一般に「∃」で表す。この場合、「個体」とは文字どおり個物のことであり、いまの例でいうと、「私の愛犬u」が個体に当たる。それに対して「述語」は集合のことであり、「犬である」とか「肺呼吸をする」とかは述語である。注意しなければならないのは、「犬」は集合なので、国語としては主語として表れているけれども、述語論理では述語としてとらえる、という点である。よって、さきの例文の前半を述語論理で表現するとき、「犬である」という集合の要素（つまりは個体）を仮の主語xとして表して、このように表現する。「すべてのxについて、もしそれが犬であるならば、それは肺呼吸をする」。

「D」を「犬である」という述語とし、「L」を「肺呼吸をする」という述語として、これを記号的に表すと、

$$\forall x(Dx \supset Lx)$$

となる。

こうした理解の仕方を基盤にして、全体を表す表現から特定の個体についてだけの表現を導く「全称例化」と呼ばれる手続きを経て、さきの愛犬uについての推論が正しい推論として判定されるのである。こうした述語論理の体系はかなりパワフルであり、「現在のフランス王ははげ頭である」といった、実在していない個体についての表現、それゆえ真なのか偽なのかどう扱ってよいのか迷う表現について、バートランド・ラッセルが「指示について」という古典的論文において提示した「記述理論」などにも、「述語論理」がいきいきと活用されている。「記述理論」によると、こうした表現は「現在のフランス国王がただ一人存在し、そしてそれははげ頭である」として理解され、現在のフランス国王が存在しない以上、偽な表現として処理されることになる。[*2]

さて、そのラッセルだが、彼にはさきに触れたフレーゲとのある歴史的ないきさつがある。さきほどフレーゲの仕事について説明したとき、それが集合論に少なからず依拠したものであることを見たが、実はそこには抜き差しならないパラドックスが宿されていることが、ラッセルによって発見されるに至ったのである。この点について、次に論じよう。

5　ラッセルのパラドックス

　こういう話を想定してみよう。ある村に、一人の理容師がいるとする。この理容師は、この村の村民のうち、自分のヒゲを自分で剃《そ》らない人のヒゲだけを剃る理容師で、しかも、自分のヒゲを自分で剃らない人はみな、この理容師にヒゲを剃ってもらうとする。

　さて、このとき問題。この理容師（この人もこの村の村民の一人である）自身は、自分のヒゲを自分で剃るのだろうか。まず、彼は自分のヒゲを自分で剃るとする。すると当然、この理容師のヒゲは理容師自身が剃ることになるが、理容師がヒゲを剃る人は自分で自分のヒゲを剃らない人である以上、この理容師は自分のヒゲを自分で剃らない人のはずである。これはおかしい。では逆に、この理容師は自分で自分のヒゲを剃らないとしてみよう。すると、自分で自分のヒゲを剃らないすべての村民のヒゲはこの理容師が剃るはずなので、理容師のヒゲは理容師自身が剃ることになる。これもおかしい。かくして、いずれの場合を想定しても、最初の想定とは逆のことが帰結してしまい、矛盾が発生する。

　もちろん、これは単なるお話であって、こんなおかしな理容師はいない、というだけのことである。けれども、まさしくこれと似たパラドックスが、集合の概念に即して発生してしまうことが、ラッセルによって発見されたのである。こうなると、そんなおかしな話はありえない、ではすまされない。まして、集合あるいは外延の概念にのっとって、すべての数学を論理に吸収させようとしていたフレーゲの論理主義のプログラムにとって、そうしたパラドックスはまさしく致命的であった。

では、ラッセルの発見したパラドックスとは、どのようなものであったか。それを理解するには、まず「包括原理」と呼ばれる、集合についての考え方を導入しなければならない。それは、「すべての理解可能な条件に対して、それに対応する集合が存在する」という原理であり、直観的にいっても十分に受容できる考え方である。「大学生である」という理解可能な条件に対しては、「大学生の集合」が考えられるということである。けれども、ラッセルは、この「包括原理」をそのまま認めてしまうと、集合論の中に矛盾が生じると指摘したのである。「自分自身の要素にならない集合」という集合を考えてみる。これは理解可能な条件である。たとえば、「犬の集合」はそれ自体は集合であって犬ではないので、「自分自身の要素にならない集合」の一例となる。これに対して、「一〇〇以上の要素を持つすべての集合の集合」は、「自分自身の要素になる集合」の例になるだろう。しかし、思いつかれる大抵の集合は、「自分自身の要素にならない集合」であると思われる。

では、ここで、「自分自身の要素にならない集合の集合」という集合を考えてみよう。これも十分に理解可能な条件であろう。この集合をRと呼ぼう。ここでの問題は、RはR

自身の要素かどうか、という点にある。まず、RがRの要素だとしてみる。すると、Rの定義から、Rは自分自身の要素にならない集合なのだから、RはRの要素ではないということになる。これはおかしい。では、他方、RがRの要素ではないとすると、それはつまり、Rは自分自身の要素にならない集合ということになるので、Rの定義からして、RはRの要素であることになる。これもおかしい。こうして矛盾が発生するのである。

紛れをなくすため、若干記号化をして表現しておこう。「a∈b」を「aは集合bの要素である」と読むとして、「包括原理」をやや詳しく述べ直せば、「すべての理解可能な条件Fに対して、次のような集合xが存在する。すなわち、いかなる対象yに対しても、y∈xであるのは、yが条件Fを満たすとき、そしてそのときに限る、というような集合xが存在する」となる。「のとき、そしてそのときに限る」を「iff」と表すとする。「R」をラッセルの言う「自分自身の要素とならない集合の集合」とおき、「F」を「自分自身の要素でない」という条件とおくと、「包括原理」は次の主張をもたらすことになる。

いかなる対象yに対しても、y∈R iff ～（yは自分自身の要素である）

いかなるものに対しても成り立つことは、R自身に対しても成り立たなければならない。よって、次の帰結が得られる。

R∈R iff ～（Rは自分自身の要素である）

RがR自身の要素であるのだから、この帰結は次のような矛盾をもたらすのである（リチャード・マーク・セインズブリー『パラドックスの哲学』二二三 - 二二四頁）。

R∈R iff ～（R∈R）

ラッセルはこの発見をフレーゲに知らせ、フレーゲを驚愕《きょうがく》させるに至ったのであった。

ラッセル自身は、さきに触れた『数学原理』（プリンキピア・マテマティカ）において、「タイプ理論」と呼ばれる方策によってこのパラドックスを回避しようとした。すなわち、集合には、タイプ1、タイプ2、タイプ3などのタイプの階層があり、どの集合がどの集合の要素になれるかに関して、タイプに沿った制限が加えられるというのである。つまり、タイプ2の集合はタイプ1の集合しか要素とすることができず、タイプ3の集合はタイプ2の集合しか要素とすることはできない、というようにである。一般に、タイプn＋1の集合は、タイプnの集合しか要素とすることはできないのである。

だとすると、「自分自身の要素とならない集合」という条件は、この制限を犯すことになる。というのも、この条件のもととなる「集合xは集合xの要素である」という条件は、タイプnの集合xがタイプnの集合xの要素となる、ということにほかならず、明らかに制限違反だからである。こうしてパラドックスが回避される。こうしたラッセルのパラドックスと、その対応策としてのタイプ理論は、その後の分析哲学のみならず、数学基礎論と呼ばれる分野にも甚大なる影響を与えたのである。

6 嘘つきのパラドックス

さて、以上のように論じてきた「ラッセルのパラドックス」あるいは「集合論のパラドックス」は、それと構造的に似たもう一つのパラドックスと対応している。もう一つのパラドックスとは、「嘘《うそ》つきのパラドックス」と呼ばれるもので、これは実は古代ギリシアの時代から知られていた難問である。

一般に伝わっているところによれば、このパラドックスは、クレタ人の哲学者エピメニデスが、「すべてのクレタ人は嘘つきだ」と述べたことに発するとされる。もし、これが真ならば、この発言はどう理解したらよいのだろうか。「すべてのクレタ人は嘘つきだ」が嘘ということになるのだから、この発言を否定したものが真だということになるだろう。この発言の否定は、さきに触れた述語論理に従って考えるならば、「あるクレタ人は嘘つきでない」ということになる。エピメニデス自身が嘘つきだったとしても、ほかに嘘つきでないクレタ人がいれば、この発言は理解可能なものとなり、パラドックスでも何でもないことになる。

しかし、ここには何かパラドックスの芽が感じられる。ここでのパラドックス性を明確に示すには、次のような（文L）として表現し直せばよい。

（文L）「私がいま述べていることは偽である」。

このようにすると、文Lが真であるならば、私が述べていることは偽なのだから、文Lは偽となる。さらに、文Lが偽であるとするならば、それは文Lの述べていることが成り立っているにほかならず、よって文Lは真となる。こうして、にっちもさっちもいかなくなり、パラドックスが発生するわけである。このパラドックスは、明らかに自分自身に言及しているところから発生しており、その意味で「ラッセルのパラドックス」と類似している。

さきに言及のあったラッセルの「タイプ理論」によるパラドックス解決策は、実は、「ラッセルのパラドックス」だけでなく、それとの類似性のゆえに「嘘つきのパラドックス」に対しても等しく当てはまることが企図されていた。しかし、集合の包含関係だけによって発生してくる「ラッセルのパラドックス」と違って、「嘘つきのパラドックス」は真理値という概念に本質的にかかわっている。真理値のような概念を問題にする視点を「意味論」と呼ぶことから、「嘘つきのパラドックス」は「意味論的パラドックス」とも呼ばれる。

二〇世紀前半に活躍したケンブリッジ大学の数学者・哲学者のフランク・プランプトン・ラムジーは、「ラッセルのパラドックス」のような論理的パラドックスと比べて、こうした意味論的パラドックスは私たちの思考や言語にかかわり、思考や言語の理解についての理解不足にパラドックス発生の因があるとした。

意味論的視点から「嘘つきのパラドックス」への解決策として提案されたものの中には、真理概念を、ある文に対して語る言語としてのメタ言語と見なす、というタルスキー流の解決(それは一見「タイプ理論」に似ている)もあるが、今日では真理概念を文脈的・状況的なパラメータを含むものとしてとらえてパラドックスを解消する仕方、すなわち、ジョン・バーワイズとジョン・エチェメンディが示したオースティン的解決なども試みられている。

しかし他方で、論理の体系自体を変更して解決していこうとする試みもある。この道筋はいろいろと可能だが、論理学が基本的に前提してきた二値原理に対して改編を迫る立場、同じく論理学が完全なる偽として扱ってきた「矛盾」の概念への位置づけを改編する立場などが有力な考え方として目立つ。「多値論理」と呼ばれるシステムは、真と偽だけに限るとする「二値原理」を放棄して、三つ以上の、あるいは無限数の真理値を認める。その中で、0から1までの間の無限個の数を真理値として認める立場を「ファジー論理」などと呼ぶ。言い方を換えれば、これらは、「真でも偽でもない」領域、つまり「真理値ギャップ」を認める立場である。こうした立場に立てば、嘘つき文Lは単純な真や偽として扱うべきものではなくなり、解決の道が開けてくる。

また、一般に、「AかつAでない」という形の矛盾を認めてしまうと、それは恒偽式なので、それを前件にした条件文と合わせることで、いかなる帰結も生み出されてしまうという事態、つまり「爆発」という事態が起こるとされているが、そうした「爆発」が起こらない論理体系が提案されている。それはオーストラリアの哲学者グレアム・プリーストによって主に展開されている考え方で、「パラコンシステント論理」と呼ばれる（「矛盾許容論理」とも言う）。この「パラコンシステント論理」は、「真であり偽でもある」という「真理値グラット」（真理値過多）を認めるという真理観、すなわち「双真理説」（dialetheism）としばしばタイアップして展開されるのだが、こうした立場からすれば、嘘つき文Lはとりあえず対処可能となるのである。

いずれにせよ、こうした論理の改訂（非古典論理と総称される）は、ある見方からすれば、フレーゲに由来する現代論理学が基本的には脇に置いていた要素、しかしながらわずかには目配りをしてきた要素、すなわち曖昧性や不確実性や時制などを考慮に入れようとすることから生成してきたといえる。これは、論理が経験論と結びついていく兆しでもある。

参考文献

ピーター・フレデリック・ストローソン「指示について」、藤村龍雄訳、『現代哲学基本論文集Ⅱ』所収、勁草書房、一九八七年
リチャード・マーク・セインズブリー『パラドックスの哲学』、一ノ瀬正樹訳、勁草書房、一九九三年
ゴットロープ・フレーゲ『フレーゲ著作集1　概念記法』、藤村龍雄編、勁草書房、一九九九年
野本和幸『フレーゲ入門——生涯と哲学の形成』、勁草書房、二〇〇三年
ジョン・バーワイズ&ジョン・エチェメンディ『うそつき——真理と循環をめぐる論考』、金子洋之訳、産業図書、一九九二年
アルフレッド・ノース・ホワイトヘッド&バートランド・ラッセル『プリンキピア・マテマティカ序論』、岡本賢吾・戸田山和久・加地大介訳、哲学書房、一九八八年
三浦俊彦『ラッセルのパラドクス——世界を読み換える哲学』、岩波新書、二〇〇五年
バートランド・ラッセル「指示について」、清水義夫訳、『現代哲学基本論文集Ⅰ』所収、勁

草書房、一九八六年

注

＊1 「規約による真理」にまつわる問題性については、第14章でウィラード・ヴァン・オーマン・クワインについて触れるところで再び言及する。

＊2 「記述理論」は、しかし、万人に承認されたわけではない。ずっと後になってピーター・フレデリック・ストローソンが、「指示について」という論文で再びこの問題を蒸し返し、記述理論を詳細に批判した。ストローソンは、発話の場面に焦点を合わせ、「現在のフランス国王」についての文は、有意義だが、フィクション中に現れる文のように、真であるとも偽であるともいずれも意味しない、と論じたのであった。

第10章　ウィトゲンシュタインの出現

1　異色の哲学者

　本章は、分析哲学の展開に大きく貢献したにもかかわらず、きわめて独自の哲学を展開したがゆえに、分析哲学の流れの中になかなか位置づけにくい異色の哲学者、ルトヴィヒ・ウィトゲンシュタインについて論じる。ウィトゲンシュタインは、とりわけ日本では人気の高い哲学者で、それは彼の哲学のミステリアスな魅力だけではなく、彼の独特の人物性や態度に対する関心にも由来していると思われる。

　ウィトゲンシュタインの人物を語る、おそらく哲学史上最も有名なエピソード（あるいは伝説）は、一九四六年一〇月二五日のケンブリッジ大学キングス・コレッジにおける定例の哲学研究会「モラル・サイエンス・クラブ」で、当時、ロンドン大学ＬＳＥに所属していたカール・ライムント・ポパーがスピーカーとして話をしていたときの逸話であろう。

これは、ポパー、前章で取り上げたバートランド・ラッセル、そしてウィトゲンシュタインの三人の哲学者が顔をそろえた、まれな機会であった。

ポパー自身の回顧によれば、ポパーが真の哲学的問題は何かという主題について議論を展開していたとき、その前でウィトゲンシュタインは火かき棒を指揮者の棒のように振り回し、質疑の時間になったとき、ウィトゲンシュタインは「道徳規則の実例を挙げよ」と迫ってきたので、ポパーは「ゲストの講演者を火かき棒で脅さないことだ」と答えたという。ウィトゲンシュタインは怒って火かき棒を投げ捨て、部屋を出ていってしまった、というのである。

ルトヴィヒ・ウィトゲンシュタイン
1889-1951年

この異色の人物は、一八八九年にオーストリアのウィーンで生まれた。兄に片腕のピアニストとして有名なパウルがいる。ウィトゲンシュタインは、ベルリンやマンチェスターで工学を学んだのち、数学の基礎に関心を持ち始め、ゴットロープ・フレーゲを訪ねていったところ、ラッセルのもとで研究することを勧められ、ケンブリッジ大学に行く。そこで論理学の研究を開始する。第一次世界大戦が勃発《ぼっぱつ》し、ウィトゲンシュタインはオーストリア・ハンガリー帝国軍に志願兵として加わる。その間に書きためた原稿が、のちに『論理哲学論考』となる。その後、ウィトゲンシュタインは小学校教師となるが、ウィーン学団のモーリッツ・シュリックと交流したり、直観主義の数学者ライツェン・エヒベルトゥス・ヤン・ブラウワーの講演を聴いたりして再び哲学や論理学への関心が湧《わ》き、ケンブリッジに戻り、そこで学位を得て講義を行うようになる。一九三九年には教授となる。講義を重ねるなか、『哲学探究』が形をなしてくる。がんに倒れ、晩年を迎えるが、最後まで思索を続け、『確実性の問題』などを残した。

2 『論理哲学論考』の世界観

ウィトゲンシュタインの哲学は、大まかに『論理哲学論考』を核心とする前期、ケンブリッジに戻って『哲学探究』をまとめていく後期の、二つの時期に分けられる。そして、歴史的な文脈でいえば、前期哲学は、さきに論じた論理実証主義の哲学に影響を与え、後期哲学は、やはりさきに論じた言語分析の哲学と連動しているといえるが、しかしウィトゲンシュタイン本人の観点ではそんなことは無関係で、彼は彼自身の哲学を展開したのである。

まず、『論理哲学論考』（以後『論考』と略。引用は命題番号による）について少し見てみよう。この『論考』は、しかし、恐ろしくミステリアスな書物で、書いてあること自体を額面どおりに受け取ることも内容的に難しいのだが、それのみならず、額面どおりに受け取ってはならないことを自ら要求さえする本なので、読者は『論考』の前で途方に暮れてしまう。あるいは、こうした体験を読者に促すところに、無知の知から始まった哲学の真骨頂があるのかもしれない。いずれにしても、まずは『論考』の額面どおりの主張を見てみよう。

『論考』は、七つの主要な命題を骨子として、それぞれの命題に対してコメントが加えられ、さらにそれぞれのコメントに対してサブコメントが加えられというように、入れ子構造をなしている。七つの主要な命題とは、次のものである。

一　「世界は成り立っていることがらの全体である」
二　「成り立っていることがら、すなわち事実とは、いくつかの事態の成立である」
三　「事実の論理的像が思考である」
四　「思考とは有意味な命題である」
五　「命題は要素命題の真理関数である」
六　「真理関数の一般的形式は、$[\bar{p}, \bar{\xi}, N(\bar{\xi})]$ である。これは命題の一般形式である」

ここでの「$\bar{p}$」とは「すべての要素命題」であり、「$\bar{\xi}$」とは「命題の任意の集合」を表し、「$N(\bar{\xi})$」は「$\bar{\xi}$」に含まれるすべての命題の否定を表す。つまり、要素命題を任意に選択し、それをすべて否定し、その結果得られた命題の集合から任意に命題を選択し、それにもとの命題の任意個を付け加える。そしてそれらをすべて否定し、同様な手順を無限に繰り返すと、すべての命題をそこから導出できる。これが一般的な真理関数であり、命題の一般的形式だ、というのがウィトゲンシュタインの言わんとしていることである。

七　「語りえないものについては沈黙しなければならない」

全体として、まず、世界とは何かということを問題にして、それは事実の総体であって、物の総体ではないと論じ、そうした世界の論理的像として思考をとらえ、その有意味性を真理関数というあり方（要素の真理値から全体の真理値が一意的に定まるという性質）に定位しながらも、意味の外側、論理の外部に属することについては何も語るべきでないと、そのような流れの議論を展開しているとまとめることができる。

ここで、世界を構成する事実は論理空間の中にあるともいわれ、そして論理においては何一つ偶然なものはなく、すべての可能性がすでに与えられているともされる。つまり、事実、そしてそれを構成する事態が成立していること、それが世界であり、それはいかなる事態が不成立かをも同時に決定するのであって、そうした事態の成立・不成立が実在にほかならない。成立でも不成立でもなく、偶然的に現れてくるものなどないのである。そして、こうした確定した世界を論理的に写し取った像が思考だというのである。

この世界と思考との像関係を媒介するものが命題であって、命題は実在のモデルであるといわれる。このことをウィトゲンシュタインは、「命題は実在の像であることによってのみ、真ないし偽となることができる」(『論考』四・〇六)として、真理値の概念を持ち込んで説明する。そして彼は、すべての命題をおのおの相互に独立な要素命題から真理関数を通じて構成できると主張し、それを表の形で表した。これが、今日いうところの「真理値表」である。これは、前章で触れた、論理結合子を真理値によって定義するという操作に対応している。

以上のあらすじからうかがわれるように、『論考』におけるウィトゲンシュタインの世界観・論理観は、あえてラフに言ってしまえば、実在と思考、つまりは実在と言語との間の対応関係を認め、実在を像として写し出す言語だけが有意味な命題であること、よってそこには実在を構成する事態の成立・不成立に対応する「真」と「偽」という二値しかないこと、これらを主張するものであったといえよう。

3 語りえないもの

しかし、こうした『論考』の像理論は、決して実在と言語の対応という真理値のありようを論じることだけが趣旨なのではなかった。むしろ『論考』の重点は、このように有意味な命題の意義を確定することによって、すなわち有意味に語りうるものの範囲を確定することによって、言語的に有意味に語りえないことを逆に浮き彫りにすること、この点にあったように思われるのである。こうした計画を遂行することこそ哲学に課せられる役割である。ウィトゲンシュタインは言う、「哲学は、語りうるものを明晰《めいせき》に表現することによって、語りえぬものを示唆するにいたる」(『論考』四・一一五)。

では、語りえないものとは何だろうか。『論考』の叙述を追うならば、まず「論理形式」がそれであることが分かる。「命題は論理形式を叙述できない。論理形式は命題に反映する」(『論考』四・一二一)。「言語のうちにおのずと現れるもの、私たちはそれを言語によって表現することはできない。言語は実在の論理形式を悟らせる」(『論考』四・一二一)。次に彼は、「独我論」もまた語りうるものではなく、おのずと現れてくるものであるとする。「主体は世界に属さない、それは世界の限界なのである」(『論考』五・六三二)と、そう論じる。そしてウィトゲンシュタインは、おそらく、形式を語ることはできないという発想に基づいて、さきに述べた七つの主要命題のうちの六の主張に即して、「論理の諸命題はトートロジーである。それゆえ、論理の諸命題はなにごとも語らない。論理の命題に内容があるかのごとく思わせる理論は、つねに誤っている」(『論考』六・一、一一、一一一)と述べるに至る。

こうした路線のもと、ウィトゲンシュタインは、数学、因果律についての命題などは、世界の中の事実を像として映すのではなく、形式や法則を語ろうとしているがゆえに、実際は有意味な命題ではなく疑似命題なのだ、と喝破する。さらに彼は、「すべての命題は等価値である」(『論考』六・四)として、「倫理の命題は存在しない」(『論考』六・四二)と断言する。このことは言い換えれば、倫理的な問題に関して何か答えを求めるべく問いを提出するとしても、実はそれはそもそも問いとして成立していない、単なる疑似問題なのだ、ということでもある。こうして、死の問題や懐疑論や人生の問題は、本来問うことができないところに問いを立てようとするものであって、もとからナンセンスなのであるとされるに至るのである。「言い表せないことが存在することは確かである。それはおのずと現れ出る。それは神秘である」(『論考』六・五二二)。

そして、同様な論点は、実は、『論考』が行おうとした哲学的営みそれ自体にも当てはまる。つまり、ウィトゲンシュタインは『論考』という書物を著し、そしてその結論として『論考』は、そして哲学という営みは、ナンセンスであることをどうしても導かなければならないことになる。彼は言う、「私を理解する読者は、私の書物を通り抜け、その上に立ち、それを見下ろす高みに達したとき、ついにその無意味なことを悟るにいたる。まさにこのような仕方で私の議論は解明を行うのである。(読者は、いってみれば、梯子《はしご》を上りきったのちそれを投げ捨てなければならない。)」(『論考』六・五四)。「語りえぬものについては、沈黙しなければならない」(『論考』七)。

二点、注意しておきたい。一つは、以上のような、「語りえるもの」と「語りえないもの」という、いわば二世界説は、実はウィトゲンシュタインが少年時代に唯一親しんだドイツの哲学者アルトゥール・ショーペンハウアーの主著『意志と表象としての世界』に基本的な影響を受けているという点である。もちろん、『論考』がショーペンハウアー哲学の焼き直しなわけではない。たとえば、ショーペンハウアーは「身体」を特権化して論じているが、『論考』にはそういう形跡はない。とはいえ、ショーペンハウアーの言う「表象としての世界」と「意志としての世界」という二世界説が、ウィトゲンシュタインの「語りえるもの」と「語りえないもの」という二世界説とおおよそ対応していることは明らかである。だとするならば、『論考』の思想が、ショーペンハウアーを通じて、ショーペンハウアー哲学の起源となっているカント哲学やプラトン哲学にも結びついていくことが想像される。これは明らかに、経験論的な発想とは異なる思想の流れである。

もう一つ注意したいのは、『論考』でいわれている「命題」という概念がどういうことを示しているのかがはっきりしない、という点である。『論考』の思想に従うと、たとえば、これこれの「命題」は「誰が」提出したのかとか、「いつ」述べたのか、という問いは有意味には提示できないように思われる。独我論がおのずと現れてきてしまう以上、「誰」という疑問詞は有意味ではないだろうし、時間が形式である限り、時間や時制についての問いもまた無意味になるであろうからである。

しかし、「誰」や「いつ」といった、哲学以前の、基本的な問いが提出できないとしたら、はたして「命題」は言語的なネットワークを形成できるのだろうか。こうした疑問は、要素命題がおのおの独立に真理値を持ち、相互の関係性はないとする『論考』の言語観への問いかけにほかならない。実際、これと同種の疑問などを介して、ウィトゲンシュタインは『論考』とは異なる後期の哲学をのちに歩み始めるのである。ただし、変化していくのは『論考』の言語観の表向きであって、裏側にあった「語りえないもの」という概念にかかわる考え方は終生首尾一貫していたといえる。

では、次に、その後期哲学を代表する『哲学探究』について、基本的な思想を見ていこう。

4 意味の使用説

『哲学探究』（以下『探究』と略。引用は節番号による）が論じている主題の核をなすのは、「言葉の意味は何か」という根源的な問いである。『論考』でのウィトゲンシュタインは、すでに見たように、言葉というのは、世界のあり方、すなわち事態を写し取るものであるという発想を抱いていた。一方に世界の実在があり、他方に言葉や命題があり、それらが対応していること、そこにおいて言葉は意味を持つと考えられていたわけである。こうした言語観には、すでに述べたように、「誰」とか「いつ」といった、私たちの日常言語あるいは日常会話にとってあまりに基本的な要素がうまく位置づけられないという弱みがあるように思われる。つまり『論考』では、世界と言語だけが、いわば世界に生き、言語の語り手でもある私たち人間とは切り離されて論じられていたのである。

ウィトゲンシュタインは、『論考』を刊行した後、哲学の世界から退き小学校の教師をしていたが、本章の最初の節でも触れたように、一九二八年のある日、ウィーン学団のフリードリヒ・ヴァイスマンらに連れられて、オランダの数学者ライツェン・エヒベルトゥス・ヤン・ブラウワーの講演を聴きに行った。ブラウワーは、いわゆる直観主義と呼ばれる数学の立場に立っていた学者で、その日の講演も直観主義にかかわるものであった。

直観主義とは、大まかに言えば、数学に普遍言明を安易に持ち込み、未決の問題があたかも解決されているかのように想定して数学を展開することに反対して、自然数に対する私たちの直観的理解をなによりも数学の基礎と考え、そこから一歩一歩構成される数学のみを認めるという立場である。この立場からすると、「排中律」、すなわち「AであるかAでないかのいずれかである」という論理法則は、「Aである」とも「Aでない」ともいずれも証明されていない問題については、適用してはならないということになる。たとえば、「奇数の完全数」（完全数とは自分自身を除く約数の和が自分自身と等しい数である。6、28など）は、いまだ存在するとも存在しないとも証明されていない。そのとき、「奇数の完全数は存在するか存在しないかのいずれかである」は排中律を満たす命題だが、直観主義の立場ではこの命題を真な命題として認めることはできないことになる。

いずれにせよ、直観主義は、数学を理解する私たち人間の現実の理解のありように強調点をおく立場にほかならず、それはウィトゲンシュタインの『論考』の世界観とは真っ向から対立するものであった。ウィトゲンシュタインは、この直観主義の考え方に触れて、新しい思索を開始したのである。

『探究』でのウィトゲンシュタインは、『論考』の世界観・言語観から離れて、私たちが言葉を「使用する」という場面に焦点を当てて、言語を検討するようになる。「台風が近づいているようだ」という文を例にして言うならば、『論考』の立場だと、これは単に世界の実在の事態とこの命題とが写像関係にあるかどうかが問題になるだけのはずだが、よく考えて見れば、こうした文を理解するには、それを発言したとき、つまりこうした言葉を実際に使用したときのさまざまな状況を考慮しないわけにはいかない。誰が、どこで、いつ、それを発言したのか、そして何か言外の含意があるのか（「早く帰宅したい」を含意しているとか）など、そうした考慮を行ってはじめて、「台風が近づいているようだ」という文の意味が真に理解できるようになる。『探究』のウィトゲンシュタインは、このような見方を採るようになり、「言葉の意味とは、言語内におけるその使用である」（『探究』四三）と明言するに至る。一般にこれは「意味の使用説」と呼ばれる。

ウィトゲンシュタインは、アウグスティヌス流の、言葉は実在の対象の一つ一つと対応しているとする言語観と、ジョン・ロックに帰せられることの多い、言葉の意味はそれを用いる人の心の中の観念であるとする言語観、その二つをおもな比較相手として、自らの意味の使用説を展開する（ただし、ウィトゲンシュタイン自身はアウグスティヌスの名前は出しているが、ロックの名前は一度も出していない）。アウグスティヌス的見方やロック的見方では汲《く》み尽くせない点を挙げて、それが「使用」に注目することで包摂できるとしていくわけである。とりわけ、ロックに帰せられるような考え方は「私的言語」（当の本人だけに意味が理解できる言語）と位置づけられて、厳しく批判される。「使用」に注目するということは、私的ではなく、いわば公的な言語使用の状況に目を向けることなので、その意味でとりわけ私的言語の考え方は、ウィトゲンシュタインにとっては受け入れがたいと思われたのである。*1

いずれにせよ、意味の使用説を採用することで、ウィトゲンシュタインは『論考』とは違って、かなり包括的な言語論を射程に入れることができるようになった。疑問文や命令文なども視野に入ってくるし、第8章で論じた「言語行為論」のような考え方とも親和する議論となっていったのである。

5 言語ゲーム

さて、以上に見たウィトゲンシュタインの意味の使用説は、「言語ゲーム」という概念によってよく知られている。ウィトゲンシュタインは「言語ゲーム」という概念をいろいろな意味合いで用いているが、その基本的な意義は、次の発言に集約されるだろう。「わたしはまた、言語と言語の織り込まれた諸活動の総体をも言語ゲームと呼ぶ」(『探究』七)。あるいはこうも言われる。「『言語ゲーム』ということばは、ここでは、言語を話すということが、一つの活動ないし生活様式の一部であることを、はっきりさせるのでなくてはならない」(『探究』二三)。

続けてウィトゲンシュタインは、命令する、記述する、報告する、検証する、読む、演じるなどなどといった言語ゲームの具体例を列挙していく。要するに、言語ゲームとは、私たちが具体的かつ日常的な場面で、いわば社会的に言語を使用しているときの、そのままのありようを意味しているのであり、それ以上、それについて説明するとか分析するとかを志向する概念ではない。言語ゲームは、それが行われているということが確認されるだけで、それを説明するというのは誤りなのである(『探究』六五四参照)。

しかし、もちろん、いかなる仕方であれ、言語を使用していれば言語ゲームになるわけではない。言語ゲームにも、通常の意味でのゲーム、たとえばチェスやサッカーがそうであるように、一定の規則があり、私たちはその規則を、つまりは使用法を技術として習得していかなければならない。というよりも、そうした使用法を習得していくことが、すなわち言葉の意味を理解するということなのである。

ウィトゲンシュタインは、「合成されている」という言葉の例を挙げている。「いま私が目の前で見ているものは合成されている」と私が言ったとするなら、当然「合成されているとはどういう意味か」と問われる。もちろん、これに対する答えは、目の前にあるものが、木の視覚像であったり、チェス盤であったり、それに応じて変わってくる。こうした背景や文脈に沿いながら、さきの問いに納得のいく仕方で答えられることが、言語ゲームを行うことなのである（『探究』四七）。

もちろん、ここでいう「ゲーム」という概念は、厳格に定義されるものではない。それぞれの言語ゲーム、そしてそのほかのゲームは、大まかな形で類似しているとしか言いようがない。ウィトゲンシュタインは、こうしたゲームのありようを「家族的類似性」と呼んだ。

このような「言語ゲーム」の考え方は、およそ「理論」というようなものではなく、言語活動をいわばそのまま受け入れるという態勢である。こうした態勢を採用することは、哲学の伝統的な諸問題に対しても大きなパースペクティヴの変革をもたらす。たとえば、

「他人の痛み」というのは、デカルト的な心身二元論の立場に立つと、本人だけに分かるものので、その意味で、その人が本当に痛いのかどうかは真には分からないのだ、ということになろう。

けれども、ウィトゲンシュタインの言語ゲームの態勢に従うと、これは「痛い」という言葉の使用現場を離れて理解しようとしてはならないということになる。つまり、「痛みを感じている」とか「痛い」とかの表現に適切に対応したり、単に痛い振りをしているだけなのかどうかという判断を適切に下したり、という実践がすなわち「痛み」という言葉の意味なのであり、それは決して当人だけに分かる私的なものではない、ということになるのである。逆の言い方をすれば、石が痛がっているとかの表現を、文字どおりに言い続ける人がいたとしたら、その人は「痛み」についての通常の言語ゲームを行ってはいないということになる、ということでもある。

ウィトゲンシュタインはこのように述べる。「人間のようにふるまうものについてのみ、ひとは、それが痛みを感じている、と言うことができる。なぜなら、ひとは、身体について、あるいは、もしそう言いたいのなら、身体をもっている心について、そのように言わなくてはならないからである」（『探究』二八三）。

いずれにせよ、この「痛み」の問題のように、ウィトゲンシュタインは、哲学の伝統的な問題や困難は、言語ゲームの概念を導入することで、そもそも最初から存在していなかった虚《うつ》ろな問いであることが分かり、解消されると考えていた。彼はこの点をこう述べたのである。「哲学におけるあなたの目的は何か。――ハエにハエとり壺《つぼ》からの出口を示してやること」(『探究』三〇九)。

6 規則のパラドックス

以上で、『探究』における「言語ゲーム」の考え方の一端が理解されたと思う。最後に、ここでは『探究』の議論の中で、その後の分析哲学の展開に大きな波紋をもたらした問題について見てみたい。それは、ウィトゲンシュタインが亡くなってずっと後になって、アメリカの哲学者ソール・アーロン・クリプキが『ウィトゲンシュタインのパラドックス』(*Wittgenstein on Rules and Private Language*)という本の中で主題的に取り上げて、いわばリヴァイバルした問題で、一般に「規則のパラドックス」と呼ばれる。これは『探究』一八五節あたりに展開されている議論である。こういう場合が想定されている。

ある先生がある生徒に、0から始まって2ずつ加えていく数列を書き出せと言ったとする。先生が最初に「0, 2, 4, 6, 8」などと示してやって、生徒がその後を受けて続けていく。すると、生徒は900台の後半まで書き続けたとき、「994, 996, 998, 1000, 1004, 1008, 1012」と書き始めた。それを見た先生は、「何をやっているんだい。きみは2を足していかなければならなかったんだよ」と注意する。けれどその生徒は、「ええっ。これでいいんじゃないんですか。ぼくはこうしろといわれたと思ったんです」と驚いて答えるのである。そのとき先生は、この生徒は、ごく自然に、私が出した指示を「1000までは常に2を、2000までは4を、3000までは6を、というように加えていけ」という指示を私たちが理解するように、理解しているのかもしれない、と思い始める。

ウィトゲンシュタインはこれについて、こういうたとえを持ち出す。「この場合は、ある人間が手で指さす身ぶりに反応する際、ごく自然に、指先の方向ではなく、指先から手くびの方向を眺めてしまうような場合に類似していよう」（『探究』一八五）。しかし、こうなると、2ずつ加えていけ、という指示に従うには、いちいち各段階で新しい洞察や直観が必要になってくるということになってしまう。だとすると、一定の個所でどれが正しいやり方なのかを、どうやって決めるのか。それぞれの個所で直観が必要になるというよりは、それぞれの個所で新しい決断が必要になるということになるのではないか。

このウィトゲンシュタインが提示したパラドックスは、そもそも規則性とか必然性というものについて、それは何なのか、ということを確定しようとしてもできない、ということを示す深刻なパズルである。もう少し分かりやすい例を挙げるならば、たとえば、「1, 2, 4, 7, 11, 16」と続く数列の次の数は何か、という問いに対してどう答えるか、という場合が挙げられる。これは、順に1を足し、2を足し、3を足し、4を足し、5を足しと来ているので、階差数列であり、したがって次は16に6を足して22だ、と答えられそうである。

けれども、実は、ここに現れている規則性は、次が22であるとすることに限らない。実際のところ、次がどんな数でも、立派な規則性として成立してしまう。たとえば、16の次は19だと答えたとしよう。それで規則的といえるのか、という疑問はどんなふうにも解消できる。「1, 2, 4, 7, 11, 16, 19, 16, 11, 7, 4, 2, 1, 2……」という規則性があるのだ、という主張を不合理だと言えるはずもないからである。

このように、何かのルールとか規則性といっても、そもそもそれはどういうルールや規則性なのか、ということが一義的に確定できないのだという、私たちの言葉遣いの深層につねに潜む深刻な亀裂、これを示すのがウィトゲンシュタインの「規則のパラドックス」にほかならない。

こうした見方は、『論考』の、真か偽だけの値を持つ命題によって像として確定的に表現される世界、という世界観と著しく異なるように思われる。それは、私たちの言語使用という事実を徹底して追求したときにあらわとなる、不確実性を本質的にはらむ、私たちの生活世界の真相である。

実際、この「規則のパラドックス」は、言葉の意味全般にまで及ぶととらえることができる。言葉の意味は使用だとしても、その使用法には規則性があるはずである。そうでなければ、言語ゲームでさえ成り立たない。けれども、「規則のパラドックス」が示すのは、その規則とは何であり、どれが正しい規則なのか、ということは確定できない、ということなのである。根源的な不確実性が、私たちの言語理解に亀裂をもたらす。しかし、それが私たちの生きる現実なのである。すべてを確実なものとして正当化することは、そもそも原理的にできない。ここには、『論考』の「語りえないもの」の思想と相通じる発想がある。いずれにせよ、こうした不確実性を承認していくという道筋を経て、ウィトゲンシュタインは後期哲学において経験論的なスタンスに近づいてきたといえるのではないだろうか。

ウィトゲンシュタインは、しかし、晩年になって、こうしたパラドックスに至ってしまう不確実性の中にも、あるいはそうした不確実性の根底には、そもそもそうした不確実性があらわになるという実践それ自体を根拠づける、その意味で確実性を持つというべき何かがなければならないという、そういう事態に最後の考察を向け、病に侵される中で『確実性の問題』と題される考察を残した。

たとえば、「私には両手がある」というようなことは、証拠を挙げて確実性を確証するような知識内容になるのではなく、それは揺るぎない信念であり、これを反証するものはありえない、ということなのだ、とウィトゲンシュタインは論じている。そうした信念は根拠づけたり説明したりできないのであり、その意味で、これもまた「語りえないもの」

といえるかもしれない。

ともあれ、ここには、経験論的なアプローチをとりながらも、それを越え出てしまうようなベクトルを見て取っていこうとする、ウィトゲンシュタイン固有の視点がある。今日、ウィトゲンシュタインの現代哲学一般への影響を非常に低く見積もる理解もあるが、[*2]孤独な仕方で全生命力を傾けて紡ぎ出されたウィトゲンシュタインの独自な哲学には、やはり人を引きつける力があるというべきである。

参考文献

飯田隆編『ウィトゲンシュタイン読本』、法政大学出版局、一九九五年
Wittgenstein, L. *Tractatus Logico-Philosophicus.* with a new edition of the translation by D. F. Pears and B. F. McGuinness, Routledge & Kegan Paul, 1961.
ルトヴィヒ・ウィトゲンシュタイン『論理哲学論考』、奥雅博訳、『ウィトゲンシュタイン全集1』所収、大修館書店、一九七五年
ルトヴィヒ・ウィトゲンシュタイン『哲学探究』、藤本隆志訳、『ウィトゲンシュタイン全集8』所収、大修館書店、一九七六年
ルトヴィヒ・ウィトゲンシュタイン『確実性の問題』、黒田亘訳、『ウィトゲンシュタイン全集9』所収、大修館書店、一九七五年

ソール・アーロン・クリプキ『ウィトゲンシュタインのパラドックス――規則・私的言語・他人の心』、黒崎宏訳、産業図書、一九八三年
アントニー・グレーリング『ウィトゲンシュタイン』、岩坂彰訳、講談社選書メチエ、一九九四年

注

＊1　もっとも、私的言語の考え方が本当にジョン・ロックに帰せられるかどうかについては、大いに疑問がある。本書第3章でも論じたが、ロックは確かに言葉のプライベート性を強調はしていたが、それは意味のプライベート性ではなく、所有のプライベート性であると考えられるからである。

＊2　たとえばアントニー・グレーリングは、ウィトゲンシュタイン以降の哲学が行っていることのほとんどは、ウィトゲンシュタインが禁じたことであったとして、ウィトゲンシュタインは実は現代哲学に対してきわめて小さな影響しか与えていない、と指摘している（『ウィトゲンシュタイン』二一〇－一一頁）。

第11章　現代の功利主義

1　シジウィックの議論

本章では、すでに論じたジェレミー・ベンサムやジョン・スチュアート・ミルの古典的な功利主義が、現代においてどのように論じられ、展開されているかについて検討していく。その上で、功利主義がその理論構成上、必ずや直面しなければならない問題、すなわち道徳的事実の認識や行為の帰結の予測に本来的にまつわる不確実性についても、根本的な問題として論じてみたい。おもなキーワードとなるのは、「選好功利主義」、「動物解放論」、「モラル・ラック」（道徳的運）などである。

さて、第7章でミルを論じたときにも、そして第8章で言語行為論について触れたときにも言及した問題だが、「何々である」（is）という事実から「何々すべきである」（ought to）という規範や価値を導くことができるか、両者はカテゴリーを異にするのだから導くことはできないのではないか、という議論がある。これは、ジョージ・エドワード・ムーアが主題的に論じた議論と深くかかわる。ムーアは、「何々すべきである」として記されるような規範や価値にまつわる道徳的概念は定義できないととらえていたので、そうしたものを事実から定義しようとする議論は間違っているとして、それを「自然主義的誤謬《ごびゅう》」と呼んだのであった。そしてその際、まさしくミルが、「望まれている」から「望ましい」を導いているとして、批判のやり玉に挙がったのであった。

実際、ここは功利主義の急所である。功利主義つまり大福主義とは、そもそも「最大幸福の原理」をもって規範を提出する倫理的立場である。そうした立場は、構造上本質的に、「幸福」という状態に規範の根拠を求める形となっている。そして、そうした「幸福」は基本的に快楽と苦痛のタームで理解され、ベンサムの場合は快苦の度合いをその強さや持続性といった客観的な事実的尺度で測るというように、そして、ミルの場合はもう少し主観的な仕方で行為者が「望んでいる」という感情的事実のレベルで測るというようになっていて、いずれにせよ、快苦という何らかの事実に規範の究極的な根拠が求められていたわけである。

しかるに、ムーアが「自然主義的誤謬」の議論を提出するよりも前に、ミルの功利主義に共感を示しつつも、事実から規範や価値を導出することに違和感を感じて、その違和感をてこにして功利主義の議論展開に貢献した哲学者がいた。イギリスの哲学者、ヘンリー・シジウィックである。

シジウィックは、功利主義の根拠を事実以外のところに求めようとして、基本的な直観によりながら、道徳の基本概念を分析していくという手法を採る。主著『倫理学の方法』でシジウィックは、倫理学の三つの方法の内容と相互関係を明らかにすることによって、功利主義の意義をあぶり出していこうとする。倫理学の三つの方法とは、「利己主義」、「功利主義」、「教義的直観主義」である。

「利己主義」とは、文字どおり、各人の行為の目的は本人の幸福あるいは快楽であり、人はこうした目的を達成できるように行為すべきであるとする倫理学説である。「功利主義」とは、シジウィックの定義するところによると、正しい行為の基準を、全体として、つまりその幸福が行為によって影響を受けるすべての存在を考慮に入れた上で、最大量の幸福を生み出すであろう行為である、という点に求める倫理学説である。そして「教義的直観主義」とは、無条件に拘束的なものとして直観的に知られる義務の指示や原則に従っているとき、行為は正しいと考えられる、とする倫理学説である。

シジウィックは、この三つの方法のうち、まず「教義的直観主義」について、この立場がよりどころとする常識的道徳法則には多くの例外があり、善悪の境界は曖昧《あいまい》であるとして、その限界を指摘する。では、「利己主義」と「功利主義」はどうか。シジウィックは、この二つの方法を比較するに際して、いかなる倫理学説であれ受容すべきと考えられる三つの基本原理を提示する。行為者にとって正しい行為は同様の状況における人すべてにとって正しいとする「正義の原理」、人は自分の全体としての善を目指すべきであるとする「合理的自愛の原理」、自分の善を人々全体の善の一部と見なす普遍的視点を採る限り、人々全体の善を目指すべきであるとする「合理的博愛の原理」、の三原理である。しかるに、利己主義と功利主義とは「正義の原理」と「合理的自愛の原理」とを共通に満たすけれども、「合理的博愛の原理」に関しては功利主義がとくにそれを満たしている。ここでまず功利主義がよりよい学説として基礎づけられる。

さらにシジウィックは、功利主義の帰結主義的側面や快楽説的側面について、個人の直観と常識に訴えたり、消去法に訴えたりして、功利主義が少なくとも利己主義以上の説得性を持つことを論証していく。ここで注意すべきポイントは二つである。一つは、こうした議論にもかかわらず、シジウィックは利己主義が消去されるとまでは考えていないという点である。[*1] シジウィックは利己主義と功利主義との間で生じる道徳的見解の対立を「実践理性の二元性」と呼び、功利主義が絶対の立場であるという結論は避けている。もう一つ注意すべきは、シジウィックは、すでに示唆したように、私たちの道徳的直観や常識をも十分に受け入れて議論を展開している点である。

実際、シジウィックは、「べき」や「正しい」という道徳的規範や価値はあまりにも基本的であり、正式な定義を与えることができないとして、常識や直観のレベルで基本的なものとしてそれらが現れているという事態に議論のよりどころを置くのである。こうしたシジウィックの議論は、二〇世紀以降の現代功利主義の展開を予兆する、先駆的なものであった。

2 行為功利主義と規則功利主義

ところで、ベンサムについて論じたときにも言及したことだが、功利主義に対しては、いま触れた自然主義的誤謬という点以外にも、いわばお決まりの批判がある。すなわち、功利主義はある行為が生み出す幸福の量が全体として増大するのであれば、その行為をなすべきだという考え方であり、それ以外のもの、たとえば道徳的ルールのようなものは、行為の善《よ》し悪《あ》しの判断から除かれてしまい、その結果、常識的に見て著しく直観に反する奇怪な命令を導いてしまう、という批判である。

たとえば、すでに第6章でも少し触れたが、何も悪いことをしていない健康な人を殺すことによって他の多くの人を助けるといった場合、つまり、一人の無辜《むこ》で健康な人を殺して、その臓器を複数の人に移植して、その複数の人を助けるという場合、私たちは直観的にこんなやり方を認めることはできないと思うが、功利主義の考え方を整合的に適用していくと、こんなやり方さえ正当化されてしまうのではないか、という危惧《きぐ》の念が、功利主義に対する批判としてしばしば表明されるわけである。

こうした批判をかわし、かつ功利主義の精神を維持するため、二〇世紀になって功利主義の改変の提案が提出された。すなわち、「功利性の原理」は古典的な功利主義の段階では「行為」に対して適用されていたが、「行為」ではなく「規則」(rule)にそれを適用するというように考えればよいのではないか。たとえば、さきに挙げた「人を殺す」という行為についていえば、ある特定の場合に特定の人を殺すことによって社会全体の幸福量が増大するということがあるかもしれないけれども、「人を殺してはならない」という規則を守るということが長い目で考えて社会全体の幸福量をさらに増大させるととらえて、そこに「功利性の原理」を適用するならば、功利主義にのっとっても「人を殺してはならない」という規則を一律に順守することを指令することができるようになる、というわけである。

一般に、行為を基準として「功利性の原理」を適用する古典的な功利主義の立場を「行為功利主義」(act utilitarianism)、それに対して規則やルールを基準とする功利主義を「規則功利主義」(rule utilitarianism)と呼ぶ。「規則功利主義」は二〇世紀のアメリカの哲学者、リチャード・ブラントなどによって提唱された。けれども、オーストラリアの哲学者J・J・C・スマートのように、現在でも自覚的に「行為功利主義」を擁護する論者もいる。

スマートによれば、規則功利主義者は、「万人が規則Aを順守する」と「誰も規則Aを順守しない」との比較で、前者の効用が大きいと論じるが、そこには「規則Aを順守する人と順守しない人がいる」という混合した状態がある可能性が見逃されており、そうした可能性を考慮せずに規則順守の効用を論じるのは不合理であるとされる。また、いかなる規則にも例外を設けることが有用な場合があるが、そうした例外を認める形で規則を規定していくならば、結局は個別の行為の帰結を考慮することになり、かくして規則功利主義は行為功利主義と等価になる、とも論じられるのである (Smart, J. J. C. & Williams, B. *Utilitarianism for and against.* pp.10–11)。この問題はいまも尾を引いており、未決の問いである。

3 ヘアの選好功利主義

さて、二〇世紀になると、功利主義にも新たな展開が生成する。もともと倫理学説というのは、道徳的な葛藤《かっとう》やディレンマが生じたときに、それへの解決案を提示する、ということが期待されているところの理論である。そしてこの点こそ、ミルが功利主義の最大の利点として誇ったものであった。たしかに功利主義は、快楽の量的比較という点に善悪の基準を求めるので、どちらが正しいかが微妙な道徳的対立でも、何らかの優劣をともかくもつけて、採るべき選択肢を示せるように思われる。けれども、こうした戦略はすべて、どうやって快楽や幸福を測定するのか、という点にかかっている。

この点で、たとえばシジウィックの功利主義は、満足すべき体系を提示しえているだろうか。このように問うならば、シジウィックの議論には原理的な問題が潜在しているように感じられる。というのも、シジウィックは、道徳的な評価の根拠を結局は常識や直観に求めているからである。しかるに、まさしく常識や直観では解決できないからこそ、道徳的葛藤とか道徳的ディレンマというのは生じるのではないのか。

このような問題意識を一つの導きの糸として、二〇世紀になって新しい功利主義の道筋を示したのが、イギリス・オックスフォード大学のリチャード・マーヴィン・ヘアである。彼は、『道徳的に考えること』などの著作において、まずは道徳の言葉の論理的性質を明確にすることで、直観に訴えるといった不明確な方法論を乗り越えようとした。

ヘアは、道徳的判断に求められる論理的性質として「指令性」(prescriptivity)と「普遍化可能性」(universalizability)の二つを指摘する(これらはシジウィックの「正義の原理」と「合理的博愛の原理」に大まかに対応する)。

「指令性」とは、命令や指令や指図を含意するという意味である。「べき」という語を用いて表現される道徳判断は、単なる事実の記述なのではなく、ある事実を実現させるようにと命令し、指令する働きをしている。実際、道徳的葛藤に関して「べき」を含む判断をしたならば、それが単なる発言者の心理の記述であろうはずがないことにかんがみれば、道徳判断に「指令性」が伴うことは見て取りやすい。

次に「普遍化可能性」だが、これは個々の判断が特定の個体に言及しない判断を前提しているという意味であり、複数の状況について、それぞれの状況の特徴が同じであると認められるならば、同じ判断を下さなければならないということを含意している。これは、道徳判断には「相手の立場になって考える」ということが要請されているということでもある。この点は、性質の点で同じであるにもかかわらず、異なる道徳判断を下す人は論理的な不整合を犯していると考えられるということからも確認できる。「私はこの場合こうすべきだが、もしあなたが私と同じ立場になった場合はあなたはこうすべきでない」といった判断がそうした不整合に当たる。

ここでぜひ注意しなければならないことは、ヘアが、「指令性」に即して、「選好」(preference)という概念を導入している点である。すなわちヘアは、指令性を持つ道徳判断をしている人は、自分でその指令に同意しているわけであり、その意味で、そうした同意をすること、および指令を発することは、本人の「選好」の現れだと、そう考えているのである。

では、「選好」とは何か。それは文字どおり、ある事態の成立を、ほかの事態よりも一層好んで選びたいと欲求する、という意味である。ヘアは、このような指令性の根底にある選好を、普遍化可能性と両立するような形で最大限に充足させること、それが道徳的な

「善」ということの意味であると考える。こうしたヘアの考え方は、「選好功利主義」と呼ばれる。つまりヘアは、ベンサムからシジウィックに至るまで、功利主義の思想が「最大幸福の原理」を基本に据えてきたのに対して、「幸福」ではなく、「選好の充足」に功利主義の意義を定位しようとしたのである。

4 二層理論と測定範囲の問題

このように変更することの意義はいくつかあるが、一つ言えるのは、幸福や快楽の概念を基軸にすると、どうしても利害追求ということが前面に出てきてしまい、快楽ではないけれども、義務だからとか目指すべき理想だからといった理由で、特定の事態の成立を望む場合が理論的に処理しづらくなってしまう。これに対して、選好功利主義の立場では、快楽追求についてはもちろんのこと、義務や理想の追求に関してもその射程に収めることができ、一層包括的な倫理学説になるという点がまず挙げられる。

言い方を換えるならば、選好功利主義のもとでは、もはや功利主義と義務論という対立はさほど意義を持たなくなるということでもある。というのも、義務論での義務に従うという行為も、それをよしとして本人が選ぶということである以上、それの充足を選好しているととらえられることになるからである。さらに、ここでの「選好の充足」は、それが満たされて本人が満足するかどうかとはかかわりなく、選好されている事態が客観的な次元で成立しているという事実に基準を持つと考えられているので、それはとりあえず経験的に検証可能であるという点も特記してよい。こうした意義のもとで「選好」概念が導入されたおかげで、今日、功利主義的な倫理学と、ゲーム理論や経済学の理論とが、緊密な連携をとれるようになったのである。

加えて言えば、ヘアの選好功利主義には、もう一つ大がかりな仕組みが設けられており、それによって、一層の説得力ある理論構成が達成されていると考えられる。それは、道徳判断のありように、「直観的レベル」と「批判的レベル」という二つの位相を設けている点である。

「直観的レベル」とは、不確実な情報のもと、人間の被るさまざまな制約の中で行為の選択や指針を導かなければならない、現実的あるいは切迫的な次元のことであり、その際には、一般的な道徳原則に従うということが妥当な方策として推奨される。これに対して、十分な情報があり、論理的に十全な道徳的判断ができる位相が「批判的レベル」である。「批判的レベル」では、道徳的葛藤の解決や異常な事態への対処など、「直観的レベル」では対応できない問題に対して、ヘア自身の選好功利主義を適用して判断がなされる。

こうした考え方は「二層理論」と呼ばれ、功利主義に対する典型的な批判、つまり、何らかの異常な状況を設定して功利主義的思考を適用し、その帰結が直観的に受け入れがたいというたぐいの批判を、これによって上手にさばくことができるようになる。すなわち、こうした批判は、「直観的レベル」と「批判的レベル」を混同している、とされるのである。

さて、以上論じてきた功利主義に関しては、強調的には主題化してこなかった問題が宿っている。それは、幸福や快楽であれ、選好充足であれ、それを最大限達成できるような行為や規則こそが道徳的になすべき選択肢である、というのが功利主義の基本方針なわけだが、「最大限」という量的測定の範囲は何なのか、という問題である。

たとえば、ある国において贅《ぜい》をこらした食感豊かな高級料理を比較的リーズナブルな値段で供給できるようになることは、食文化という点で、その国の国民全体の幸福量あるいは選好充足量を増大させるといえるだろう。ならば、それを実行すべきだろうか。そう簡単に結論づけるわけにはいかないように思われるのである。どういうことかというと、リーズナブルな料金を実現するため、その贅をこらした料理の食材を貧しい発展途上国から安く輸入していることが想定されよう。そのとき、その発展途上国では、そうした大量輸出のゆえにかえって食糧不足が生じてしまうということがありうる。つまり、その食材輸出国に関しては、高級料理を楽しむ人々の国と違って、全体の幸福量が減少してしまうということがありうるのである。

そうした場合、私たちはどうすべきなのか。ここではつまり、幸福や選好充足の最大化というとき、国を単位にするのか、それとも人類全体を単位にするのか、という測定の範囲設定の問題があらわとなっているのである。さらに言えば、特定の食材の大量生産が、地球環境の保全という点で負の負荷を加えるということもあるかもしれない。

直接の食材ではないが、バイオエタノール生産のため森林を破壊して、その結果、将来的に環境の悪化を招くことが予想されるというような事例が実際ある。ここでは、一つの国か人類かという共時的な範囲設定の問題のみならず、現在の人類と将来世代の人間との両方を含めた範囲を、幸福量や選好充足量の測定範囲とすべきではないかという問題、一般に「世代間倫理」と称される問題系が浮上している。

さらに加えて言えば、高級料理の食材として食肉が使用されている場合、食肉の材料となる動物の問題も生じる。日本ではあまり意識されないのだが、国際水準からして、動物を食べることは、ひいては食べるということ自体、道徳的に無色中立な行為とはとらえられていない。命を奪うことを含意するがゆえに、実は真剣な道徳的考察の対象となる問題なのである。

してみれば、幸福量や選好充足量を考えるとき、人類だけでなく動物まで含めなければならないのではないか。しかし、動物といったって、魚類や貝類などはどうするのか。植物はどうするのか。問題が次から次へと襲ってくる。

5 シンガーと動物解放論

こうした問題に正面から取り組み、現代的な観点から一つの道筋を与え、甚大なる影響力を及ぼしているのが、ヘアの教え子でもあるオーストラリア出身の哲学者、ピーター・シンガーである。

シンガーは、主著『実践の倫理』において、師であるヘアの「普遍化可能性」の議論を倫理にとって本質的なものであると論じ、すべての倫理学説に共通する考え方として、「倫理的な原則はどんな偏ったグループや党派的グループに関連しても正当化できない」、倫理は普遍的見地をとる、と強調する(『実践の倫理』一三頁)。そして、「私自身の利益のかわりに、今や私の決定によって左右される関係者すべての利益を考慮しなければならない。ここで私に要求されていることは、これらの利益をすべて比較考量し、関係者の利益を最大なものにしそうなコースの行為を採用することである」(同書、一五頁)と述べる。シンガーは、こうした自身の倫理的立場を「功利主義の一形態である」(同

ピーター・シンガー 1946-

書、一六頁）と明言し、それは、快楽の増進と苦痛の軽減を善とする古典的な功利主義とは少し違って、関係者の利益（interests）の促進を善とするタイプの功利主義なのだとしている。

こうしたシンガーの立場は、それを理論的に首尾一貫させたとき、おおよそ二つの方向でかなり挑発的な提案に至る。一つは、常識的には躊躇《ちゅうちょ》してしまうような行為を正当化する方向の提案と、常識的にはさほど問題でないと見なしているような行為を制限あるいは禁止する方向の提案である。

第一の、常識的には躊躇してしまうような行為の正当化とは、人工妊娠中絶や嬰児《えいじ》・乳児殺しの正当化である。胚《はい》や胎児、そして嬰児や乳児は、理性、自己意識、感覚能力をまだ持ち合わせておらず、よって利害を感じるような「人格」（person）ではないので、関係者の利益の促進という倫理的判断の範疇《はんちゅう》に入ってこないがゆえに、何らかの（経済的、身体的などの）理由でそれを殺したとしても、必ずしも道徳的非難の対象にはならない、というのである。シンガーのこうした主張は大きな波紋をもたらし、シンガー自身ドイツでの講演で身障者の親たちから妨害を受けたことさえあった。

もう一つの、さほど問題とされないような行為を制限・禁止するというのは、シンガーの哲学的功績の中で最も特筆すべき「動物解放論」の主張である。動物、とりわけ哺乳《ほにゅう》動物は、人間の胚や胎児よりもはるかに感覚能力を持ち合わせており、快苦を感じうる存在なので、シンガー流の「関係者すべての利益」という考慮の中に入れなければならず、よって苦痛をもたらす動物利用は禁じられなければならないと、そうシンガーは強調する。シンガーは、まずは動物実験を厳しく制限することを訴える。しかるにシンガーはこう言う、「食用として飼育される動物の利用と酷使は、問題となる動物の数において、他のいかなる種類の動物虐待をもはるかに凌駕《りょうが》する」（『動物の解放』一一九頁）。

ヴェジタリアンになり、肉食をボイコットすることで、徐々に奴隷解放、農奴解放、女性解放に続く動物解放を成し遂げていくこと、これが功利主義が提示する重要な道徳的要求なのである。[*2] こうした主張に対しては、動物は言葉で苦痛を訴えないし、権利を主張しないのだから、考慮する必要はないのではないか、という反論が必ずといってよいほど提出される。しかしこの反論は、そう反論する人に跳ね返ってくる。権利を主張できないので虐待してよいというならば、人間の重度な脳障害を持つ人や重度の認知症の人でも同様な状態の人がいる以上、それらの人々も虐待してよいということになるのではないか。これは「マージナル・ケースの問題」と呼ばれる。これに対して、反論者は大抵は最後にはこう言う、「動物と人間は違うのだ」と。シンガーはこれに対して、それは人種差別や性差別と同じく、道徳的な根拠もなしに、単に種が違うということで道徳的配慮に違いを設ける「種差別」（speciesism）なのだ、と論じるのである。

このように、物議を醸す提案をし続けるシンガーは、関係者の利益の促進を目指す功利主義を貫徹するため、世界の貧困の問題にも情熱的な目を向け、それを少しでも解決するため、一人一人の個人が所得のおよそ一〇パーセントを寄付して貧者を援助する義務があると、そうした提言まで行っている（『実践の倫理』二九五―九六頁）。

6　パーソンの概念とモラル・ラック

このようなシンガーの、動物まで含めて道徳の問題を考えるというやり方は、実は、西洋的な道徳のとらえ方の根本のところと見事に対応している。西洋的な道徳の根本は、シンガー自身も重要なよりどころとしているが、道徳的主体としての「人格」、すなわち「パーソン」（person）の概念である。私たち日本人は、この「person」を「人格」と訳す習慣があるので、「人格」を根本にした道徳の理論がなぜ動物を含めるのか、という疑問を抱くかもしれない。「人」についての理論なのではないか、と。

しかし、実はそれは翻訳による倒錯なのである。「person」はラテン語の「persona」、つまり「仮面、マスク、役割」などを意味する語から来ている。そして、この「persona」はラテン語の動詞「persono」から由来する。「persono」は「反響させる、声を上げる」を意味している。「per」は「何々を通じて」を意味し、「sono」は「sonus」と同じであり、それは「音、声」を意味する。ということは、すなわち、「persona」ひいては「person」

とは、実は「音や声を出す主体」のことなのである。

しかし、では、なぜそれが「仮面、マスク、役割」としての「persona」だということになるのか。この点は、現在でも声楽の歌唱法として「マスケラ」と呼ばれるやり方があることから了解できる。「マスケラ」とはイタリア語で、もちろんマスク・仮面の意味であり、ラテン語の「persona」に発する語だが、声楽では「顔に声を当てる」歌唱法として理解されている。つまり、実は仮面やマスクには、声を変化させたり独特の響きを持たせたりという、声にかかわる役目があったのである。だから、仮面・マスクが「音や声を出す主体」という意味とつながっているのである。

こうした事情を勘案して、私は別のところで、「person」を「人格」ではなく「声主」と訳してみたらどうだろうか、という提案を行っている。実際、こうしたとらえ方は、西洋倫理学の「person」概念の用法にもかなっている。「person」は、倫理学的には「自由な責任主体」と伝統的に理解されている。しかるに、「自由」とは、自由の権利を訴えるという権利主張と結びついている。つまり、声を出して主張する作用と結託しているのである。また、「責任」とは「responsibility」であり、もともと「応答すべき」役目のことである。つまり、声を出して答えなければならないのである。こうして、いずれにせよ、「声主」として「person」を理解することで、伝統的な「person」概念はそのまま意義を継承していくのである。

しかるに、事態がこのようであるならば、人間以外の動物が「person」とされ、道徳的配慮の対象になることは、ごく自然なこととして理解できるだろう。牛、豚、犬、猫など、恐怖や苦痛に対して間違いなく「声を出して」訴える存在だからである（ただし、この「person」についての論点は功利主義だけに特有に当てはまる論点なわけではなく、より一般的な論点であることを注意しておく）。

けれども、こうした論の運び方には、そしてそれと対応する功利主義の議論展開には、根本的な疑問が提出されるだろう。それは、利益の促進とか、「声主」としての「person」とかいっても、現実にどれほどの利益を促進できるのか、どこまでが「person」かについての線引きができるのか、という次元で本質的な不確実性があるのではないかという疑問である。

これは根源的な疑問であると同時に、功利主義的な考え方には、いわば宿命的につきまとう問題である。というのも、功利主義は幸福量や選好充足量の測定という要素を構造的に伴う考え方なので、量的測定というところで、どうしても不確実性を引き受けなければならないからである。これは、広く経験論的考え方一般に当てはまる問題点である。しかし、これは問題点というべきではなく、むしろ道徳という領域の本質的な特徴であるというべきかもしれない。

最後に、功利主義の議論展開に直接かかわるわけではないが、道徳に本質的にかかわる不確実性、あるいは運といったものに言及したい。この問題は「モラル・ラック」（道徳的運）と呼ばれ、アメリカの哲学者トマス・ネーゲルによって主題化された。

ネーゲルは、「人の為《な》すことの重要な一面が彼の意のままにならない要因に依存しているにもかかわらず、その点において彼を道徳的判断の対象とみなすことをわれわれがやめない場合、その一面は道徳上の運（「モラル・ラック」）と呼ばれうる」（『コウモリであるとはどのようなことか』四三頁）と言う。奇妙といえば奇妙だが、道徳判断にはこうした一種の不合理性が深く絡みついている。ネーゲルは、生来の性質や気質、生まれてきた社会的・時代的環境、あるいは個別的な巡り合わせなどは、当人の自由にならないにもかかわらず、それに発する帰結のゆえに道徳的評価をされてしまう場合を例に挙げているが、ここでの主題にかかわるのは、ネーゲルの挙げるもう一つの場合、つまり、ある行為の結果が運に左右されているのに、その結果のゆえに道徳的評価がなされてしまうという場合だろう。

ネーゲルは、飲酒運転をして車を歩道に乗り上げてしまったとき、本人の行為は同じでも、歩道に人がいた場合といなかった場合とで道徳的評価が異なる、という具体例に言及している（『コウモリであるとはどのようなことか』四七－四八頁）。実は、これと同様なことが功利主義的な意思決定による行為遂行にも起こりうる。たとえば、選好充足量を最大にするという見込みのもとで政府が増税をしたところ、思わぬ経済危機が外国由来で生じ、そうした増税が予想外の深刻な景気悪化をもたらし、元も子もなくなってしまったというような場合である。

このとき、功利主義的決定は実際上批判にさらされるだろう。功利主義は、つねにこうした批判の可能性のもとにある。しかし、これはむしろ、功利主義が「努力し試みることの中において」ものを考え実行していくという、経験論の文脈に強力に属していることの証しなのである。すべては不確実なプロセスの中にある。その中で、度合いとして、よりよいと思われるものを目指していくこと、そうした功利主義の方法論は、すべてか無かという原理主義的なものの考え方に比べて、はるかに責任を潔くとっていく態度につながるように思われる。

参考文献

伊勢田哲治『動物からの倫理学入門』、名古屋大学出版会、二〇〇八年
奥野満里子『シジウィックと現代功利主義』、勁草書房、一九九九年
ピーター・シンガー『実践の倫理』、山内友三郎・塚崎智訳、昭和堂、一九九九年
ピーター・シンガー『動物の解放』、戸田清訳、技術と人間、一九八八年
Smart, J. J. C. & Williams, B. *Utilitarianism for and against.* Cambridge University Press.

1973.
トマス・ネーゲル『コウモリであるとはどのようなことか』、永井均訳、勁草書房、一九八九年
リチャード・マーヴィン・ヘア『道徳的に考えること――レベル・方法・要点』、内井惣七・山内友三郎訳、勁草書房、一九九四年

注

＊1　一見すると、利己主義は倫理的な立場にはなりえないように思われるかもしれないが、必ずしもそうではない。各人が各人の利益を追求するためには、結局は、他者との融和や協力が必要になり、そこに倫理的規範が生まれてくるからである。第1章で論じたトマス・ホッブズの契約説は、そうした利己主義的な倫理の代表的見解である。
＊2　こうしたシンガーの功利主義にのっとった動物解放論とは別に、義務論的な見地から権利概念を基盤にした動物権利論も、今日盛んに展開されている。トム・リーガンが動物権利論の代表的論客である。動物権利論は、個々の動物の権利を基礎にするという立場なので、動物解放論よりもさらに徹底して動物利用の禁止を主張することが多い。

第12章　プラグマティズムから現代正義論へ

1　プラグマティズムの格率

アメリカに目を向け変えてみよう。アメリカの哲学の勃興《ぼっこう》は、第4章で触れたように、バークリが「バミューダ企画」のためニューポートに渡ったことを起点としている。バークリの影響により、アメリカにも英国の哲学をはじめとしたヨーロッパの哲学が移入されていった。しかし、アメリカ固有の哲学というべき潮流が現れるのは、一九世紀後半に入ってからであった。それは、「プラグマティズム」と呼ばれる思潮で、二一世紀の今日まで長い影響を及ぼし続けている、大きなうねりのような動きである。プラグマティズムは、アメリカ合衆国建国以来のピューリタニズムの宗教的基盤と、南北戦争を経て産業革命を達成しつつあった社会の様相とのせめぎ合いの中から、一人の一風変わった青年哲学者の主張として、静かに船出をした哲学である。その哲学者とは、チャールズ・サンダース・

パースである。

　パースは、一八三九年に、ハーバード大学数学教授の父のもとマサチューセッツに生まれ、ハーバード大学を卒業した後、合衆国沿岸測量部の職員として働きながら、主として論理学の研究を展開していき、一八七〇年代にハーバード卒業の哲学研究者からなる「形《けい》而上学《じじょうがく》クラブ」という研究集会に参画するようになった。そうした環境の中で、パースは、私たちの知的活動とは、さまざまな疑問をいだきながら、その解決を目指し、その結果としていかに行動すべきかの決心に至ることにほかならず、それが明晰《めいせき》な「信念」を形成することなのだ、という考え方を抱くようになった。私たちの思考の内容とは、それがどんな習慣を産み出すかということにほかならない、という言い方もされる。すなわち、認識を探究のプロセスや行動と直結させること、言い換えれば、理論的知識と実践的行為という区別をもうけることなく、両者を結合させること、いやむしろ、結果としての行為や行動の内実に照らすことではじめて思考や知識の内容が定まるのだということ、そこにパースの考えのポイントがあ

チャールズ・サンダース・パース
1839–1914年

る。これは、明らかにフランシス・ベーコン以来イギリスに育った、探究や実験を重んじるという意味での経験論の原着想と連続しているし、[*1] 功利主義的な結果重視の立場とも軌を一にしている。

具体的に考えて、これはどういうものの見方なのだろうか。あえて単純化して言うならば、たとえば、「熱い」という観念は、標準的には、相対的な温度によって定義されるだろうが、パースの見方を適用すれば、手で触れると火傷という結果をもたらす、よって特別な目的があるとき以外は触れるのを控えるという習慣を私たちは形成する、といった行為の結果や習慣の形成という場面においてはじめて明晰な観念となる、ということであり、結果や習慣なしに温度だけで定義することは無内容だ（つまり理解したことにならない）、ということである。パースは、こうした着想を、一八七七年から翌年にかけて発表された、「科学論理学の解明」と題された六編の連続論文の一つである「どのように私たちの観念を明晰にするか」と題された論文の中で、いわゆる「プラグマティズムの格率」として表現した。彼はこのように述べる。「私たちは、自分たちが抱いている概念の対象が何らかの結果を持つと考えているのだとして、もしその結果が私たちの行動に実際に影響すると考えられるのだとしたら、それはどのような結果なのか、しかと考察せよ。そのとき、そうした結果についての概念こそが、その対象についての概念のすべてである」（『世界の名著48』八九頁参照）。

やや分かりにくい表現だが、上の「熱い」の例と似た例をパース自身が提起している。「硬い」、「重さ」といった例である。「硬い」とは、明らかに、他の多くの物によって引っかかれても傷がつかない、という意味であって、それは実際にテストしてみないと分からない、とパースは言う。逆に言えば、「硬い」とは、多くの他のものをそれで引っかけば傷をつけられるということであり、よって、そういう結果を見越して「硬い」という概念を使用する習慣が形成されることが、「硬い」という概念を理解していることなのである。「重さ」もまた、支えがなければ下に落ちるという結果を含む仕方で、私たちの行動や習慣として理解される。

パースはこうした自身の思想を、ギリシア語の「プラグマ」すなわち「行動・行為」を意味する語をもとにして「プラグマティズム」と名付けたのであった。直ちに提起されるであろう疑問は、パースの言うプラグマティズムは、第8章で扱った論理実証主義のような、言葉や概念の意味を検証されることに基礎づける思想と同じなのではないか、という疑いであろう。しかし、実証主義的な考え方を純粋に貫いた場合、直接的に検証できない思想や概念は無意味と見なされざるをえないが、そうした議論の流れは明らかにパースのプラグマティズムと異なる。そう確言できる重大な理由は、パースの「プラグマティズムの格率」の射程には、「神」という語の意味の理解が明確に含まれていたからである。パースは、もしプラグマティストが「神」という語で何を意味するかと問われたならば、物理的・心理的宇宙を研究し深く考えていくと、偉大な人の著作や言葉から影響を受けるのと似た心の状態になるが、それがプラグマティストにとっての「神」の意味である、と答えるだろうと述べている（CP. 6.502）。同様の趣旨で、「祈り」の有効性についてもプラグマティストは認めるとさえ述べる（CP. 6.516）。さらにパースは、「全宇宙は真であり実在的であるような可能性の集合であり、それらの宇宙は全体として一つの連続体をなしている（『連続性の哲学』一二二頁）という、強い形而上学的立場にもコミットしていた。これらから分かるように、プラグマティズムは、実証主義とはかけ離れた視点から導入されたのであった。

2 アブダクション

先に、プラグマティズムは経験論や功利主義の原着想と連続していることに触れた。では、それは、イギリス経験論や功利主義の一つの発展型であると見なせる思想なのだろうか。そう見なすことは、大まかには間違いではないとしても、正確ではない。さしあたり、三つの点が指摘できる。

一つ目はシンプルである。経験論と功利主義、とりわけベンサムの功利主義には、計量化への志向性が強力かつ明示的に貫かれていたが、プラグマティズムには計量化を表立って強調する構造は仕組まれていない。パース自身は「確率」についてあちこちで考察を加えているし、記号論というジャンルの創始者の一人と言ってもよいのだが、概念の結果が行動に「どの程度」影響するかという量的問いについて、あまり主題化することはなかった。

もう一つは、パースの「プラグマティズムの格率」が「結果」という語を鍵語として表現されていることから分かるように、プラグマティズムが本質的に「観念・概念」と「行動に対する影響」との間の因果関係に依拠した思想である以上、構造的にそれぞれの「因果関係」は前提されるものであって、解明されるべき対象にならないはずであるという、この点である。これはかなり本質的な特徴である。これに対して、イギリス経験論のなかでは、バークリやヒュームが因果性を重大な主題と考えて、正面から問題にしている点で、経験論とプラグマティズムには、因果性をめぐる微妙な懸隔が認められるのである。むろん、原理的には、因果性も一つの概念であり、それゆえ、「プラグマティズムの格率」によって、因果概念の行動に及ぼす影響により、因果関係理解の実相を切り出すことはできるだろう。しかし、「プラグマティズムの格率」自体が因果関係に基づいている以上、因果概念のプラグマティックな理解それ自体の基となっている因果関係は果たして何なのかは括弧に入れられてしまい、無限後退に似た状況に陥ってしまう。おそらく、この点は、プラグマティズムとは何かを探る一つの試金石となるであろう。[*2]

もう一つは、推論方法に関して、パースが、イギリス経験論の流れの中には見当たらない新しい見方を提示し、その後の哲学に豊かな広がりをもたらした点であり、それはプラグマティズムの功績として特筆される。一般に、推論方法にはおおまかに「演繹」と「帰納」があり、アリストテレスの論理学(それに関する彼の著作群は「オルガノン」と呼ばれる)以来「演繹」が根本的な推論方法と見なされてきたが、フランシス・ベーコンがそれに異を唱え(演繹法では、前提それ自体の正しさは保証されないし、したがってそこから導出される結論の正しさも保証されないなどなど)、「帰納」の重要性を指摘した(ニュー・オルガノン、つまり「ノヴム・オルガヌム」である)。「演繹」とは、すでに知られている知識のどれかを強調的に抜き出す推論法であり(いわば辞書の中のどれかの単語をハイライトすることである)、間違うことがない。しかし、それは新しい知識を生み出さない。それに対して「帰納」は、すでに知られた事柄から、それと別の新しい知識や予測を引き出す推論法であり(いわば辞書の最後の余白に、載っていない単語を書き加えることである)、間違う可能性があるが、知識増大の機会をもたらす。パースは、この伝統的な二つの推論法に対して、「アブダクション」(パースは文脈によって単に「仮説」、あるいは「リトロダクション」とも言う)というもう一つの推論法を明示的に導入し、その普遍性を論じたのである。

たとえば、向かい側の道を知人が歩いているのを見かけたと想定してみよう。突然知人が腰をかがめて、下をきょろきょろし始めた、とも想定してみよう。何をしているのだろう。さっぱり分からない。しかし、はたと考えが浮かんだ。そうだ、もしかしたら、コンタクトレンズを落として探しているのではないか！　そうした仮説を採用すると、知人の動作のすべてが首尾一貫して説明できる。こうした一瞬の洞察、それが「アブダクション」である。今日の言葉で言えば、「最善の説明」と呼ばれる推論法におおよそ該当する。これは新しい知識を導くという点で「帰納」と同じだが、「帰納」が既知の事実から結局は同種の事実に関する判断を導くのに対して、「アブダクション」はまったく別の事実の判断を創造し、採用候補として提起する。上の例での知人の動作に関して、コンタクトレンズに関する事実は何も含まれていなかったことに注意されたい。もっとも、帰納的推論の場合でも、一般化の操作を含む場合、既知の事実を越える何らかの仮説を提起しているとも捉えることができる。そうだとするならば、帰納法は、単に創造性の度合いが低いだけのアブダクティブな推論であるということになるだろう（デイヴィス『パースの認識論』四三頁以下参照）。

むろん、アブダクションによる仮説が実は思い違いである、という場合はいくらでもありうる。先の知人が、実はデザイン制作に関わっていて、たまたま道路に付いていた模様に引きつけられ、それを吟味していたというのが真相であって、コンタクトレンズはまったく関係なかったといった場合である。あるいは、説明力の多い仮説は情報量も多いはずだが、情報量が多ければ多いほど偽であるとされる論理的可能性も高まるのだから、「アブダクション」つまりは「最善の説明」は自己矛盾している、とするバス・ヴァン・フラーセンによる批判もある（See van Fraassen, 1989. p. 192）。しかし、ここで想起すべきは例の「プラグマティズムの格率」である。概念の意味はそれが私たちの行動に及ぼす結果にほかならないという格率だが、実は、仮説それ自体が一種の概念や思考である以上、その仮説が行動に及ぼす結果によってテストされなければならないことになる。あるいは、「プラグマティズムの格率」それ自体が壮大な一つの仮説であって、私たちの行動全体によってつねにテストされ続けている、と言えるかもしれない。いずれにせよ、パースのいうアブダクションは、絶対的に「最善の説明」に至る方法なのではなく、その都度の状況における「最善の説明」を提起して、他の事実との整合性をテストしていくという探究のプロセスに位置づけられるべきものである。提起された仮説が事実に反して偽であることがテストで分かれば、別の仮説を探究すべきなのである。現在では、「アブダクション」は、第16章で扱う「ベイズ主義」との対照のもと、どこまで独立の、あるいはどこまで有効な、推論法たりうるかについて、盛んに議論されており、その哲学的意義についてはいまだ未決である。

3　真理論への拡張

以上パースについて簡単に触れたが、実を言うと、パースのプラグマティズムは、彼が提唱して直ちに流布していったわけではなかった。「形而上学クラブ」におけるパースの盟友である、ウィリアム・ジェイムズが、一八九八年のカリフォルニア大学における講演において、そして一九〇七年に出版された著書のなかでも、「プラグマティズム」という「語がはじめて哲学に導き入れられたのは、一八七八年チャールズ・パース氏によってであった」（『プラグマティズム』三九頁）と述べたことが、大きなインパクトをもたらし、プラグマティズムの思想が世界に広がっていったのである。これはひとえに、当時のジェイムズが、『心理学原理』や『宗教的経験の諸相』といった著作によって、すでに名声を得ていた心理学者・哲学者だったからであった。

ウィリアム・ジェイムズ
1842–1910 年

ジェイムズは、資産家でありかつ学問的な環境の家に生まれ、ハーバード大学で医学や心理学を学んだ、パースよりやや若い哲学者である。ジェイムズは、パースが一風変わった人柄の持ち主であったことに手を焼きつつも、パースの哲学者としての能力を高く評価し、パースの創始したプラグマティズムの展開を自身の哲学的課題としたのであった。

では、ジェイムズは、プラグマティズムを、どのような仕方で展開していったのだろうか。そしてそれは、パースのプラグマティズムとどのように異なるのだろうか。この点の核心をピンポイントで跡づけるには、なんといっても、「真理」概念への適用という面に焦点を当てなければならない。パースは、自身のプラグマティズムの着想に対してありうる批判、すなわち、プラグマティズムに従うと、観念や概念の内実はそれの影響を受ける各人の行動に依存する以上、人によって多様であり、認識の普遍性を担保できないのではないか、という批判を見越して、こう述べた。そのような多様性が当初出現するとしても、そして実際上は私たちの思想や認識はつねに誤りうるとしても（パースの「可謬主義」）、理想的には「研究が進むにつれて、外部の力によって一つの同じ結論に導かれる」（『世界の名著48』九九頁）のであり、「すべての研究者が結局は賛成することがあらかじめ定められている意見こそ、わたしたちが「真理」ということばで意味しているものであり、こうした意見によって表現されている対象こそ「実在」にほかならない」（同）、と。パースは、真理は最終的には実在に対応して客観的に定まるはずだ、と考えていたのである。

伝統的に、真理とは何かという問いを扱う「真理論」においては、「対応説」と「整合説」という二つの相対立する考え方があった。「対応説」とは、文字通り、命題や文が実在に対応する場合に「真理」が成立するとする考え方で、真理を成り立たせしめる真理条件は「実在の客観的性質」にあると捉える。「対応説」はアリストテレス以来の由緒ある真理論であり、近代になってラッセルやムーアなどが積極的に展開した。それに対して「整合説」は、命題が相互に整合的であることが真理であるということであり、したがって特定の命題の真理条件は他の命題群にあることになる。「整合説」は、とりわけ、ヘーゲルの影響下にあったイギリス理想主義の哲学者フランシス・ハーバート・ブラッドリーによって自覚的に展開された。こうした伝統的区分からすると、パースの真理論は、「可謬主義」という面を持ちつつも、「対応説」に親和的であったということができるだろう。

これに対してジェイムズは、プラグマティズムの発想を真理概念そのものにも適用した。これこそが、ジェイムズのプラグマティズムがパースのそれと異なるポイントである。ジェイムズは、真理が成立する条件を、実在でもなく命題でもなく、真理概念が私たちに及ぼす良き影響、それに求めたのである。言い換えれば、私たちにとって信じたほうがよりよいもの、それが真理だ、というのである。ジェイムズはストレートにこう言う。「真であるというのは、簡単に言ってしまえば、私たちの思考の道筋における、単なる便宜（expedient）にすぎない」（『プラグマティズム』一六三頁）。あるいは、こうも言う。「真なる観念の実際的な価値は、ひとえに、その対象の私たちに対する実際的重要性に起因する……諸君は、真理について、「それは真だから有用である」とも言えるし、あるいは「それは有用だから真である」と言うこともできる」（同書、一四八-四九頁）。これが「プラグマティズムの真理論」であり、「対応説」と「整合説」に対する、第三の真理論として物議を醸《かも》すことになったのである。

むろん、真理とは有用性である、と正面切って大胆に言い切るジェイムズの議論に対して、直ちに批判が向けられた。それでは個人個人の主観的な妄想や空想でさえ、当人に有用だとすれば、真だということになってしまい、認識論や科学の崩壊を招いてしまうのではないか。しかしジェイムズは、もともとこうした反論を見越して、議論を展開していた。ジェイムズはまず、自身の真理論に関して、私たちの死活を決するような他の利害と衝突する場合を除いて、真理すなわち有用性である、と限定づける（『プラグマティズム』六二－六三頁）。それはつまり、有用性は、単独の観念や思考に関して評価されるのではなく、「生活のどの部分にも一番よく適合して、経験の諸要求をどれ一つ残さずにその全体と結びつく」（同書、六五頁）かどうかにおいて判断されなければならないということだ。この限定によって、あまりにばかげた考えが真理とされることはおのずと回避される。

のみならず、ジェイムズは、「プラグマティズムの真理論」を、もっと大々的に（開き直って?）展開しようとする。そもそも真理なるものを、価値とは峻別《しゅんべつ》された、客観的事実に基づいた純粋に知的な活動の基盤などとして捉えようとする伝統的真理観そのものが問われなければならないのではないか。ジェイムズは、こうした伝統的視点に抗して、世界は、物心中立的な、主観でも客観でもない「純粋経験」からなる未完結の開かれた全体なのだとする、「多元的宇宙論」を展開する。それによって析出《せきしゅつ》される世界とは、「すべての部分が何らかの意味で連接し、連合し、つながりあいながらも、同時に同じくらいはっきりと互いに離反し、反発する契機ももっているという意味で、けっして一つの原理へと収斂することのない世界」（伊藤『プラグマティズム入門』八六頁）である。こうした独自の形而上学的世界観によって、さまざまな有用性が交錯しうごめき合う真理のありようが、壮大なスケールで描かれるのである。

ジェイムズの展開した「プラグマティズムの真理論」は、「真理」を、一つの「便宜」であり、「検証プロセスに対する単なる集合名称にすぎない」（『プラグマティズム』一六〇頁）としている点で、「真理」という概念それ自体に重要性を付与しない見方であると捉えることも可能であろう。だとすれば、そうした見方は、「真理」とは、なくてもよい余剰な概念であるか、あるいは、それ自体としての意義はあるとしてもごくごく副次的な働きしかしないものである、とする「真理のデフレ理論」、すなわち今日の真理論においてきわめてパワフルな影響力を及ぼしている考え方、と親近性を持っていると言えなくもない。「プラグマティズムの真理論」、それは広大な議論空間をもたらす扉であろう。

4　民主主義そして連帯へ

けれども、パースは、ジェイムズのプラグマティズムに賛同できなかった。パースにと

ジョン・デューイ　1859-1952年

って、真理は、根底的に一つに定まった実在的なものだったからである。かくしてパースは、自身の立場を「プラグマティシズム」と呼んで、ジェイムズのプラグマティズムから決別しようとしたのである。しかし、ここにもう一人の重要な哲学者が頭角を現してくる。ジョン・デューイである。デューイは、パースやジェイムズのような知的階級に属する家庭の出身ではなく、ジョンズ・ホプキンス大学の大学院で学んだ。実は当時パースがジョンズ・ホプキンス大学で講義をしていたのだが、当時のデューイはヘーゲル主義に傾倒しており、パースからのリアルタイムでの影響を受けることはなかった。その後デューイは、ジェイムズの『心理学原理』に決定的な影響を受け、ジェイムズの跡を承《う》けプラグマティズムの展開を精力的に果たすようになる。そしてその過程で、パースの原プラグマティズムを再発見し、パースへの回帰という志向性をも持つようになり、『論理学――探究の論理』を著した。デューイこそ、パースとジェイムズの思想を総合し、初期プラグマティズムを盛期へと導いた立役者だったのである。

　デューイ哲学の出発点は、人間の知識は探究する行為と相即不離であり、しかもそうした探究は、探究対象たる世界と独立ではなく、世界の中に介入していくものであって、ダーウィン的な自然主義の立場で捉えられなければならない、とする点にある。デューイは言う。「探究の操作は、生物学的な操作や物理学的な操作と連続していて、そこに裂け目がない」（『世界の名著48』四〇九頁）。そして、そうしたその都度の探究において一旦確定的な状況に落ち着いた状態を「保証つきの言明可能性」と呼ぶ。論理形式のような、一般にア・プリオリに成立するとされるものも例外ではなく、「論理形式は探究の操作のなかに起源をもつ」（同書、三九四頁）。これは決して、客観的真理など存在しない、と主張しているのではなく、私たちが客観的真理と言っているものも実はその都度の「保証つきの言明可能性」なのだ、という意味である（伊藤『プラグマティズム入門』一〇七頁）。そして、そうした意味での真理が、実験と探究を通じて検証され、場合によっては刷新されていく。つまりは、真理や知識は言明可能性という身分でのある種の道具であるとする「道具主義」の立場である。こうした考え方は社会のルールや規範にも当てはまり、知識であれルールであれ、疑問、討議、検討、刷新、といった探究によって徐々に展開されていくのである。デューイは、こういう探究スタイルを「民主主義」と総称する。政治的な意味だけでなく、探究の継続によって物事が模索され展開されていくさまを「民主主義」と称したのである。このようなデューイのプラグマティズムは、探究を主とする点でパースを継承しているが、「プラグマティズムの真理論」に傾斜している点で反パース的であって、ジェイムズを継承している。しかし、知識の社会性を強調する点で、ヘーゲル主義の影響があり、純粋経験を出発点としたジェイムズの思想とは趣を異にしている。

こうした探究を軸とするデューイの哲学は、その教育論にも反映される。デューイは、教師や教科書に重点を置く従来の方式ではなく、「オキュペーション」と呼ばれる課題を生徒たちに自主的に取り組ませることを教育の主眼とした。その活動によって他者との共同や主体的社会参加を養い、民主主義の担い手となっていく、というのである。また、芸術に関しても、私たちの日常的経験そのものが芸術たりうるものであり、作者のみならず鑑賞者の行為もまた創造性をもつとして、探究のダイナミズムを美的なものとして捉え返す視点を提起した。

このようにデューイにおいてある水準にまで到達したプラグマティズムの哲学だが、第8章で扱った論理実証主義の勃興によって一旦下火となってしまった。しかし、分析哲学の展開の中で、論理実証主義批判が現れるとともに、プラグマティズムも新たな様相のもとで復興してくる。「ネオ・プラグマティズム」と呼ばれる思潮である。それは、第14章で扱うウィラード・ヴァン・オーマン・クワインや、ヒラリー・パトナム[*3]、そしてリチャード・ローティに代表される。クワインのプラグマティズムは、そのホーリズム（全体論）において顕在化する。真理は、つねに確定したものではなく、経験による反証に面したときには、私たちの信念のネットワークのどこかの部分を改訂して対応していくものであり、どこを改訂するかは、それがどういう効用をもたらすかによって決まる、という考え方である。これが「プラグマティズムの真理論」と親近することは明白である。後にまた論じる。

さて、「ネオ・プラグマティズム」を自覚的に展開したローティについてだが、彼は代表作『哲学と自然の鏡』において、人間精神が自然を映す鏡であるとする、西洋哲学の伝統的かつ暗黙的な前提の虚偽性を暴き出すという議論を提示した。ローティは、クワインのホーリズムや、ウィルフリッド・セラーズの「所与の神話」(外界から中立的な仕方で与えられる観念などの所与という捉え方は神話にすぎないとする議論)などを根拠にしながら、客観的な実在についての信頼できる表象という科学的知識の描像を有害であるとして拒絶し、むしろ、客観性とは「連帯」(solidarity)であると述べるに至る。「連帯」とは、「知的な探究を行う個々人が、探究におけるそれぞれの規範を共有しようと考える共同体へ帰属する」(伊藤『プラグマティズム入門』一五六頁)ということである。しかし、こうした見方は、知識や認識をそれぞれの共同体に相対的なものであると見なす相対主義へと近づく。ローティは、こうした批判に対して、自分の展開するプラグマティズムは、相対主義なのではなくて、「自文化中心主義」なのだ、と応じた。こうしたローティのプラグマティズムは、いまも物議を醸し、パース的な実在論への揺り戻しなど、プラグマティズムの今日的な展開に正負さまざまな影響を及ぼしている。

5 『正義論』のインパクト

以上のようにプラグマティズムの哲学を追跡していくと、もともとは概念あるいは知識のレベルにおいて議論がなされていたのに、やがて、真理概念そのもの、そして社会や共同体のルールや規範、といったレベルまで論が連なり、唯一の真実・正しさ、絶対の前提を求めるというよりも、探究のプロセスのなかに事柄の核心を定位し、その都度の安定、継続する吟味と刷新、というダイナミズムとして私たちの活動を描き出そうとしてきたことが浮かび上がる。本章の最後では、こうしたアメリカのプラグマティズムが、倫理学・政治哲学のなかにどのように折り合わされていったかについて瞥見《べっけん》したい。

第8章で見たように、二〇世紀になって論理実証主義が興隆し、倫理的言説の有意義性が問われ、メタ倫理学へと倫理学の議論文脈がシフトしていった。そうしたなか、「どう行為すべきか」という、倫理が本来問うてきた規範を正面から扱う規範倫理学が、一冊の大著とともに大々的に復権してきた。ボルティモア生まれで、ハーバード大学教授を務めたジョン・ロールズの『正義論』である。この書に含意された思想を、ロールズ自身のその後の注釈なども含めて、どう読み解くかは困難な課題だが、少なくともローティは「ロールズは、デューイに従い、自由主義的民主主義がいかにして哲学的前提なしにやっていけるかを、われわれに示している」(『連帯と自由の哲学』一七一頁)と評価し、ロールズをプラグマティズムの系譜に位置づけようとしている。

ロールズの議論は、功利主義批判から始まる。功利主義は、最大多数の最大幸福というスローガンに正義の基準を求め、個人間の差異を等閑に付し、社会の中で福祉がどのように分かち合われるべきかに関する分配の問題に関する考察を欠くがゆえに、不平等な分配状態でも最大幸福の名のもとに正当化する危険性を胚胎《はいたい》し、欲求充足の質も問わない、と批判される。ただ、ロールズのこうした功利主義批判が的を射たものであるかは、いささか疑問ではある。とりわけ、ヘア流の選好功利主義を採用した場合、社会の中の財や福祉の分配状態について、片寄らない状態を多くの人々が選好するならば、分配の平等は功利主義的にも導けると思われるからである。

ジョン・ロールズ　1921-2002年

ともあれ、ロールズの議論の骨子を概観しよう。ロールズは、功利主義を排した上で、伝統的な社会契約の発想を利用し、社会の成員の合意だけを社会正義の原理とする、という見方に立つ。そして、情報に関して「無知のヴェール」をかぶせられ、自分が何者であるか知らないという条件のもとで、自分たちの社会の根本的あり方を決める討議の場としての「原初状態」を想定する。ロールズが「公正としての正義」という言い方を採用する趣旨が、ここに反映されている。そして、原初状態での討議の結果、以下の二つが「正義の二原理」として導き出されるとする。

第一原理：各人は、平等な基本的諸自由の最も広範な制度的枠組みに対する対等な権利を保持すべきである。ただし、最も広範な枠組みといっても、他の人びとの諸自由の同様な制度的枠組みと両立可能でなければならない。

第二原理：社会的・経済的不平等は、次の二条件を充たすように編成されなければならない――(a)そうした不平等が各人の利益になると無理なく予期しうること、かつ(b)全員に開かれている地位や職務に付帯すること。（『正義論』八四頁）

ロールズは、こうした二原理を原初状態での熟慮・討議という道筋で論理的に導出し、かつその原理が正義に関して広く共有された「しっかりとした道徳的判断」と合致することを経験的に示すという、論理と経験を通じた二段構えの方針を採用する。これは「反照的均衡」と呼ばれる（川本『現代倫理学の冒険』二九頁参照）。ロールズの議論の特徴は、この二原理を導く際に、「無知のヴェール」に覆われている以上、公正な競争が行われるような機会均等が望まれるであろうし、自身が社会生活の中で得られる利得が最小となる立場になる可能性がある以上、「その最悪の結果が、他の選択候補がもたらす最悪の結果よりも優れている選択候補を私たちは採択せねばならない」（『正義論』二〇八頁）という「マキシミン・ルール」を受け入れなければならない、としている点である。とりわけ、「マキシミン・ルール」を受容するという論点は「格差原理」と呼ばれる。すなわち、社会のなかでの最も不遇な人々に焦点を合わせて、その不遇さをできる限り少なくする、という方針を基本的な原理として採用するという考え方である。ロールズの議論がリベラリズムの典型と目される所以《ゆえん》である。

問題となるのは、果たしてロールズは何を論じているのか、という点であろう。二原理や格差原理は、合理的に正当化されたものとして提示されているのだろうか。ロールズは「原初状態」に「マキシミン・ルール」を適用しているが、「マキシミン・ルール」はゲーム理論つまりは合理的選択理論の一つのルールであって、だとすると、ロールズの議論は合理的正当化を目指しているように読める。しかし、こうした議論は、いわば純粋な選択主体あるいは「負荷なき自我」を最初に想定するものであって、私たちが特定の社会的アイデンティティの担い手として、歴史の負荷を受けた存在者として、存在しているという、私たちの経験的事実を完全に軽視した空虚な議論なのではないか、とするアラスデア・マッキンタイアら共同体論者（共同体を個人に先行すると考える論者たち）からの痛烈な批判にさらされた（川本『現代倫理学の冒険』五五‐五六頁参照）。共同体論者たちは、ロールズ的リベラリズムが福祉重視の大きな政府を生み、個人の無力化をもたらしたと考え、ロールズ正義論への強い批判の論陣を張ったのである。かくしてロールズは、のちに「マキシミン・ルール」の適用を撤回し、「自由かつ平等な道徳的人格間の合意を通じて「秩序ある社会」の正義原理を積み上げていくという「カント的構成主義」を前面に押し出し」(同書、三四頁)、正義原理の提唱を、論理的・合理的な正当化とはまったく別の、歴史的文脈のなかでなされる実践的かつ社会的な「重なり合う合意」の問題として捉え返すことになった。『正義論』の構想が明らかにプラグマティズムへと結びついていったのである。

6 リバタリアニズム

もっとも、ロールズの正義原理や格差原理に対する批判は、「負荷なき自我」に対する批判だけではなかった。なかでも見逃せないのは、現代英米哲学の文脈のなかでロールズ的リベラリズムに明確に対立する立場、すなわち「リバタリアニズム」(自由至上主義)の立場からなされる批判であろう。現代のリバタリアニズムといえば、ロバート・ノージックの『アナーキー・国家・ユートピア』をもってその嚆矢《こうし》とするといってよい。ノージックは、第16章で扱う「ニューカム問題」などの意思決定理論についての研究からはじまり、政治哲学の分野にも独自なカラーを打ち出していった、ニューヨーク生まれの哲学者で、ハーバード大学教授を務めた。ノージックは、意思決定理論の研究を踏まえて、「政治哲学の根本問題は、苟も何らかの国家がなければならないのかどうかにあり、この問題は国家がいかに組織されるべきかの問題に先行する」(『アナーキー・国家・ユートピア』四頁)として、議論を起こす。ロールズの正義論が正面からは問わなかった問題、そして実は伝統的で古風な問題を、明確に再主題化したのである。これは、「否」と答えたときには国家は必要ないことになるという意味で、アナーキズムと隣り合わせの問いである。

そもそもノージックは、ロールズの「格差原理」を受け入れることができなかった。「格差原理」は、個々人の持つ自然的才能を共有財と見なし、その分配の公正さを実現するというものである。しかし、ロールズは、個人間の差異を容認しないとして功利主義批判を展開したのではないか。ロールズの方こそ、個人間の差異を無視して、才能あるものを他人の福祉の手段としているのではないか。それは嫉妬を根底とする正義感なのではないか(『アナーキー・国家・ユートピア』三七六―七八頁)。こうしたノージックのロールズ批判の背後には、個々人の自分自身に関する権利は不可侵であり、その侵害を正当化しうるような社会組織などは存在しない、存在するのは現に生命を持つ独立の人格だけである、とする強い権利論がある。彼の権利論は、かつてのジョン・ロックの議論に沿って展開されている。

ノージックによれば、こうした権利の主体たる個々人が自然状態の不都合に直面し、権利の相互保護を目的とした「保護協会」がおのずと形成される。そのなかで、中立的な市場競争を通じて支配的「保護協会」が発生していく。しかるに、こうした過程において、当該地域には、当然ながら、支配的保護協会に未加入の独立人たちが存在しており、彼らから加入者の権利を保護するために、独立人たちの権利行使を阻止しなければならない場合が発生する。そこで、支配的保護協会は、独立人たちの不利益を賠償するため、保護サービスを独立人たちにまで拡大しなければならなくなる。かくして、いわばアダム・スミス的な「見えざる手」的な過程によって、誰の権利も侵害しない形で国家、すなわち「最小国家」が生成してくる、と論じ及ぶ。このような国家は、第3章で論じた「ロック的ただし書き」という最低限の内容的制限はつけるにしても、財の取得と移転の「権原」(entitlement)についての正義のみを、つまりはある種の「手続的正義」のみを保護すべきであり、それを踏み越えた分配の正義は最小国家の越権なのだと、そうノージックは考える。そして、こうした個人の権原を重視する最小国家こそ「ユートピア」なのだと論じるのである。

ノージックの展開したリバタリアニズムの思想は、いってしまえば、一つのお話であって、こうしたお話に説得されたところで、貧困や不遇そして福祉に関わる現実の政治的課題にどう立ち向かうのかについての指針を導くのは簡単ではない。この点はノージック自身、自覚しているようで、自身の正義論を仮説的歴史と呼び、それが社会の制度的構造にどのような影響を及ぼすかについては、試論的な形でしか述べていない（『アナーキー・国家・ユートピア』四七六―七八頁）。あえて極論をいえば、ノージックの立場からは、現実の政治的・制度的課題については、結局のところ、市場の中立性を信じて、それに委ねて、自生的に秩序が形成されることを待つ、としかいいようがないのではなかろうか。しかし、だからノージックの議論は意味がない、とはけっしていえない。依然として国家間の対立や紛争がやまず、紛争を通じて新しい国家さえ生まれるかもしれない国際情勢の現実を顧みるとき、国家を既存のものとして捉え、そのなかでの組織論・制度論だけを論じるのではやはり決定的に根本的な何かが足りない。国家とは何なのか、国家は必要なのか、どのように国家は生成してくるのか、私たちはなにゆえ国家に帰属すべきなのか。こうした国家成立の根拠への問い、ノージックが再主題化した問い抜きには、私たちは依然として政治哲学や正義論のエアポケットにはまり込み続けなければならない。そして、翻《ひるがえ》って、個人や人格の概念をどう捉えるかという主題も、そうした国家形成への問いとともに立ち上がってくるのではなかろうか。

プラグマティズムからはじまり、現代正義論に至るアメリカ固有の哲学の展開は、英米哲学の歴史の伝統を引き受けながらも、独自の発展を遂げ、私たちに重い課題を突きつけているのである。

参考文献

Peirce, C.S. *Collected Papers of Charles Sanders Peirce*, Vol. I-VI. Harvard University Press, 1960. CPと略記し、巻数と節数を記す。

パース、ジェイムズ、デューイ『世界の名著48』、上山春平編、中央公論社、一九六八年

チャールズ・サンダース・パース『連続性の哲学』、伊藤邦武編訳、岩波書店、二〇〇一年

ウィリアム・ジェイムズ『プラグマティズム』、枡田啓三郎訳、岩波書店、一九五七年

伊藤邦武『プラグマティズム入門』、ちくま新書、二〇一六年

ウィリアム・H・デイヴィス『パースの認識論』、赤木昭夫訳、産業図書、一九九〇年

van Fraassen, B. 1989. *Laws and Symmetry*. Oxford University Press, 1989.

リチャード・ローティ『哲学と自然の鏡』、野家啓一監訳、産業図書、一九九三年

リチャード・ローティ『連帯と自由の哲学』、冨田恭彦訳、岩波書店、一九八八年

ジョン・ロールズ『正義論』、川本隆史・福間聡・神島裕子訳、紀伊國屋書店、二〇一〇年

ロバート・ノージック『アナーキー・国家・ユートピア（上）（下）』、嶋津格訳、木鐸社、一九八五-八九年

川本隆史『現代倫理学の冒険』、創文社、一九九五年

注

＊1　ただし、パース自身は、「信念の固定化」という論文のなかで、フランシス・ベーコンを高く評価するどころか、酷評している。もしかしたら、こうした点は、イギリス経験論とプラグマティズムとの微妙な懸隔を暗示しているのかもしれない。『世界の名著48』五四頁参照。

＊2　もちろん、パースが因果概念について考察の主題にしていない、ということではない。それどころか、たとえば、「因果作用と力」という論文において徹底的な考察を加えている。しかし、その論調は、因果概念がいささか混乱した概念であり、しかも物理学的原理と矛盾する、というネガティブなものである。パースは、因果的決定論、原因の結果に対する時間的先行性、逆向き因果の不可能性、という三つを因果概念の特徴としてあげて、それが物理的な世界のありようと整合しないことを縷々《るる》説いている（『連続性の哲学』一三〇頁以降参照）。因果論の核心部分に端的かつ一直線に向きあう問題提起で、その先見性は驚くばかりである。しかしおそらく、パースのように、物理的世界のありように基軸を置くか、それとも、日常言語のなかで因果概念が基本概念として使用されている事実に基軸を置くか、どちらを最初のスタンスとするかで、因果論の帰趨が一定程度定まるのではなかろうか。経験論の哲学は、パースの視点とはやや異なり、日常的に因果概念が基本的なものとして利用されているという事実を重視している。それは、原因概念が責任概念と出自を同じくするという、人間の言語の特性には適合しているのではなかろうか。

＊3　パトナムは、二〇世紀のアメリカを代表する哲学者の一人で、長い研究歴のなかで自

身の考え方を変容させていったことで有名である。最初は、科学的法則によって理解される対象は実在の中に客観的に存在するとする「科学的実在論」を採った。しかし次に、私たち人間が認識や記述をする際に、それを導いている内在的な関心が科学的知識に果たす役割を重視する「内在的実在論」に転向した。さらにその後、事実、理論、価値の相互連関を強調し、さらにはジェイムズの「プラグマティズムの真理論」を実在論に近づけて解釈することを通じて、「自然的実在論」へと転向した。パトナムの哲学は、こうした意味で、「ネオ・プラグマティズム」を推進していったのである。

第13章　帰納の謎

1　経験に由来する知識

本章では、もう一度分析哲学の検討に戻って、帰納法をめぐる問題を軸にしながら（パースのアブダクションの発想は一旦脇に置いて）、現代の認識論および科学哲学の一端について解説していく。おもに論じるトピックは、「ヘンペルのカラス」、「グルーのパラドックス」、「反証主義」、「観察の理論負荷性」、「パラダイム論」、「生物学の哲学」などである。

まず、経験と知識とのかかわりについて確認するところから始めよう。今日、宇宙開発が急ピッチで進められており、人類が太陽系の中で月以外の天体に降り立つ日もそう遠くないかもしれない。だとすれば、木星の深部にある岩石を人間が食べたならどういうことが生じるだろうか、という疑問も、そう荒唐無稽《こうとうむけい》ではないだろう。しかし、この疑問にどう答えるべきだろうか。木星の岩石とて単なる物理的物体なのだから、すでに知られている元素から成り立っているに違いなく、まったくの未知の物体ではないので、人間の体内に入れたときの人体の反応も容易に予測ができるだろう、と思われるかもしれない。しかし、まだ誰もそれを試みていないままにして、何が起こるかについて分かると言いきれるだろうか。

実際、それぞれの単独の元素や要素の人体への影響が分かっているからといって、それらを組み合わせたときに何が生じるかは分からないというのは、長い漢方薬の歴史が物語っている。一つ一つの薬草の組み合わせで思いもよらない効果が生まれるのであって、それは単独の薬草の効果がいくら分かっていても予測が難しいのである。なので、漢方薬の発展過程で多くの実験や試飲が生身の人間によって行われ、多くの犠牲も出したのであった。

つまり、私が言いたいのは、木星の岩石を人体に取り入れたときに何が生じるかは、実際やってみなければ分からない、ということなのである。「やってみる」というのは「試みる」ということであって、それは、私が繰り返し強調してきたように、「経験」ということの原義にほかならない。こうした例からも理解できるように、私たちが何ごとかについて「知る」というとき、「経験」というものは決定的に本質的である。

近世において、たとえばゴットフリート・ヴィルヘルム・ライプニッツは、私たちの精神には生まれる以前から、あるいは死んだ後でさえ、生得的（生まれたときには、すでに獲得されていたという意味）な仕方で知識が埋め込まれている、と主張した。けれども、ライプニッツの言うような「知識」概念は、木星の岩石を人体に取り込んだなら結果として何が生じるかについての「知識」、という文脈ではほとんど無効である。ライプニッツ流に言えば、こうした場合でも、私たちの精神にはその結果が何であるかが刻み込まれていると、そのように言われるのかもしれないが、そういう答えは私たちが求めていることに対しては何も提供してくれない。

要するに、ラフに言ってしまえば、ライプニッツ流の知識概念は、実在として「真」か「偽」かという点に焦点を当てて知識を論じているのであり、私たちが「知っている」か「知らない」かという視点は重視されていないのである。けれども、私たちの日常には、「知っている」か「知らない」かという違いが大きな意味を持っている場面が多々ある。[*1]入試に臨むとき、新しい医療的処置を受けるとき、大きな政策転換をするときなど、その対象や結果について「知っている」かどうかは決定的に重要である。そして、こうした「知っている」かどうかというのは、私たち自身が「努力し試みることの中において」獲得した様態でしかありえない。すなわち、そうした知識はひとえに経験に由来するのである。

しかるに、経験に由来する知識というのは、根本的な問題を宿命的に抱えている。それは、確実な知識には原理的に到達できない、という点である。木星の岩石を誰かが実際に食べて腹痛を起こしたとしよう。このことをもって、木星の岩石は人体に入れると胃腸を害する、という結論を出すことはできないし、そうであることを知ったことにはならない。実際に食べたその人特有の個別的事情、たとえば未知の体験に恐怖して精神的に違和感を感じすぎたというような、そういう事情によってたまたま腹痛という反応が生じただけかもしれないからである。

しかし、そうはいっても、こういうデータを重ねていかなければ、「知る」ということには到達しえない。そして、このような、データを重ねていって何かを知るというプロセスは、以前フランシス・ベーコンやデイヴィッド・ヒュームについて論じたときなどに説明したように、「帰納」と呼ばれる。こうした帰納の方法に不確実性が伴うことは、すでにベーコンが単純枚挙に即して論じていたわけだし、ヒュームもまた「帰納の問題」と呼ばれる議論によってそれを指摘していた。ヒュームは、過去において現象（厳密にはヒュームの場合は「印象」または「観念」）Aと現象Bとが恒常的に連接していたとしても、未来にもそうした連接が生じるということは理論的には正当化できず、単にそれを信じるということに達するだけなのだ、と論じたのであった。

こうした問題点を抱える帰納法は、言い方を変えるならば、過去に基づいて未来を知るということであり、「未来」という概念が本質的に未知であり不確実である以上、もとから絶対的な確実性は見込めない方法なのである。しかし、にもかかわらず、それなしには私たちの毎日の生活は成り立たないような、そういうもの、つまり不確実だけれど不可欠な方法なのである。よって私たちは、この帰納法とうまくつき合い、それをなんとか活用していかなければならない。実際、フランシス・ベーコンの時代の経験論を脈々と受け継いで、二〇世紀以降の分析哲学の中でも、帰納法の問題はつねに議論の中核の一つを形成してきた。そうした中で、この帰納法に対して、これまで知られていた根本的な問題点以外に、さらに新しい問題点が提出されてきたのである。ここではまず二つ紹介する。

2 ヘンペルのカラス

第一は、以前に論じた「ウィーン学団」にかかわったカール・ヘンペルによって提起された問題で、一般に「ヘンペルのカラス」と呼ばれる問題である。これは、帰納法と論理との関連から発生する問題である。これを理解するには、まず「確証」という概念を導入しなければならない。

「確証」とは、ある命題や法則に関して、経験的なデータや証拠を得ることによって、それが真理である度合いが高まる、ということを意味する。ベーコンの帰納法では、データを単純枚挙して法則を帰納的に導くことは拒絶され、反対事例による法則の否定が重視されたので、「確証」という考え方は明示的に提唱されなかった。「確証」は新しい概念である。一方で、論理や数学についての命題や法則は、それを論証することによって「証明」される。つまり、例外なく成り立つことが分かる。しかるに、世界の現象についての命題や法則、たとえば「ボイル・シャルルの法則」は、それに合致するデータを得ても、未来にも同じことが成り立つかどうかは未定なので（明日、実験したときに同じデータが得られるかどうかは、明日やってみないと分からないので）、「証明」されたことにはならない。けれど、合致するデータが得られた以上、そのデータを得る以前と比べて、その法則が正しい度合いは高まったとはいえるはずである。こうしたとき、その法則は「確証」された、というのである。しかるに、この確証関係には根源的な難問がつきまとってしまう。

ヘンペルは、「すべてのカラスは黒い」という例に即して、この難問を提示している。「すべてのカラスは黒い」という法則命題（S１と呼ぼう）を確証するデータは、どういうものか。それは、カラスであって黒いもの、そういう個体である。そうした個体を発見すれば法則S１は確証される。では、「すべての黒くないものはカラスではない」という法則命題（S２と呼ぼう）を確証するデータはどういうものだろうか。それは、いま述べた考え方を準用すれば、黒くなくてカラスではないもの、そういう個体ということになろう。たとえば、黄色いバナナなどである。

ところが、以前に論じた論理学の真理値表やトートロジーの考え方をここに適用すると、S１とS２は同値であることが分かる。つまり、「pならばq、ならば、qでないならば

ｐでないのであり、そしてｑでないならばｐではない、ならば、ｐならばｑである」という形式は、トートロジーとなるのである。実際これは、「対偶律」と呼ばれる、よく知られた論理法則なのである。しかるにヘンペルは、論理的に同値な命題は確証データに関しても同値であると考え、それを「同値条件」と呼んで、こう論じたのである。すなわち、同値条件に従うならば、Ｓ1を確証するデータはＳ2も確証するし、その逆も成り立つということになるのではないか。

たとえば、黄色いバナナを発見することによって、「すべてのカラスは黒い」という（ちょっと大げさだが）鳥類学上の法則を確証できてしまうことになるのではないかと、そう論じるわけである。しかしこれは、果物屋さんに行ってバナナを見るたび、カラスについての知識の確実性を増大させているということであり、著しく直観に反する事態だと思われるのである。このパズルが「ヘンペルのカラス」と呼ばれる。

このパズルに対しては、論理的に等価なもの同士は同一のデータによって確証される、とする考え方を拒絶したり、あるいはそもそも、「すべてのｐはｑである」を確証するのは個別的な「ｐかつｑ」であるデータだ、とする前提を拒否したりなどの方策が考えられる。または、これはパズルでも何でもなく、現実に起こっていることを記述しているだけだ、と認めるという道筋もありうるだろう。

特定の島だけに生息するある珍しい鳥Ｈを観察している生物学者が、発見した限りでは、その鳥はピンク色をしていることを見いだし、「鳥Ｈはピンク色である」という仮説を立てたとする。そのとき、その鳥と同じくらいの大きさの鳥がばさばさと飛び立つのを発見し、しかもそれが緑色をしていたとき、その科学者は、もしかしたら反例か、と思うかもしれない。しかしよく観察したところ、ばさばさと飛び立った緑色の鳥は鳥Ｈとは別の鳥だったということが判明したとき、「鳥Ｈはピンク色である」という仮説がさらに確かさを得た、と感じるのではないだろうか。

だとしたら、「ヘンペルのカラス」という事態は、パズルではなく現実なのではないか。しかし、そうはいっても、こうした珍しい鳥のような事情がいつでも発生するとは思われない。おそらく、この問題は、「すべてのカラスは黒い」といった仮説Ｓ１は、実際には、もっとたくさんの背景仮説や背景条件をただし書きとして潜在させた複雑な命題なのであって、その中には「鳥類学の法則は鳥の観察に基づく」といったただし書きが入っており、したがって単純に「すべての黒くないものはカラスではない」という対偶Ｓ２を作っても、Ｓ１と同値にはならないという、そういう事情に目を向けるならば、それが解決の糸口となるのではないだろうかと思われる。

３　グルーのパラドックス

以上の「ヘンペルのカラス」の問題によって、あるデータや証拠がある命題や法則を確証する、という帰納法の確証関係は、一見思われるよりもはるかに困難性をはらむ事態であることが理解されたであろう。そうした困難性は、次に紹介する歴史上有名な「グルーのパラドックス」によって一層増大する。

「グルーのパラドックス」とは、アメリカの哲学者ネルソン・グッドマンによって色鮮やかな印象的な仕方で提起された帰納の確証関係にまつわる根源的なパラドックスである。それは、かつてヒュームが提起した「帰納の問題」に加えて、さらに帰納法の不可思議な困難をあぶり出すパラドックスであるがゆえに、「帰納の新たな謎」とも呼ばれる。

何度か触れたように、ヒュームの議論では、現象Aと現象Bとの間に恒常的連接が認められても、その両現象の間に連接の関係、ひいては因果関係が未来にも成り立つかどうかは理論的には決定できないとされていたが、しかし少なくとも、ヒュームが問題にしていたのは「すべての現象Aは現象Bと連接する」という命題あるいは法則であって、現象AとBとの関係だけに焦点が当てられていた。しかし、グッドマンは、帰納法にまつわる問題は、こうしたヒュームが言挙げしたレベルでの問題だけではないと主張する。すなわち彼は、たとえ現象Aと現象Bとの連接を私たちが経験したとしても、そもそもはたして現象Aと関係づけられるべきなのは現象Bだけに限るのか、という点から新たな問題を提起したのであった。

グッドマンの場合、「現象」というよりも「述語」として問題が定式化される。グッドマンが挙げる例は、「エメラルド」の色である。これまで見いだされたエメラルドは、すべてグリーンだったとしよう（「グリーン証拠」と呼ぼう）。だとすると、普通に考えて、この「グリーン証拠」は「すべてのエメラルドはグリーンである」という法則についての仮説（「グリーン仮説」と呼ぼう）を確証する。

しかるにここでグッドマンは、色についての新しい奇妙な述語を導入する。それは、「グルー」という色述語である。「グルー」とは、「時刻tより前に調べられたものについては、それがグリーンであるときに適用され、それ以外のものについては、それがブルーであるときに適用される」（『事実・虚構・予言』一二〇頁）と規定される色の述語である。このような述語「グルー」を導入すると、そして「時刻t」を話を簡単にするため「現在」というように読み替えると（こう読み替えても議論の構造に相違は生じない）、さきの「グリーン証拠」、すなわち「これまで見いだされたエメラルドはすべてグリーンだった」は、同時に「これまで見いだされたエメラルドはすべてグルーだった」という証拠でもあることになる（「グルー証拠」と呼ぼう）。つまり、「グリーン証拠」は「グルー証拠」でもあるということである。しかるに、「グリーン証拠」の場合と同様に考えて、「グルー証拠」は、「すべてのエメラルドはグルーである」という法則についての仮説（「グルー仮説」と呼ぼう）を確証することになるはずである。つまり、「グリーン証拠」すなわち「グルー証拠」という同一の証拠が、「グリーン仮説」と「グルー仮説」の両方を確証することになるわけである。

けれども、これは大きな困難を生む。というのは、「グリーン仮説」を受け入れるならば、これから発見されるエメラルドに関して、それはグリーンである、という予測がなされるが、「グルー仮説」に従うならば、これから発見されるエメラルドに関して、それはブルーである、という予測が導かれてしまうからである。つまり、「グリーン仮説」と「グルー仮説」は両立不可能なのである。これはどういうことを意味するだろうか。

さきにヒュームに触れたとき、ヒュームは現象Aと現象Bとの連接だけに焦点を当てて、それがつねに連接するといえるかどうかという問題を論じたとしたが、グッドマンの議論は、いわば、現象A（ここでは「エメラルドである」という述語に当たる）と連接するかどうかが問いの対象となるのは現象B（ここでは「グリーンである」という述語に当たる）だけに限らない、ということを明るみにもたらしたのである。これは一般に「グルーのパラドックス」と呼ばれる。それは、ヒュームが暴いた帰納法についての困難に対して、さらに輪をかけた困難性を暴き出すパラドックスである。そして、こうしたグルー風の述語は理論的にいくらでも案出することができる。これまではグリーンで、以後に発見されるものについてはホワイトであるような場合の色を「グライト」と呼ぶ、などなどである。

しかし、だとするとどうなるか。グッドマンは言う。私たちは「すべてがすべてを確証するという耐え難い結果のもとに取り残されている」(『事実・虚構・予言』一二一頁)。これまで発見されたエメラルドはグリーンだったので、次に発見されるエメラルドはホワイトだろうとも言えるし、ブラックだろうとも、イエローだろうとも言えてしまう。このことはすべての述語に波及する。これまで胸を撃ち抜かれた人はすべて死んだ、よって次に私が撃ち抜かれたならば私も死んでしまうだろうという推論とまったく同等の妥当性のもとで、よって次に私が撃ち抜かれたならば私は生きているだろうという推論も承認される、ということである。こうして「規則性というものは人がそれを見出すところにある。しかも、どのようなところにも、それは見出しうるのである」(『事実・虚構・予言』一三〇頁)ということになり、帰納的な推論は完全に破綻《はたん》してしまうのである。まことに空恐ろしいパラドックスである。[*2]

4 観察可能性

実は、この「グルーのパラドックス」は、第10章のルトヴィヒ・ウィトゲンシュタインについて論じたときに触れた「規則のパラドックス」ととてもよく似ている。実際、どちらのパラドックスも規則性というものが不確定的であることを暴露するという点で、同じ方向性のもとにある。しかし、「規則のパラドックス」を自覚的に明示したソール・アーロン・クリプキは、「グッドマンは帰納の問題に注意を集中し、意味の問題をほとんど無視している」（『ウィトゲンシュタインのパラドックス』一一四頁）として、ウィトゲンシュタインの提示した「規則のパラドックス」のほうが、「グルーのパラドックス」よりも根源的であるととらえている。しかし、こうした論評はあくまで「意味」の問題は「帰納」の問題よりも先んじているという前提を持つがゆえに導かれるにすぎない。

しかるに、少し視点を変えるならば、意味の問題にも、実際のその使用の場面では、これまでの使用と現在および今後の使用との結びつけという面で、帰納の問題が絡みついてくることに思い至る。ここには意味の時間性というとてつもなく困難な課題が潜んでおり、これ以上追究できないが、いずれにせよ「グルーのパラドックス」には、いわば不屈の普遍性があるということは理解できるだろう。

「グルーのパラドックス」に対しては、当初からさまざまな反論が提出された。初期の反論の中で、最も自然なものは、「ウィーン学団」のところで言及したルドルフ・カルナップによる批判であろう。「グルー」という述語は「時刻t」といった時空的場所に言及することで規定される「場所的」な述語であって、普遍的な次元へと投射することができないのに対して、「グリーン」は時空的場所に言及することなしに規定されている述語であって、投射可能である。よって、「グルー証拠」を普遍的次元にまで投射して「グルー仮説」を導くことはできない、と論じたのである。簡単に言えば、「グリーン」というのはまともな色述語だが、「グルー」は作為的でまがいものの色述語なのだ、とする批判である。

たしかに、「グルー」という色とはどんな色なのか、と考えると困ってしまうわけで、その限りでカルナップの批判には説得力があるだろう。しかし、この批判に対してグッドマンは、明快に切り返す。グッドマンは、「グルー」以外に、もう一つの述語「ブリーン」を導入する。「ブリーン」とは、「時刻t以前に検査されたものについては、それがブルーであるときにのみ適用され、それ以外のものについては、それがグリーンであるときにのみ適用される」という色述語である。

さて、たしかに、「グリーン」と「ブルー」から始めたならば、「グルー」と「ブリーン」は、「グリーン」と「ブルー」によって規定される。けれども、もし「グルー」と「ブリーン」から始めたならば、今度は逆に、「グリーン」と「ブルー」が、「グルー」と「ブリーン」によって規定されることになる。すなわち、「グリーン」とは、「時刻tより前に調べられたエメラルドについては、それがグルーの場合に、その他のエメラルドについては、それがブリーンの場合に適用される」(『事実・虚構・予言』一二六頁)という色述語なのである。つまり、場所的かどうかは実は何を基本にするかに相対的なのであって、その意味で「グリーン」と「グルー」とは対称的なのであり、カルナップ流の批判は妥当しない、というわけである。

たしかに少し考えるならば、「グリーン」のような普通の色概念とて、厳密に言えば、たとえば白色の照明下でグリーンに見えて、赤色の照明下では赤茶色に見える、といった何らかの条件性を潜在させていると考えられる。その意味で、「証拠」あるいは「データ」というものは、「グリーン」のような一見単純かつ明白に思われるものでも、単に観察すれば自明に獲得できる、といったものではないことがここから導かれる。

「グルーのパラドックス」が哲学の議論にもたらした果実はたくさんあるが、少なくともその一つは、「観察可能性」といった概念に対する深刻な反省を迫ったということが挙げられるだろう。このことは、さきに論じた「ヘンペルのカラス」に関して、単に黒いカラスを観察したデータだけが問題になるのではなく、そこに潜む背景条件などを考慮に入れなければならないとした論点と軌を一にしている。帰納法についての考察は、一つの帰結として、「観察」ということへの根源的な疑問を惹起《じゃっき》したのである。

5 反証主義と理論負荷性

この「観察」について、二〇世紀以降の視点から考えるには、いささか二〇世紀の科学哲学のあらましについて整理しておかなければならない。二〇世紀の科学哲学を語るとき、まず言及しなければならないのは、すでに第8章で論じた「論理実証主義」である。そこでは、言葉の意味をそれの検証可能性に求めるという考え方が提起されていた。それはもちろん、科学的な理論や仮説にも当てはまる。そして、こうした科学的仮説に関する検証可能性は、仮説を証拠やデータによって検証していく作業を要請しており、その限り帰納法的な推論と融合していく。それがゆえに、「ウィーン学団」のカルナップは帰納論理の確立を自己のライフワークの一つとして追究していった。

けれども、これに対して、帰納的な推論に科学的知識の基礎を置くことに根本的な問題性を見取って、帰納的方法に異議を唱えた哲学者がいた。カール・ライムント・ポパーである。ポパーは、帰納的な検証のプロセスによっては、いかなる普遍的法則性も理論的に導くことはできないという、ヒューム以来の論点を前面に出して、帰納的ではなく、演繹《えんえき》的な推論方法を科学的知識の基礎として導入しようとする。そうした観点から提起されるのが、「反証主義」と呼ばれる立場である。帰納法に対する批判のポイントは、普遍的法則から導かれる（つまり、普遍的法則の例となっている）テスト命題が真であるという証拠やデータをいくら獲得しても、普遍的法則の真理性は帰結しないという点にあった。未来にもその法則が成立するかどうかは、まったく未知であり続けるからである。

しかるに、普遍的法則に対して、そこから導かれるテスト命題が偽となるような証拠やデータが一つでも発見されれば、その普遍的法則は法則たりえないことが、論理的に導けるのである。すなわち、「法則Lが真ならば、それのテスト命題は真である。しかるに、そのテスト命題は偽であった。よって法則Lは偽である」という推論は、論理的に妥当なトートロジーの形式であり、よって、帰納的方法とは異なり、不確実性なしに「法則Lは偽である」という結論を受け入れることができる。そして、「法則Lは偽である」とされるとき、法則Lは「反証された」と呼ばれる。

ポパーの科学的知識のとらえ方は、このように、何らかの仮説を提起して、そこから演繹的に導けるテスト命題をテストにかけて、それが反証された場合にはもとの仮説を破棄して、新しい仮説提起に向かい、そうしたプロセスに従って知識が進歩していく、というものであった。こうした科学観は『推測と反駁《はんばく》』という彼の著書名に如実に表れている。すでに第1章で触れたように、ポパーの反証主義はフランシス・ベーコンの帰納法のとらえ方と発想を共有している。

カール・ライムント・ポパー
1902-94年

こうしたポパーの反証主義の場合、テスト命題の真や偽は観察や実験によって判明する、ということが前提されているように思われる。これに対して、さきほどの「ヘンペルのカラス」や「グルーのパラドックス」についての議論でも示唆されていたことだが、観察というものがそんなに単純かつ明快なものではなく、さまざまな背景条件を伴ってはじめて観察という営みが成り立つという視点から、ポパーとは異なる科学哲学を展開する流れが現れた。それは、アメリカの哲学者ノーウッド・ラッセル・ハンソンによって提起された「観察の理論負荷性」、そしてアメリカの科学哲学者トーマス・クーンの「パラダイム論」などに象徴される。

「観察の理論負荷性」というのは、観察によって理論や仮説が検証されたり実証されたり反証されたりするのではなく、理論によってこそ観察という営みが成立するという、いわば観察という概念の通常の理解を逆立ちさせる考え方である。ハンソンは、X線管を見るという場合を例に挙げている。「小学生も物理学者もともにX線管は落とせば砕けるものだろうというようには見る」（『科学的発見のパターン』三八頁）。しかし、子どもが結局は複雑な形の電球しか見ないのに対して、物理学者は熱力学や量子力学などの物理理論との連関の中でX線管を見る。たとえば、「その下に写真乾板を置けば、それが感光するだろうということを見る」（同書、四九 - 五〇頁）。こうした相違は、観察者の持つ理論や知識の相違に由来する。こうした理論や知識は、見ることとの中に端的に組み込まれている。こうして、「見ることは理論負荷的な試みなのだ」（同書、四一頁）という理解が導かれる。

もし、こうしたとらえ方が正しいならば、ポパーの反証主義は大きな痛手を被るはずである。というのも、反証主義では、観察をすることで理論が反証される、というケースを基本的モデルとしているのに、それが成り立たないことになりうるからである。実はポパー自身、こうした観察の理論負荷性について自覚しており、極力それと融和するような形で反証主義を維持しようと試み続けたのである。

そして、クーンの「パラダイム論」だが、それはいわば観察の理論負荷性の考え方をもっと規模を大きくして、適用範囲を拡張したものであるといえる。すなわち、科学的な仮説や理論というのは、通常は「パラダイム」と呼ばれる、科学研究を導く模範、クーンの言い方でいうと、「実際の科学の仕事の模範となっている例――法則、理論、応用、装置を含めた――があって、それが一連の科学研究の伝統をつくるモデルとなるようなもの」(『科学革命の構造』一三頁)に従って展開されており、それは「通常科学」と呼ばれる。それゆえ、ある科学理論が別の理論によって打ち倒されるのは、パラダイムの変化、すなわち「パラダイム転換」によって達成されるとして、近代の科学革命もこうした視点から解明されたのである。

こうした「パラダイム論」は、他方で、異なるパラダイム同士では、理論や仮説の優劣はつけられないという考え方、「通約不可能性」と呼ばれる見方を含意し、それに従うと、科学的知識は知見を積み重ねて進歩していくという考え方が否定されることになる。こうして、論理実証主義や反証主義が描いていた科学観は大きな修正、少なくとも大きな反省を迫られることになったのである。

6　生物学の哲学

二一世紀の今日では、科学哲学の関心が「生物学の哲学」へと大きく舵《かじ》を切ってきており、その場面での観察に基づく経験的知識のありようが、特有の文脈の中で論じられている。そこでの問題の核心は、哲学的には二つあるといえよう。

一つは、生物のありようや生物の変化を「観察」することによって、どのようにして「進化」のプロセスを確認できるのか、という問題である。これは、とりわけアメリカにおいて、「創造説」あるいは「インテリジェント・デザイン」と「進化理論」との対立という形で顕在化している。「創造説」とは、生物の種は、進化してきたのではなく、神によって創造されたのだとするキリスト教由来の生物観のことであり、生命のありようや変化に何らかの秩序を見取ったとき、それをどのように説明するのか、という点で進化理論と対立しているのである。根底に、生物種などの自然界のさまざまな秩序は、偶然的でランダムなプロセスの結果として帰結したとは考えにくく、よってその背景には何か知的な意図やデザインがあるはずだ、という発想がある。これは、第5章でデイヴィッド・ヒュームを扱ったときにも触れた問題である。いずれにしても、実際、アメリカの初等教育や中等教育の段階で進化理論やダーウィンについて論じることが、しばしばキリスト教の信者から反対され、物議をかもすことはよく知られている事実だろう。

もう一つの問題は、進化理論の内部で、いわゆる自然選択と遺伝的浮動とをどのように区別するのか、という課題である。ここでは詳述しないが、自然選択とは、生物の中で生存や繁殖の可能性という点で適応度の高い形質や集団が漸次《ぜんじ》優勢になっていく（遺伝子頻度が増大する）という現象のことだが、それに対して、適応度の相違とは無関係に何らかの形質や集団が優勢になっていくことを遺伝的浮動と呼ぶ。たとえば、いん石の落下とか、火山噴火などによって特定の形質や個体群が絶滅してしまうような場合は、遺伝的浮動に当たるわけである。日本の科学者、木村資生《もとお》が、進化過程における遺伝的浮動の役割を重視した「中立説」を提唱し、広く受容されていることはよく知られている。しかし、自然選択と遺伝的浮動はともに確率的性格を持つので、その境界線をつけるのは難しく、はたして概念的にどう区別するのか、という哲学的な問題が生じるのである。

このような生物学にかかわる哲学的考察が、なぜ現代哲学の中で圧倒的な重大性を帯びるに至ったかというと、認識や倫理といった哲学の基本問題が、生物としての私たち人間にかかわる営みであるという点が、次第に強く確認されてきたからである。少なくとも、現状での生物学の成果にかんがみると、認識や倫理の諸問題を考察するに際して、生物としての人間という観点をまったく無視するというのは荒唐無稽であるといえる。そしてまた、生物学の哲学をめぐって、因果、確率、過去といった哲学の根源的問題が特有の仕方であぶり出されてくるという点も、生物学の哲学が哲学の前面に躍り出てきた一因であろう。

いずれにせよ、以上のような「生物学の哲学」の諸問題も、大まかに言えば、経験的に生命現象を「観察」するという事態の意義をどうとらえるか、という問題であると理解することができる。帰納法の問題を端緒として展開されてきた分析哲学的な知識論は、科学哲学の興隆を経て、ついには生物の問題へと収斂《しゅうれん》してきた。そしてそれは、不確実性を本質的に含み持つ領域である。今日の哲学の大きな課題は、こうした不確実性をどのように扱うかという問題だといえるだろう。

参考文献

一ノ瀬正樹「「グルー」と規則性の問題」、『パラドックスの哲学』（リチャード・マーク・セインズブリー著、一ノ瀬正樹訳）訳者試論、勁草書房、一九九三年
一ノ瀬正樹『原因と結果の迷宮』、勁草書房、二〇〇一年
ネルソン・グッドマン『事実・虚構・予言』、雨宮民雄訳、勁草書房、一九八七年
トーマス・クーン『科学革命の構造』、中山茂訳、みすず書房、一九七一年
エリオット・ソーバー『進化論の射程――生物学の哲学入門』、松本俊吉・網谷祐一・森元

良太訳、春秋社、二〇〇九年
ノーウッド・ラッセル・ハンソン『科学的発見のパターン』、村上陽一郎訳、講談社学術文庫、一九八六年
カール・ライムント・ポパー『推測と反駁』、藤本隆志・石垣寿郎・森博訳、法政大学出版局、一九八〇年

注

＊1　私自身は、こうした、主体が「知っているか」どうかという点を重視する知識概念を「人格知識」と呼んで、いろいろと議論を展開してきた。拙著『人格知識論の生成——ジョン・ロックの瞬間』（東京大学出版会、一九九七年）を参照してほしい。

＊2　もっとも、「グルーのパラドックス」とほぼ同様のパラドックスは、ネルソン・グッドマンに先立って、ハロルド・ジェフリーズによっても提起されていた。ただ、グッドマンの議論が文字どおり「色鮮やか」だったので、特別の注目を浴びたのだと思われる。

第14章　自然主義の興隆

1　規約による真理

本章では、現代分析哲学において、認識論から倫理学にまたがってさまざまな形で展開されている「自然主義」の動向について解説する。この主題について解説するには、「自然化された認識論」ということを明示的な仕方で最初に提示した、アメリカ・ハーバード大学の哲学者ウィラード・ヴァン・オーマン・クワイン（Quine, W. V. O.）の哲学から検討していかなければならない。クワインについては第12章でもプラグマティストとして紹介したが、ここでは彼の議論についてやや立ち入って解説する。

クワインは、一九〇八年生まれで、長じてハーバード大学に学んだ。その後、ヨーロッパに留学して、大きな飛躍のきっかけを得る。「ウィーン学団」の立ち上げに大きな役割を果たし、論理実証主義の代表的哲学者であったルドルフ・カルナップに出会い、彼から大きな影響を受けるに至るのである。実際、クワインの哲学は、このカルナップとの対話、そして対決であったともいえる側面を持っている。

クワインのカルナップに対する、あるいは論理実証主義に対する対決は、真理とりわけ論理的真理に対してカルナップが『言語の論理的構文論』において与えた考え方、すなわち論理的真理は構文論的な次元でどのような規約を選択するかによって確定するという考え方、一般に「規約による真理」と呼ばれる考え方に関する疑問を表明するところから始まる。クワインは、論理的真理は無限数ある、というところに困難の源泉があると考え、もし何らかの公理（たとえば排中律など）によって個々の論理的真理を論理的真理として演繹《えんえき》的に導くためには、一般的な公理に基づく推論規則にそれぞれの個別的な命題が妥当していることを、さらに推論規則として立てなければならず、そうした作業は結局無限後退してしまい、完結しえない、よって規約により論理的真理を規定することは困難なのではないかという、そういう疑念を表明したのである。これはかつて、ルイス・キャロルが提示した議論に似ており、クワイン自

ウィラード・ヴァン・オーマン・クワイン　1908-2000年

身の言葉で言えば、「論理を規約から引き出すには論理が必要になる」（*The Ways of Paradox and Other Essays*, 2nd ed. Harvard University Press. 1976. p. 104）という事態が生じてしまうということである。

もちろん、しかし、カルナップも含めて、論理実証主義の側でも、すべての真理を論理的かつ分析的な規約による真理としていたわけではなく、経験的所与に基づくところの総合的真理も、もう一つの重要な真理として受け止めていた。けれども、こうした論理実証主義のスキーム全体に対しても、クワインは重大な疑念を提起するに至る。それは、二〇世紀の分析哲学の分水嶺《ぶんすいれい》を形成するとされるエポックメイキングな論文、「経験主義の二つのドグマ」において、全面的に展開されるのである。

2　経験主義の二つのドグマ

ここでいう「経験主義」とは、論理実証主義のことにほかならない。第8章で論理実証主義を扱ったとき、論理実証主義のことを論理経験論とも呼ぶというように述べたが、クワインの言う「経験主義」は論理経験論の経験論のことである。

さて、クワインは、この論理実証主義あるいは論理経験論には、二つの基本的な考え方があるととらえる。それは、分析的真理と総合的真理との二種の真理がある、有意味な言明は経験的所与に還元できる、という二つの考え方である。クワインはこの二つを根拠なき独断、つまり「ドグマ」だとして、退けようとするのである。

まず、第一のドグマに対してクワインは、そもそも「分析性」という概念はどのように規定することができるか、という問いを立てて向かう。ここで彼が検討対象にするのは、論理的真理以外の分析的真理（とされるもの）である。彼が挙げる例は、「すべての独身者は結婚していない」という文の真理性である。これは、一般的に考えて、経験によらずとも言葉の意味の上だけから真理であることが分かるので、分析的真理の一つと見なしてよいように思われる。しかし、こうした文がなにゆえ分析的真理と見なされるかといえば、「独身者」と「結婚していない人」という二つの言葉が同じ意味だからである。つまり、こうした文の分析性は、「同義性」に支えられているのである。したがって、分析性を理解するには、同義性とは何であるかを解明すればよいことになる。

クワインはまず、同義性を説明するのに、より基礎的な概念として「定義」と「交換可能性」を挙げる。しかし彼によれば、定義は通常はすでに同義とされているものを再確認するものであって、同義性の基礎になるどころか、同義性に支えられているのであり、よって定義によって同義性を説明することは循環に陥る、とする。また、「交換可能性」についても、クワインは、それをもって同義性の基礎とするには、単に外延的に一致するから交換可能だということ、つまり「心臓を持っている動物」と「腎臓を持っている動物」

というような交換可能性は、経験的な検証が必要なので、言葉の意味が同義だということにはならないので、同義性に結びつくには「必然的に」「交換可能」ということでなければならないと指摘する。しかし、そうした必然的関係は結局は分析的に真ということにほかならないのではないか、ということになって、やはりこの道も循環に陥ってしまうと、そうクワインは論じる。

そこでクワインは、分析性を説明する、「同義性」ではない候補として、分析命題を規約的に定める「意味論的規則」という考え方に言及する。しかし、どんな真理でも適当に集めてきて、それを意味的に真というのでは規則にならないので、やはり結局、意味によって真ということ、つまり分析性があらかじめ導入されていなければ意味論的規則は成立しえないと論じられる。かくして、分析性とは何かということを説明しようとしても、いずれにせよ循環に陥ってしまい、挫折してしまう。ということは、分析性とは何かは判明でないということ、よって分析的真理と総合的真理との二種の真理しかないという論理実証主義の主張もまた、そもそもその二つの真理をどうやって区別するのか明らかでない以上、判明でない、ということになる。

次に、第二のドグマである還元主義についてだが、これはつまり検証可能性のテーゼのことであり、クワインはこれを第一のドグマと連続していると見なす。クワインの理解する還元主義とは、言明の意味とは経験的に検証したり反証したりする方法のことであるとする考え方であり、この考え方の中で、分析命題はどんな場合でも検証される極限的な事態を表す命題として規定され、それ以外の有意味な命題が総合命題ということになる。つまり、分析命題と総合命題の区別は還元主義を前提とすることで説明されている、という仕方で二つのドグマは連続しているととらえられているのである。

クワインが言うには、この還元主義は、たしかに有意味性をすべて直接的経験に還元するという初期の過激な主張としては撤回されたとしても、それぞれの言明が別の言明から切り離してとらえられたとき、ともかくも検証あるいは反証が可能であるという形では生き残っているとされる。しかし、クワインはこうした主張は受け入れられないと断じる。というのも、「外的世界についてのわれわれの言明は、個々独立にではなく、ひとつの団体として、感覚的経験の裁きに直面する」(『論理的観点から――論理と哲学をめぐる九章』六一頁)からである。

すなわち、一つの言明や命題に対する検証や反証と思われる経験データも、実は私たちの知的ネットワーク全体に対するテストなのであるということであり、こうした考え方は一般に「ホーリズム」(全体論)と呼ばれる。また、これはフランスの物理学者、ピエール・デュエムがすでに述べていた考え方と同様な見解なので、今日「デュエム＝クワイン・テーゼ」とも呼ばれている。

このホーリズムの主張は、要するに、たとえば、自然科学などで特定の仮説を確かめようと観察や実験をしたとき、それに反するようなデータが得られたとしても、実はそのデータはその特定の仮説を反証するとのみ考えられるのではなく、そうした予測の背景にある科学理論、あるいはそのほかの理論、場合によってはそうした諸理論を基礎づける論理までも含む、私たちの知のネットワーク全体に対して何らかの改訂を迫るデータなのだ、ということである。よって、そのデータに対応する方策として、仮説を変更するということだけでなく、当座の別の仮説（アド・ホックな仮説と呼ばれる）を付け加えて反証を免れる、仮説はそのままにして背景理論を変更する、背景理論の背景をなすもっと基礎的な理論を変更する、そして極端な場合は論理の体系を改訂する、というような多様な対応の仕方が考えられるということである。

科学史の例を求めるならば、「マイケルソン・モーレーの実験」が挙げられるだろう。これは光の見かけ上の速さは光の方向に依存するという仮説を確かめようとした実験だったが、それに反する結果が得られた。そしてこの結果は、エーテル中を光の波動は伝播《でんぱ》していくという当時一般に認められていた理論に反するものであった。その結果、エルンスト・マッハのようにエーテルの存在の否定をここから導いたり、ヘンドリック・ローレンツのように「エーテルの風」についての新しい理論を立てて実験結果を整合的に説明しようとしたり、あるいはアルベルト・アインシュタインのように根本的に物理理論を変換することで整合的な説明をしようとしたり、いろいろなレベルでの対応が生まれたのであった。これはクワイン流のホーリズムを裏書きする出来事であったといえる。

言い方を換えるならば、私たちの知識や信念の体系は、全体として「人工の構築物」であり、経験的データに対して、こう対応すべきという確実な基礎的方針は存在しないのである。クワインは、科学の語りと神々についての語りとは、程度の差があるだけで、同種の「文化的措定物」であって、神話なのだ、と喝破する。そして、科学は、単に、他の神話よりも効率のよい神話であって、未来を予測するための道具にすぎない、とまで述べる(『論理的観点から――論理と哲学をめぐる九章』六六頁)。こうしてクワインは、プラグマティズムへの強い支持を表明するに至るのである。

3 自然化された認識論

さて、こうしたホーリズムの立場に立ったとき、私たちの認識というのはどのような活動としてとらえられるべきだろうか。認識のありようを論じる哲学の領域は認識論と呼ばれるが、クワインの診断によれば、哲学の認識論は伝統的に私たちの知識に確実な基礎を与えることを課題としてきた。しかし、哲学史的な事実としても、そしてクワイン自身のホーリズムの立場からしても(何が基礎かは確定されえない)、そうした課題は宿命的に失敗する。

こうした課題の困難さを指摘した代表的な哲学者としてクワインはデイヴィッド・ヒュームの名を挙げ、「ヒューム的苦境」は「ヒューマン的苦境である」といったシャレを記している（「自然化された認識論」五〇頁）。しかし、だからといって認識について論じるときのすべての課題が無意味になるわけではない。その有意味な課題とは、認識の確実な基礎を与えるのではなく、認識論的に疑わしい概念を問題のない概念によって説明するという、概念的な課題である。この課題を遂行する一つのやり方は、論理実証主義のいう還元であるが、それはうまくいかないことが分かっている。

では、どうするか。そこでクワインは、私たちが事実として、どういう証拠からどういう理論や知識へ至るのかを「自然科学的」に探究する、「心理学」としての認識論というやり方を提起する。クワインは、伝統的な認識論の苦境に触れた後、こう言う、「あたらしい理論的背景と明確になった身分のもとででではあるが、認識論は今もかわらず探求されているのだと。認識論、ないしはなにかそれに類したものは、心理学の一章として、それゆえ自然科学の一章として、まさに納まるべきところに納まっている。それは自然現象の、つまり物理的な人間主観の研究である」（「自然化された認識論」五七頁）。ここに「自然化された認識論」あるいは「自然主義的認識論」と呼ばれる考え方が現れる。

ここでの「自然化」とか「自然主義」というときの「自然」とは、したがって「自然科学」のことである。そしてこの「自然科学」には、いま触れたように心理学（当然、行動主義的心理学だが）が入っているが、それだけでなく、進化理論や脳科学も射程に入れられることになる。もし自然科学に確実な基礎を提供するのが認識論の課題だとしたら、認識論を自然科学に頼って展開するというのは循環論法になってしまうが、クワインはそうした基礎づけ的課題は採用しないのだから、「自然化された認識論」が循環に陥ってしまう心配もない。こうして、哲学的な認識論は新しい眺望のもとに置かれるようになったのである。

さて、このようなクワインの「自然化された認識論」のプログラムは、広い意味でとらえるならば、哲学の認識論を展開するにあたっての健全な態度であることは間違いない。もし、人間の認識や知識について検討するにあたって、一切自然科学的な知見を無視して、哲学者がアームチェアに座ってア・プリオリなレベルでの考察だけをすれば事足りると考えるとするならば、それは哲学の傲慢《ごうまん》だろう。それに実際、哲学だけがつねに万学を超越した特権的な学問であるなどという考えを抱いた哲学者など、実は歴史的にもほとんどいない。とりわけ経験論的な哲学者たちは、他の諸学問による経験科学的な知見を射程に入れながら、それと整合する哲学説を展開してきたのである。その意味で、自然科学と連動しながら哲学的な認識論を展開するという考え方には、おそらく異論を挟む人などいないだろう。

けれども、クワインのプログラムはもう少し過激である。それは、「知識とは自然現象であり、よって自然科学的に探究されるべきだ」という徹底した主張だと思われるからである。しかし、この考え方には多少の疑問が湧《わ》く。それは、第8章の最後で触れたジョン・サールが提示した「なまの事実」と「制度的事実」という区別にかかわる。「なまの事実」についての知識に関してはクワインのプログラムは大いに説得力を持っているが、制度的事実についての知識に関してはそうは思えない。なぜならば、そうした知識に関して、たとえば知識を得ている主体の脳状態などに注目して、自然科学的に探究することはできるが、だからといってそうした知識の対象を自然現象としてとらえきることができるように思えないからである。

たとえば、裁判の審議過程についての知識を自然科学的に探究することはできるだろう。そうした知識を持つ立場にいるところの裁判官や被告や傍聴人の、審議の経過に伴う血圧変化を調べたり、脳状態の変化を調べたり、というようにである。しかし、だからといって、裁判の審議過程を自然現象といえるだろうか。たしかに、それも自然現象なのだと述べることは理屈の上ではできるかもしれない。人々が呼吸をし、音を出し、空気の振動が生じていることは確かなのだから。しかし、このように言ってしまうと、サールのいう二つの事実の区別は消滅して、すべては自然現象だというのっぺらぼうの空虚な見方になってしまうだろう。その結果、「自然的」という言葉は、すべてに当てはまる、それゆえ何ら情報価値のない、無内容な述語になってしまうはずである。実際、たとえば誰かと誰かが養子縁組をしたなどという純粋に制度的な事実までも、実は自然現象にすぎないのだとするのはいささか常軌を逸しているだろう。

あるいは、裁判の審議中の自然現象、つまり、血圧変化や脳状態という現象だけに注目して探究しているのだから、「自然化された認識論」のプログラムは維持できる、というとらえ方もあるかもしれない。しかし、もしこのようにとらえると、結局、「自然現象を自然科学的に探究するときの対象は自然現象である」という単なるトートロジーに陥ってしまうだろう。つまり、「自然化された認識論」を文字どおりに私たちの知識概念に全面的に適用すると、空虚な主張か、トートロジーになるかの、いずれかに陥ってしまう危険があるのである。

同様な論点は、別の角度からも補強することができる。すなわち、制度的事実は政治的な、あるいは法的な「権威」によって成立しているのだが、そうした「権威」を自然現象としてとらえきることはできない以上、「自然化された認識論」のプログラムを知識現象全般に適用することは困難である、という点である。

たとえば、日本の歴史から例をとると、南北朝時代に足利尊氏《あしかがたかうじ》は、後醍醐《ごだいご》天皇の朝廷方と争っていたとき、持明院統《じみょういんとう》、つまり北朝から光明《こうみょう》天皇を立てて、後醍醐天皇側に対抗した。天皇の名は必ずしも生前から与えられているわけではないが、その人個人を指す名前として、いま仮に用いるとすると、このとき足利方の人々は、「現在の天皇は光明天皇である」ということを知識として持っていたということになる。「自然化された認識論」のプログラムからすると、この情報を文字情報として、あるいは音声情報として得た人の脳状態などからこの知識を自然科学的にとらえていく、ということになろう。

しかるに、歴史が伝えているように、後醍醐天皇は退位を拒否し、光明天皇を天皇として認めていなかった。そうだとすると、「現在の天皇は光明天皇である」という知識を分析するときに、自然現象だけを対象として考えるのは徹頭徹尾おかしなことになるだろう。ここには、制度的な次元での「権威」の問題、どこに「権威」があるのかという問題が、本質的に絡んでいるからである。それは自然現象としてとらえきることはできない。これに対して、「権威」もまた自然現象だと言い張るならば、さきに触れたように、すべては自然現象だという空虚な見方をもたらすだけである。そして実は、安定した制度的権威がある場合でも、このことは構造的に当てはまっているのである。

4　行為の因果説と心の哲学

このように「自然化された認識論」、つまり自然主義は、それを全面的に展開したとき、知識や認識という事象に、あるゆがみをもたらしてしまうという問題性をはらんでいる。しかし、そうはいっても、さきにも触れたように、自然科学などの諸科学（にすべて還元してしまうのではなく）と連係しながら人間の知識について解き明かしていくというのは、まことに真っ当かつ当然の道筋である。実際、「自然化された認識論」は、「制度的事実」ではなく、知覚による知識のような「なまの事実」についての知識の場合は、認知科学として現に探究されているように、さしあたりストレートに適用できるプログラムであるといえる。

では、人間の行為についての知識、つまりは人間の心の中の意志や意図や欲求が説明項として入ってくる人間の行為についての知識の場合はどうだろうか。この問題は、「行為論」と呼ばれる哲学の領域にかかわっている。実はこの行為論においても、クワインの「自然化された認識論」と呼応するような考え方が展開されていたのである。それは、クワインと同じアメリカの哲学者、ドナルド・デイヴィドソンの議論を端緒として展開されている「行為の因果説」である。人間の行為を知ること、言い換えれば、人間の行為をどう理解したり説明したりするか、という問題については、ごく大ざっぱに言えば、理由による説明と原因による説明との二つの考え方がありうる。

ドナルド・デイヴィドソン
1917-2003年

理由による説明とは、「なぜそうしたのか」という問いに対して、「意図」（intention）の内容を示して答えることが、すなわちその行為の意義を理解することだという考え方であり、この路線は、第16章でも言及するが、主としてイギリスの哲学者エリザベス・アンスコムによって追求された。これに対して、原因による説明とは、「どのようにしてそうした振る舞いが生じたのか」という問いに対して、欲求や信念などの心の働きを振る舞いの「原因」として指定することで、行為を理解できるという立場である。

デイヴィドソンは後者の原因による行為理解を採用するのだが、彼は、単なるメカニカルな因果性のみによって行為が理解できるとは考えず、理由による理解も重視した。すなわち、行為の理由はそれが行為の原因となるとき、行為を説明する、というように考えたのである。これがデイヴィドソンの行為の因果説である。その背景には、行為は理由なしには単なる運動でしかなく、合理的な営みにならないが、しかし、そうした理由は後からのこじつけのようなものであってはならず、現に行為を引き起こしていなければならない、という把握があった。しかし、これは因果説である以上、因果関係に行為理解の本筋を置くことに変わりはなく、だとすると、事実的に行為の原因となっていさえすれば、原因結果の関係性が本来の道筋から逸脱していても、行為を説明してしまうことになり、奇妙ではないか、といった問題、「逸脱因果」と呼ばれる問題が提起された。

たとえば、Aさんに危害を加えようと、BさんがAさんの所に車を飛ばしているとき、急に人が飛び出してきて重傷を負わせてしまったが、実はその重傷を負った人がAさんだったというような場合、これはBさんのAさんに危害を加えようという意図が原因となってAさんが危害を受けたわけなので、因果説に従うと純然たる故意犯になるが、それはおかしいのではないか、といった問題である。行為の因果説はこうした「逸脱因果」のような困難に対処するため、因果概念の適用をより厳密化することなどによって、洗練されていったわけである。[*1]

こうした行為の因果説は、いずれにせよ、心の働きの因果性によって行為を説明し、そのことで行為についての知識が成立するという考え方なので、自然科学的な探究法になじみやすく、自然主義と対応する態度を醸成していく。けれども、こうした因果説を自然科学的探究に乗せるためには、「心」とはどういうものであるか、という問題を解明、しかも自然科学的な文脈に見合うように解明しなければならない。こうした問題を扱う領域は、「心の哲学」と呼ばれる。

「心の哲学」とは、アリストテレスやルネ・デカルトにも見いだされる伝統的な主題領域だが、現代では、物理主義とそれに反対する立場との相克として論争が繰り広げられている領域である。物理主義とは、心の働きを脳神経などの生理的・物理的働きに依拠して理解する立場の総称である。物理主義には、心の働きを物理的なプロセスに還元する、あるいは心の働きは物理的プロセスに還元はできないけれども、それに付随(スーパーヴィーン）する、あるいは物理的プロセスしか本当は存在しないとして心の働きを消去する、といったいくつかの考え方がありうる。こうした物理主義の立場を採るならば、自然主義は成り立ち、よって、人間の心や行為も自然科学的探究の枠内に入ってくるだろう。

しかし、これには反論もいろいろある。「クオリア」と呼ばれる、感覚や意識の「質」、たとえば「赤い」という色を見たときの「感じ」は、物理的には説明できないのではないかという反論はなかなか根強い。また、デイヴィッド・チャルマーズによって展開された議論、つまり物理的な面では普通の人間と全く同じだけれど、意識やクオリアを持たない哲学的「ゾンビ」を想像することができる以上、心の働きを物理的に説明するという考え方は間違っているのではないかという、いわゆる「ゾンビ論法」も物理主義への強力な批判となりうる。自然主義的に人間の心や行為を理解しようという試みは、いまなお道半ばであるといえるだろう。

しかし、こうした事態は経験科学的な知見とともに人間的事象を解明しようとするアプローチにとって本質的だといえる。というのも、そもそも経験とは、何度も繰り返してきたように、「努力し試みることの中において」という意味だからである。

5　自由と責任

さて、自然主義の射程についていくつか検討してきたが、もう一つ重大な適用場面が考えられる。それは、倫理である。つまり、倫理学の自然化ということが可能かどうかという問題である。ここではさしあたり、自由と責任の問題、そしてそれに基づく道徳的評価の問題について、自然科学的な手法でそれらを処理できるかどうかという問いにまつわる論点をいくつか解説しよう。

まず、自由と責任の問題についてだが、これに関しては、自由と必然、あるいは自由と決定論は両立するかどうかという、第5章のデイヴィッド・ヒュームについての議論でも触れた問題点について、最初に言及しておかなければならない。素朴に考えて、心の働きを含むすべてが必然的に決定されていたならば、自由など成り立たないし、よって責任概念もありえない、と考えるのは自然かもしれない。このように自由と必然や決定論は両立しないとする立場は「非両立主義」(incompatibilism) と呼ばれる。この非両立主義には、自由と必然は両立しないけれども、自由は現に成立しているとする「自由主義」(libertarianism：第12章で触れた「リバタリアニズム」から借りて、自由意志論でもこの用語が使用されている) と、自由と必然は両立せず、そして世界は必然的に決定されているので、自由は実際は成立していないとする「固い非両立主義」(hard incompatibilism) の、二つの立場がありうる。

こうした非両立主義の立場、とくに「自由主義」の立場は、自由や責任の概念を「ほかの仕方でも行為できたはず」（could have done otherwise）という「他行為可能性」として表象する、伝統的な理解の仕方と結びつきやすい。これは、他の仕方で行為できたはずなのに、この仕方で行為した、だからこの行為に対して責任があるのだ、という論法であり、常識的な言葉遣いにもかなった理解であるとともに、必然的に決定されているというのとは異なるあり方に、自由や責任のありかを求める非両立主義の立場ともしっくりくる見方である。

けれども、この他行為可能性の論法に対しては、ハリー・Ｇ・フランクファートという哲学者が挙げた反例がある。それは、人物Ｐがある行為Ａを自分の意志によって行ったのだけれど、実は、もしそうした意志を持たなかったとしても、Ｐは行為Ａを行うよう強制される状況にあったという場合、Ｐは行為Ａに関して他行為可能性はないのだけれど、責任を問われるはずだ、といった事例である。だとすれば、他行為可能性は、自由や責任にとって必要条件ではないことになるだろう。

さらに、非両立主義の中の自由主義に対しては、次のような批判、すなわち、自由と必然は両立せず、しかも自由が成り立っているならば、自由は意志などの心の働きと行為との間が非決定論的であることを要請するが、それは不合理ではないか、という批判がある。これはヒュームも述べていた批判で、意志と行為の間が必然的にではなく、非決定論的に、つまりは偶然的に結びついているだけだったなら、何かをしようと意志しても、実際にその行為が生じるかどうかはルーレットによって決まるようなことになってしまい、とうてい責任というものを問える状況ではなくなってしまうのではないか、とする批判である。こうして、ヒューム流の両立主義、つまり自由と必然、あるいは自由と決定論は両立する、それどころか自由は意志と行為との間の必然的な決定論的結びつきを要請する、という考え方が現れるわけである（言い方を換えれば、両立主義では、意志以外の出来事と行為との間に決定論的結びつきがある場合には、その行為は自由ではない、と見なされるわけである）。

しかしながら、こうした両立主義の考え方にも問題がある。それは、この考え方には自由か自由でないかという二者択一の見方が潜在していて、責任能力などという概念とともに問題となってくる、自由や責任の「程度」という概念、私たちにとってほぼ常識的な概念、を論じる余地がないという点である。子どもや精神障害者の刑事責任の問題などを思い起こせば、自由か自由でないかといった二分法にはリアリティがないことが分かるだろう。こうした自由や責任の「程度」の概念は、では、さきに非両立主義に即して触れた非決定論となじむのだろうか。このあたりは大いに検討の余地がある。自由と責任の問題もまた、道半ばなのである。

6　倫理学の自然化

そして、こうした論争状況にある自由と責任をめぐる問題、そしてそれを踏まえた道徳的評価の問題など、倫理学の基本的問題について自然主義的な見地からさまざまな提言が、今日行われているのである。それは、倫理学を自然科学的に論じることができるか、という問いをめぐる諸論争にほかならない。ここでは三つに絞って、それに触れてみよう。

第一に、「脳神経倫理」(neuroethics)と呼ばれる領域からの問題提起がある。ベンジャミン・リベットというアメリカの生理学者は、自由意志の問題を脳科学的な実験によって解明しようとして、大変に興味深い実験結果を得た。それは、人間がある行為を意志的に行おうというとき、まず当該行為が生じる約五〇〇ミリ秒前にその行為に対応する「準備電位」と呼ばれる脳の活動が現れ、その後、約三五〇ミリ秒後に意志が本人に「意識」され、そしてその後に当該行為が発生する、という実験結果である。

これに従うならば、行為の最初の起動は「意識」にあるのではなく、それより前に生じた「準備電位」にあることが予想され、だとすると、いわゆる自由意志なるものが行為を引き起こしているのではないことになりそうである。リベットはしかし、行為を行おうという「意識」の後で、その行為を行うことを「拒否」できる、という実験結果も得ており、そこに伝統的な自由意志のありかがありそうだとも示唆している。

第二に、進化理論的な見地から私たちの道徳的評価のありようをとらえていこうとする、自然主義的なアプローチがある。これは「進化心理学」（evolutionary psychology）と呼ばれる領域にかかわる。進化心理学とは、私たちの心のありようの特性を進化理論的に説明しようとする領域のことを指す[*2]。

たとえば、目の前にけがをして苦しんでいる人がいる場合に、それを助けない行為に私たちは道徳的非難を向けるが、遠い外国で貧困などにより苦しんでいる人がいる場合には、それを助けない行為に対して特別な非難を向けない。これはなぜだろうか、という問題に対して、進化心理学的アプローチにおいては、まず目の前の困っている人の場合のほうが、遠隔地の人に対する場合よりも、私たちの脳活動が活発になるという事実が示され、そしてそれは、私たちの祖先が遠い外国の地に住む人々と互いに助け合うというような環境の中では進化してこなかった、むしろ、面と向かった個人的な関係性の中での助け合いを必要とする環境の中で進化してきたからだという、進化理論的な条件によって説明がなされるのである。

もっとも、これは事実の記述であって、そういう事実が成り立っているからそうであるべきだという規範の提言にはならない。これはジョン・スチュアート・ミルを扱ったときなど何度か述べた、自然主義的誤謬《ごびゅう》の論点にほかならない。しかし、いずれにせよ、事実としてどうであるかということは、私たちの道徳的評価を解明する手がかりにはなるだろう。「努力し試みることの中において」考えていくしかないのである。

さて最後、三番目に、「実験哲学」(experimental philosophy)という二一世紀の新しい動向に言及しておこう。実験哲学とは、哲学のさまざまな問題に対して、統計的アンケートをとるといった方法によって根拠や説明を与えていくという、意表を突く奇想天外な思想運動で、今日いろいろな場面に影響を与えている。その推進者の一人であるジョシュア・ノーブは、「意図」という心の働きを表す概念について、意図的かどうかの判別には道徳的考慮が入り込んでいるという論点を、アンケートを通じて人々の道徳的直観を調査するという方法によって提起している。

ある会社で、新しい計画を立ち上げたとき、それが環境破壊を招くことを部下が上役に伝えたら、その上役が、そんなことは関係ない、計画を実行することだけに会社は関心があるのだと答え、そして実際に環境破壊が生じたならば、私たちの多くはその会社の上役は「意図的に」そうしたととらえる。しかし、今度は、同様な計画が、環境の改善をもたらすと上役に伝えたとき、上役が、やはり、そんなことは関係ない、計画を実行することだけに会社は関心があるのだと答え、そして環境の改善が実際に帰結した場合には、多くの人々は、この上役は、環境の改善を「意図的に」したのではない、と直観的に感じる、といった報告を与えている。これはつまり、「意図的」という言葉の理解には、何か道徳的な考慮が混ざっているがゆえなのだとノーブは論じるのである。こうした道徳的考慮が入り込む事態は「ノーブ効果」と呼ばれる。

以上はすべて、倫理や道徳の問題に対して、自然科学的な手法を導入する試みである。ここには十分に傾聴すべき経験論の一つの姿があるといえるだろう。

参考文献

飯田隆『言語哲学大全Ⅱ』、勁草書房、一九八九年
一ノ瀬正樹『確率と曖昧性の哲学』、岩波書店、二〇一一年
ウィラード・ヴァン・オーマン・クワイン『論理的観点から――論理と哲学をめぐる九章』、飯田隆訳、勁草書房、一九九二年
ウィラード・ヴァン・オーマン・クワイン「自然化された認識論」、伊藤春樹訳、「現代思想」、青土社、一九八八年七月号所収
丹治信春『クワイン――ホーリズムの哲学』、講談社、一九九七年
ドナルド・デイヴィドソン『行為と出来事』、服部裕幸・柴田正良訳、勁草書房、一九九〇年
ベンジャミン・リベット『マインド・タイム――脳と意識の時間』、下條信輔訳、岩波書店、二〇〇五年

注

＊1　実のところ、人間の行為が「責任」を帰せられるものである限り、行為に「原因」の概念を持ち込むことは理にかなっているといえる。というのも、ギリシア語の語源からすると、「責任」と「原因」とはともに「アイティア」という同じ語によって表現されていたからである。のみならず、「責任」と「原因」が同義であるというのは、日本語でも依然として同様である。「何々のせい」という日本語の表現は、「原因」も表せるし、「責任」も表せるからである。

＊2　進化心理学が扱う主題の一つとして、「殺人」がある。進化心理学の観点からの殺人研究の書である、マーティン・デイリーとマーゴ・ウィルソンの『人が人を殺すとき』（長谷川眞理子・長谷川寿一訳、新思索社、一九九九年）では、たとえば、妻の連れ子に対して義理の父が虐待したり殺したりする率が非常に高いことを、しかも実の母がそれを見逃したり関与したりすることを、進化的適応の概念によって説明しようとしている。

第15章　認識の不確実性

1　確率と曖昧性

本章では、現代分析哲学の中で、二〇世紀後半から二一世紀の今日に至るまで、きわめて活発に論じられるようになってきた領域、すなわち認識の不確実性をめぐる問題系について検討していきたい。哲学では長らく、ルネ・デカルトのコギト命題の導出以来といってよいかもしれないが、「確実性」というものが認識の基準とされ、それをひな型として問題が論じられてきたととらえることができる。

けれども、哲学以外の世界、たとえば物理学、生物学、経済学などでは、一七〜一八世紀以来の「確率」概念の展開により、いわゆる「確率革命」と呼ばれる潮流がすでに生じてきていて、むしろ「確率」で表せるような不確実な状態を自然な初期条件として受け入れた上で、議論を開始する、というスタイルが浸透してきつつあった。つまり、まず不確実であるということを前提として、それをデフォルトにして理論構築を行う、というやり方である。ここには、いわばデカルト的な「確実性」神話は存在しないわけである。しかるに、哲学だけは、ア・プリオリな真理や理論的真理とか、必然性とか、決定性とか、そうした確実性を持つ概念が相変わらず理論の核心を担う形で議論が進められ、不確実性をデフォルトにして論じる、というパラダイム転換はなかなか果たせそうになかった。

けれども、二〇世紀になり、量子力学でのいわゆる「不確定性原理」などのインパクトが大きく作用し、哲学もようやく不確実性を主題化するという方向性を示し始めるようになってきたのである。もちろん、こうした不確実性は「どの程度」という量的測定となじむものであり、その意味でこうした不確実性への注目という動きは、「計量化への志向性」という点に経験論の意義を認めた本書の観点からして、まさしく経験論の本筋へと直結した思想動向であるといえる。

このような、哲学で扱う不確実性について説明するに際して、少しでも分かりやすくするため、一つの例を挙げることから始めよう。第9章で「論理学」について論じたとき、最初に演繹《えんえき》的推論の典型例として「選言三段論法」を挙げて、それは形式的な真理、つまりは論理的真理であると論じたが、真相を言うならば、論理的な真理といったからといって、そこに確実性がいつも伴うわけではないことに注意しなければならない。次のような状況を考えてほしい。

「自分がある大学の大学院入試の面接試験を受けているとしよう。この大学を昨年卒業した知人の話によると、面接を担当する教授は二人いて、一人は年配のやさしい物腰の教授で、もう一人は比較的若い毒舌の教授である、とのことである。控え室で待機していると、面接室からごま塩髭《ひげ》を生やした初老の紳士が出てきて、外へ行ってしまった。その直後、自分の名前が呼ばれた。自分は、毒舌の教授によって面接されることを覚悟した」。

私たちの日常を形成するさまざまな判断は、この種の推論に充《み》ち満ちているといってよいだろう。では、この推論は正しいだろうか。

この推論を形式化するならば、「私は年輩のやさしい教授に面接されるか、あるいは若い毒舌の教授に面接されるかの、いずれかである」、そして「私は年配の教授に面接されることはない」、よって「私は毒舌の教授に面接される」、というように表すことができる。これは、すでに述べたように「選言三段論法」と呼ばれる推論であって、論理的に妥当な推論である。つまり、分析的真理あるいは論理的真理を備えた形式的に正しい推論なのである。

しかし、では、この推論は絶対確実に間違うことはないと言いきれるだろうか。そんなことはないだろう。面接室に入ったら、出ていってしまった紳士よりもさらに年配の教授がいて、やさしい仕方で質問を受けた、ということが想像可能だからである。あるいは、実は面接官は三人いて、部屋に残っていた二人の教授は知人の言っていた二人で、物腰のやさしい教授もそこにいた、ということも十分に想像できるだろう。つまり、ここでの「選言三段論法」は、論理的に妥当な推論なのだが、決して確実ではなく、むしろ不確実な推論なのである。

ここでの不確実性には二通りある。一つは、最初の前提の「私は年輩のやさしい教授に面接されるか、あるいは若い毒舌の教授に面接されるかの、いずれかである」に関する不確実性で、これは知人の情報に基づく前提であり、いま三人の面接官がいたという可能性に触れたように、間違っているという可能性がある。この場面の不確実性は、情報の信頼性をめぐる不確実性であり、「確率」(probability)という概念によっておもに扱われるべき問題圏に連なる。

次に、第二の不確実性は、二番目の前提「私は年配の教授に面接されることはない」にかかわる。これは、知人の情報を踏まえた上で、ごま塩髭の初老の紳士が部屋から出てきたという知覚に基づいてもたらされた前提である。しかるに、上に述べた、もっと年配の教授がいる可能性にかんがみれば分かるように、ここにも混乱が生じる種があるわけである。ここでの不確実性は、「年配の」という述語がその源泉となっているもので、今日の哲学では「曖昧性《あいまい》」(vagueness)という概念によって議論されている領域に結びついている。

いずれにせよ、こうした整理から分かるように、今日、不確実性、とりわけ認識の不確実性として論じられている要素は、大きく「確率」と「曖昧性」とにかかわる問題圏に分けられるのであり、[*1]こうした問題圏は論理的真理、つまりは論理的妥当性とは別に、あるいはそうした論理的妥当性よりもはるかに根源的かつ遍在的な仕方で、私たちの認識や理解の実践にかかわっていることが浮かび上がる。極論を言ってしまえば、論理的妥当性というのは、私たちの日常的理解実践のレベルで、いま述べたような不確実性がごく普通に充ち満ちている以上、それだけではほとんど役立たずである、ということにもなるのである。

2 二つの確率

それでは、いまピックアップした「確率」と「曖昧性」という二つの局面に即して、現代哲学の核心について一瞥《いちべつ》していこう。

まず、「確率」についてである。「確率」は、第2章でロック哲学について解説した際にも触れたことだが、フランスの哲学者ブレーズ・パスカルによって数学的に体系化した形で人類にはじめてもたらされた概念で、「確率革命」という言い方をさきに言及したが、こうした確率概念の誕生は、人類にとってまことにエポックメイキングな出来事であった。

しかし、同時に、この確率の概念は多くの謎を生み出す源でもあった。第一に、「確率」

とは何か、という哲学的な問いがある。現在の観点からすると、確率論というのは事実上、数学の一分野であり、それは「大数の法則」、「中心極限定理」、「大偏差原理」という三つの法則性を基盤として、ランダム性の数学として展開されている。この数学的確率論については、各種テキストに当たってほしい。しかし、このように数学の分野として確率論が体系化されているからといって、「この手術の成功確率は九〇パーセントである」と言われた場合の「九〇パーセント」とは何を意味しているのかといったたぐいの、確率の初期値の解釈についての哲学的問いが無意味なわけではない。哲学者たちはこうした問いに向き合い、いくつかの考え方を提出してきた。ここでは、そうした確率解釈を大きく二つに分けて紹介しよう。すなわち、「主観的確率」と「客観的確率」との二つである。

私自身は、この二区分の呼び名は哲学的論争の中では紛らわしい事態を生じさせるので、主観的確率の代わりに「認識的確率」、客観的確率の代わりに「物理的確率」と呼ぶことを好んでいるが、ここでは通例に従って、主観的／客観的、という名称で統一する。

主観的確率とは、要するに、確率概念を用いる各人が心で思う期待の度合い、あるいは「信念の度合い」(degree of belief) であって、これにはさらに、純粋に個人的な確率と、一般に、すなわち間個人的に共有されるような信念の度合いとの、二種がある。サイコロを振って、次に5の目が出る確率が八〇パーセントあると信じるというのは個人的確率で、5の目が出る確率はいわゆる「無差別の原理」に従って六分の一だと信じられていると述べるのは間個人的確率である。

こうした主観的確率は、一見してまったく理論的体系化のできないもののように聞こえるが、ブルーノ・デ・フィネッティやフランク・プランプトン・ラムジーといった人々によって、主観的確率といっても、そもそも「確率」として合理的な概念であるためには順守すべきルールがあることが明示され、さらに、次の第16章でも触れるが、確率についての「ベイズの定理」を応用する形で、主観的確率の改訂のありようも解明され、今日では高度に科学的な処理が行えるようになっている。

次に、客観的確率だが、これもまた二種に細分できる。頻度説と傾向性説である。頻度説とは、文字どおり確率というものを現象の生起する頻度として理解するという立場で、実際に客観的に生じた現象の統計に基づく理解であるがゆえに、客観的確率と呼ばれるわけである。リヒャルト・フォン・ミーゼスがこの頻度説について哲学的に基礎づけた。しかるに、こうした頻度説は、定義上、複数回の現象が生じた後でなければ確率について語ることは意味をなさない。

けれども、たとえば「明日私が死ぬ確率」というのは、私という個別の人間にかかわる以上、統計的な頻度ということでは処理しきれない。かといって、こうした確率概念が無意味であるとも、純粋に信念の度合いだけの問題であるとも言いきれないように考えられる。こうしたとき、頻度を語りえない単独的事象についての、しかも客観的に理解される確率、という概念が要請されることになる。こうした要請にかなうべく、カール・ライムント・ポパーによって提起されたのが、確率の傾向性説（propensity theory）である。これは、ポパーによれば、量子力学の確率概念を、いわゆる「コペンハーゲン解釈」のように主観的な仕方ではなく、客観的な仕方で扱うことを可能にする確率概念なのであった。

3 確率的因果

さて、分析哲学の展開の中で、こうした確率概念を自覚的に用いた影響力のある議論の一つは、「確率的因果」の議論だろう。すなわち、原因と結果の間に、因果的必然性という概念に代わって、確率的関係性を読み込むという議論である。デイヴィッド・ヒュームを論じたときにも触れたが、基本的に哲学者たちは因果性を論じるとき「必然性」の概念をいつもペアにして検討してきた。これはイマヌエル・カントでも同様である。けれども、私たちの日常次元での因果概念の使用を顧みるならば、こうした因果的必然性の概念はあまり機能していないことが分かる。

昨今はインフルエンザの流行がしばしば話題にのぼるが、それへの対処として「タミフル」の服用ということが議論になる。というのも、子どもにタミフルを服用させると、意識障害のような症状がときおり起こり、事故につながると指摘されることがあるからである。ここで問題となっているのは、タミフルの服用と意識障害との因果関係だ。しかるに、ここに因果的必然性といった概念を持ち出すことはまったく意味をなさない。タミフルを服用すると「必ず」意識障害が起こる、という命題の真偽が問題になっているわけではまったくなく、タミフルを服用すると意識障害が生じることがある、あるいはもっと正確に言えば、タミフルを服用すると意識障害が生じる確率が服用しない場合に比べて高まる、という命題こそが議論の焦点となっているからである。同様なことは、喫煙と肺がんとの因果関係、特定の遺伝子配列と糖尿病の発生といった、多くの事例にも当てはまる。

もちろん、こうした事態は少し注意すればただちに気づかれるにもかかわらず、哲学者たちが因果的必然性を論じてきたのにはそれなりの理由がある。もともと「必然性」はギリシア語の「ト・クレオーン」という「負い目」を意味する語から発した概念であり、そこには負い目を償わなければならないという規範的含意が込められていた。つまり、必然性とは、原義からすれば、事実として必ずそうなっているという意味ではなくて、そうなっていなければならない、という規範性の表現なのであって、因果性に必然性が帰せられるときも、こうした原因あるいは結果が生じたときには、これこれの結果あるいは原因が生じていなければならないはずだという、カントの用語で言えば、構成的（事実を実際に構成するの意味）ならぬ統整的（何かを目指すという意味）な働きをする概念なのである。それゆえに、事実として必然性がとうてい語りえないような形で因果関係が問題になっているときでも、哲学者たちは必然性と因果性とを結びつける語り口をとり続けることができているのである。

しかし、もちろん、これは実践上は生産的とは言い難い。よって、確率を考慮した因果性理解、すなわち「確率的因果」(probabilistic causality) が提案されるに至ったわけである。それはハンス・ライヘンバッハの先駆的仕事に始まり、アメリカの哲学者パトリック・スッピスらによって体系化されてきた。確率的因果というのは、要するに「原因はその結果の生起確率を高める」というとらえ方であり、実は統計的な次元ではごく当たり前の考え方で、それは統計的因果推論という形で高度に洗練された理論化が統計学の分野でなされている。この問題に関して哲学者たちは、基本的な着想を問題にする。

すでに示唆したことだが、ある出来事Cが生じたという条件のもとで別の出来事Eが生じる条件つき確率と、出来事Cが生じなかったという条件のもとで出来事Eが生じる確率とを比較して、出来事Cが生じたときのほうが出来事Eが生じる確率が高いならば、CとEとの間にはさしあたり因果関係があることが予想される。長期間喫煙した人で肺がんになる確率、喫煙しない人で肺がんになる確率を比較して、前者のほうが高ければ喫煙と肺がんとの因果関係をさしあたり推定する、というわけである。

しかし、だからといって、因果関係があるとただちに断定することはできない。たとえば、ある遺伝的構造はニコチンを求める傾向をもたらすと同時に、肺がんにかかりやすい体質をもたらすと、そういう可能性を考えよう。この場合、肺がんの原因は喫煙ではなく、その遺伝的構造にあることになる。スッピスはこうした場合の喫煙のような出来事を「偽の原因」と呼んだ。ライヘンバッハの用語法では、真の原因は偽の原因を「ろ過する」(screen off) などとも呼ばれる。

4 シンプソンのパラドックス

しかし、もちろん、こうした「確率的因果」の考え方が完璧《かんぺき》な説得力を持っているわけではない。そもそも、真の原因をどうやって発見するのか、という根本的な問題が手つかずのままになってしまっている。というより、どんなに統計的因果推論の仕組みを洗練させても、本当の原因は何なのか、というのは実は解き明かせない。因果性というのは、形而上学的《けいじじょうがく》な関係性なのである。なので、確率的因果の議論はこうした因果性の本性を逆にあぶり出す機会になるという点に一つの意義があるといえるだろう。

しかし、もっと表層的な次元でもいくつもの困難に逢着《ほうちゃく》する。一つは、ある出来事Cは、出来事Eの生起確率を高めるどころか低めてしまうにもかかわらず、出来事Eの原因と見なさなければならない、というような事例の存在が困難として指摘されうる。これはしばしばゴルフのバーディーパットの事例によって例解される。バーディーになる確率のきわめて高いバーディーパットが打たれたが、カップに向かう途中でウサギが飛び出してきてボールを蹴《け》飛ばしてしまい、大きく軌道をそらしたが、まったく予想外の軌道を通ってカップインした、という場合である。この場合、バーディーになる確率はウサギのキックで減少したのだけれど、現にたどった軌道でバーディーになったことの原因はウサギのキックにほかならない、とそう考えられる。つまり、確率的因果の考え方の反例になりそうなのである。

また、統計学で必ずといってよいほど言及される「シンプソンのパラドックス」も、確率的因果の考え方に対する困難となるだろう。「シンプソンのパラドックス」とは、「シンプソンの不等関係逆転」とも呼ばれるパズルで、ある集団内で調べると、cはeの生起確率を高め、別の集団内で調べてもcはeの生起確率を高めるのだけれど、二つの集団を合計して調べると逆転が起こり、cはeの生起確率を低めてしまう、という事態のことを指す。つまり、

(1) ある疾患を持つ男性集団に対して、ある治療を施すと回復する確率が高まり、
(2) 同じ疾患を持つ女性集団に、同じ治療を施しても回復する確率は高まるのだけれど、
(3) それらの男女全体の集団で調べると、その治療によって回復する確率は、その治療を施さない場合よりも低くなってしまう、

というような場合で、そんなことがありうるのかと思われる人もいるだろうが、実際、そ

表2

	男性 回復	男性 非回復	女性 回復	女性 非回復	男女の全体 回復	男女の全体 非回復
治療	2	6	4	1	6	7
未治療	1	4	6	2	7	6

ういうケースは発生しうるのである。治療／未治療、回復／非回復の患者数についての、表2のような事例を考えてみよう（ここでは、論点を見やすくするため、人数の割合がすなわち確率であると見なして話を進める）。

すなわち、男性で治療を受けて回復したのは八分の二で、未治療で回復したのは五分の一であり、2/8＞1/5という、さきの(1)に対応する関係が成立する。また、女性で治療を受けて回復したのは五分の四で、未治療で回復したのは八分の六であり、4/5＞6/8という、さきの(2)に対応する関係が成り立つ。しかるに、男女全体で合計すると、治療を受けて回復したのは一三分の六で、未治療で回復したのは一三分の七であり、6/13＜7/13となってしまい、さきの(3)が成立してしまうのである。もちろん、こうしたケースの可能性は、データ量を大きくしてもつねに存在する。

だとしたら、仮に確率的因果の考え方を採用したとして、ある調査をして出来事Cが出来事Eの生起確率を高めるということを見いだしたとしても、そこからすぐに、二つの出来事間の因果関係を推定することさえできないことになる。ほかの集団を混ぜて調べたら、出来事

Cが出来事Eの生起確率を高めるとはいえないことになってしまうという可能性を、「シンプソンのパラドックス」のゆえに排除できないからである。ここには、確率を考慮して不確実性の様態のもとで因果性を解明するという、日常的態度に即した真っ当な方針にも根源的な問題性が宿されていること、つまり、因果性という概念の根底には底知れぬ深淵《しんえん》が横たわっていること、こうしたことが暗示されている。

5　条件文と確率

さて、もう一つ、現代の分析哲学の展開の中で、確率概念が本質的な働きをした場面を一瞥しておこう。それは、条件文の理解に関してイギリスの哲学者、フランク・プランプトン・ラムジーが提起したアイディアに由来する一連の議論展開である。「条件文」というのは、「もしpならば、qである」という形の文で、論理学について論じたときにも触れたが、少し奇妙な性質を持つ。すなわち、前件pが偽のときには、後件qが何であろうと、全体として真になるという性質である。このことは、場合によっては、偽であるへんてこな命題はいかなる内容の命題も含意するということを導きかねない。というのも、「もし人間が金属ならば、聖徳太子はサッカー好きだった」という文も、「人間が金属である」という前件が偽である以上、全体として真になってしまうからである。

こうした問題性をはらむ条件文に対してラムジーは、「ラムジー・テスト」と呼ばれる考え方、すなわち、「もしpならば、qである」という文の意味は、pという前件を受け入れたときにqという後件に対してどのくらいの信念の度合い（つまり主観的確率）をあてがうことができるかによって測れ、という考え方を提示したのである。これはのちに、アメリカの哲学者ロバート・ストルネイカーによって一般化され、「AならばBに対する確率は、Aという条件のもとでのBに対する条件つき確率と同じである」という、「ストルネイカーの仮説」と呼ばれる仮説として定式化された。これは、条件文の理解を条件つき確率によって行うという奇想天外なアイディアであり、大いに哲学の世界に論争を巻き起こした議論である。

けれども、その後、アメリカの哲学者デイヴィッド・ルイスによって、この仮説を認めると、いかなる命題相互も確率的に独立、つまり、いかなる現象も、他の現象が生起する生起しないによって、その生起確率が影響を受けることはない、という結果が生じてしまうことが論証されてしまったのである。これを「トリヴィアリティ結果」と呼ぶ。しかし、こうした結果は受け入れ難い。たとえば、食べ過ぎるか食べ過ぎないかということが、腹痛が起こるという事態に対して確率的に相関していることは明らかであると思われるのに、「トリヴィアリティ結果」によれば、そうした相関はないということになってしまうからである。かくして、「ストルネイカーの仮説」は間違っていたのではないか、ということになったのである。いずれにせよ、こうした、条件文と条件つき確率との連関をめぐる議論は、分析哲学の新しい地平を開き、不確実性を射程に入れた論理哲学の興隆をもたらしたのである。

以上の問題以外に、過去認識や歴史認識の問題についても、その不確実性が問題となり、場合によっては確率概念の適用も考慮されなくてはならないという、そういう問題圏も指摘できる。

分析哲学においては、アメリカの哲学者アーサー・コールマン・ダントの提起した「物語論」が、歴史認識の問題に対して大きな影響力を有している。それによれば、歴史とは、二つの時間的に隔たった出来事を指示しながら、二つのうちより早い時期の出来事だけを記述することによって認識されることになり、そうした記述が物語文と呼ばれる。このことは、ある過去の時点の出来事の意味は、その後に生じる出来事によって変化させられうるということでもあり、よって、ダントの言い方に従えば、歴史には「過去の偶然性」が含意されることになる（『物語としての歴史——歴史の分析哲学』二三八頁）。ここに不確実性が介入していることは明らかであろう。もともと過去はすでにないものなので、確実な認識というのは定義上できないのだから、過去や歴史の認識に不確実性が伴うことは自然である。[*2] そして、それに対して確率概念を適用して処理していこうという発想が生まれるのも、当然の成り行きであろうと思われる。

6 ソライティーズ・パラドックス

さて、確率以外の、もう一つの不確実性の領域である「曖昧性」に目を向けてみよう。本章の冒頭で「年配の」という述語が曖昧であることを指摘したが、実際、私たちの日常言語には、「年配の」に限らず、恐ろしく膨大な数の曖昧な述語が充満している。「赤い」、「背が高い」、「うるさい」、「寒い」などなどである。こうした述語は、曖昧だからといって、なくしてしまうわけにはいかない。私たちのコミュニケーションにとって不可欠の表現であると考えられるからである。

では、曖昧な述語の特徴とは何か。それは、その述語を使用して文を作ったときに、真か偽か判定しにくく、ここまでは真で、その先は偽であるといった鮮明な境界線を引けない事例、すなわち「境界線事例」(borderline case) を許容する、という点にある。「寒い」を例にとってみよう。「気温摂氏二度は寒い」は、大方の人にとって真であるといってよいだろう。逆に、「気温摂氏四〇度は寒い」は、偽であるといってよいはずである。では、どこから真が終わり、偽が始まるのだろうか。「気温摂氏九度は寒い」はどうだろうか。ロシア育ちの人にとって、これは真とはいえないかもしれない。では、「気温摂氏一三度は寒い」はどうだろうか。明白に偽だろうか。インドネシア育ちの人は真であるというかもしれない。

このように、曖昧な述語を用いた文には、真とも偽とも言い難い境界線事例が発生する。この場合、真とも偽とも言い難いというのは、いま触れたように、個人によってその範囲は異なることもあるかもしれないが、ここでの問題点にとってそうした相違は本質的でない。要するに、特定のどの範囲にそうした境界線事例が発生するかは別にして、どこかに境界線事例が発生する、という事実が認められれば曖昧な述語であるといえるのである。

ロシア育ちの人にとっても、日本育ちの人とは違う範囲かもしれないとしても、やはり「寒い」に関する境界線事例は発生するのである。そしてこのことは、言い方を換えると、曖昧な述語には鮮明でクリアカットな境界線がないということだから、多少の違いによって、突然にその述語が当てはまる状態から、当てはまらない状態に変化することはない、ということでもある。つまり、たとえば、もし「気温摂氏一二度は寒い」が認められるならば、「気温摂氏一一・九度は寒い」も、ほとんど違いがないのだから、認められなければならないということである。こうした性質は「寛容」と呼ばれる。

しかるに、こうした「寛容」という特徴を持つ曖昧な述語には、ギリシアの昔から、あるパラドックスが発生してしまうことが知られている。そしてそのパラドックスが、現代の分析哲学や論理学に重大な影響を与えているのである。それは「ソライティーズ・パラドックス」(sorites paradox)と呼ばれるパズルである(これは「ソリテス・パラドックス」

と日本では呼ばれることがあるが、世界的に「ソライティーズ・パラドックス」と発音されているので、国際標準に合わせたい)。

再び「寒い」を例にとろう。「気温摂氏二度は寒い」は真であるといえるだろう。だとすれば、「気温摂氏二度は寒いならば、気温摂氏二・一度は寒い」も、いま触れた「寛容」の原理によって、真といえるはずである。実際、摂氏二・一度ならば、べつに「寛容」によらずとも、「寒い」はほぼ確実に当てはまるだろう。

いずれにせよ、この二つの命題を認めるならば、論理学の推論規則である「モードゥス・ポネンス」(前件肯定式、三七一頁の注1参照)によって、「気温摂氏二・一度は寒い」が導かれる。だとすれば、同様に「寛容」に訴えることによって、「気温摂氏二・一度は寒いならば、気温摂氏二・二度は寒い」も許容され、ひいては「気温摂氏二・二度は寒い」が導出される。かくして、同じ論法がずっと適用され、ついには、「気温摂氏一三度は寒い」といった境界線事例を経過して、「気温摂氏四〇度は寒い」にまでもたどり着いてしまう。これは明らかに日常的語法に反するだろう。

同じ背理は、「寒くない」という同様に曖昧な述語に即しても示すことができる。「気温摂氏四〇度は寒くない」は確かに真だとしよう。だとすると、いま示したのと同じ論法で、「気温摂氏三九・九度は寒くない」も導かれ、やがては「気温摂氏一三度は寒くない」が引き出されるだろう。けれど、「寒い」に関して、「気温摂氏一三度は寒い」も同様に導かれるのであった。ということは、「気温摂氏一三度は寒い」かつ「気温摂氏一三度は寒くない」という明白な矛盾がここに発生してしまうということである。これが「ソライティーズ・パラドックス」と呼ばれる難問である。

この難問に対してどのように対応すればよいだろうか。かつては、もともと論理学などの学問の中では明確な概念を用いるので、日常言語に現れる曖昧性の現象など考慮しなくてもよい、という考え方もあった。しかし、現在は逆に、こうした曖昧性の現象への対応をどうするかこそ、論理学の、とりわけ意味論の分野での試金石であると見なされているといってよい。こうした観点でいえば、キット・ファインが提示した「重評価論」(super-valuationism)という立場が、「ソライティーズ・パラドックス」に対する対応としてよく知られている。

「重評価論」によれば、次のように主張される。まず、曖昧な述語には境界線事例があることを認め、しかるにそれがパラドックスを生み出してしまうのだから、それを解消するために、つまり私たちの言語実践に合わせるために(日常的にはパラドックスは生じていない)、境界線事例の発生する領域のどこかに人為的に境界線を引き、境界線事例のどれかから真理値が変化するようにする。こうした人為的に境界性を引くことを「精確化」と呼ぶ。しかるに、こうした精確化は多様な仕方で行うことができるのであり、どれか一つに特権性を付与できない。よって、すべての精確化を重ね合わせても真であるものが本当に真であることになる。こうした真理は「重真理」と呼ばれる。いずれにせよ、このような考え方に沿って精確化を施すことによって、「ソライティーズ・パラドックス」の推論の過程で、どれかの前提に（特定のものではないけれど）誤りがあることになると論じて、パラドックスを退けるやり方、これを重評価論と呼ぶのである。

これに対して、オックスフォード大学の哲学者ティモシー・ウィリアムソンは、「ソライティーズ・パラドックス」は意味論的な問題ではなく、認識論的な問題であるとして、「認識説」（epistemicism）と呼ばれる考え方を提示した。「認識説」に従えば、いかなる曖昧な述語にも事実としては鮮明な境界線があるのであり、よって意味論的な場面では曖昧性はいかなる問題も引き起こさないのだが、認識という場面では、私たちはそうした意味論的に鮮明な境界線について「無知」なので、「ソライティーズ・パラドックス」が発生してしまう、というのである。

そのほか、論理学について検討した第9章でも触れたような、多値論理を適用して対応するやり方、すなわち、一般に「程度説」と呼ばれる考え方もよく知られている。「程度説」では、「ソライティーズ・パラドックス」に用いられている論理法則「モードゥス・ポネンス」が拒絶されることによって、パラドックスの解決が図られたりする。また、そうした「程度説」の中には、ここでは詳述しないが、イギリスの哲学者ドロシー・エジントンが提起した確率概念を用いた解決案もある。さらには、「文脈主義」と呼ばれる、心理的な側面から「ソライティーズ・パラドックス」を処理するやり方も提案されている。

また、以上の議論とは別に、述語ではなく、実在における曖昧性を問題にする領域、「存在論的曖昧性」と呼ばれる形而上学的な問題圏もある。これはたとえば、富士山はどこから始まるのか、といった場面で現れる曖昧性の問題である。これに対しては、ギャレス・エヴァンズというイギリスの哲学者が、きわめてテクニカルな仕方で、実在的な曖昧性は不可能である、とする議論を提示したことで、大きな論争が巻き起こった。このように、百花繚乱《ひゃっかりょうらん》の感のある現状だが、こうした曖昧性をめぐる論争は、まさしく「計量化への志向性」を持つ経験論哲学の、現代における一種の極限の姿であるといえるだろう。

参考文献

一ノ瀬正樹『原因と結果の迷宮』、勁草書房、二〇〇一年
一ノ瀬正樹『原因と理由の迷宮――「なぜならば」の哲学』、勁草書房、二〇〇六年
一ノ瀬正樹『確率と曖昧性の哲学』、岩波書店、二〇一一年
マイケル・ダメット『真理という謎』、藤田晋吾訳、勁草書房、一九八六年
アーサー・コールマン・ダント『物語としての歴史――歴史の分析哲学』、河本英夫訳、国文社、一九八九年

フランク・プランプトン・ラムジー『ラムジー哲学論文集』、伊藤邦武・橋本康二訳、勁草書房、一九九六年

注

＊1　不確実性に対する区分の仕方は、「確率」と「曖昧性」という二区分以外にもありうる。たとえば、意思決定理論の文脈では、情報がないという意味での「無知」、そして「リスク」といった概念も、不確実な状況の特徴として用いられることがある。このあたりの問題状況は、哲学のみならず、心理学、統計学、経済学などもかかわる大変に学際的な様相を呈している。

＊2　ここでいうような、過去の「認識」に不確実性が伴うという論点は、さほど抵抗がないと思われる。たとえば、邪馬台国《やまたいこく》がどこにあったのかについての認識に確実性がないことは、ほぼ自明だからである。けれども、過去の「実在」、つまり過去の出来事そのものが不確実である、というところまで踏み込んだ主張をされると、多くの人はとまどうだろう。過去の出来事は、私たちの認識はどうあれ、起こったか、起こらなかったかのいずれかだ、というのが私たちの直観だからである。しかし、たとえばマイケル・ダメットは、独自の「反実在論」の立場に立って、過去の出来事そのものでさえ、起こったか起こらなかったかのいずれかだと断定はできない、という議論を展開している。ダメット『真理という謎』の「過去を変える」、および一ノ瀬『原因と理由の迷宮』第三章参照。

第16章　ベイズ主義の展開

1　実践的推論

この最終章では、現代の観点から功利主義と分析哲学の融合形、あるいは両者のハイブリッドともいうべき、哲学の動向について解説する。

第1章で論じたように、功利主義と分析哲学に共通して流れる発想は経験論であり、経験論のいう「経験的」とは、「努力し試みることの中において」という意味であり、よってそこでは「知ること」と「行うこと」、すなわち知識と行為とは、決して峻別《しゅんべつ》されることなく滑らかに連続した仕方でとらえられるのであり、また、努力し試みることは進展し続けるプロセスであるがゆえに、経験論的な考え方は「程度」を許容し、そういう量的測定を志向するものであった。実際、こうした経験論の原義は今日でも英米哲学の核として依然として強力に生きており、それが功利主義と分析哲学という二つの潮流を深く結びつけるに至っている。そうした結び目をなす考え方、それが本章で紹介する「ベイズ主義」である。

「ベイズ主義」は、一般には統計学の一領域をなしているととらえられるが、哲学の世界でも大きな話題の一つである。それは経験論的な哲学のいわば今日の姿であり、分析哲学の認識論的な文脈において盛んに主題化されているが、同時に意思決定理論ともリンクしながら功利主義的な問題意識をしっかりと受け止めながら展開されてきた。それは、知識と行為とを貫徹した主題を、「確率」という量的測定のための統計的手段を用いながら扱う立場であり、現在ではまことに広い領域で応用が模索されつつある。ここでは、まず最初に、現代哲学の中で、知識と行為とを、あるいは理論と実践とを連続させるような考え方の流れとして、実践的推論と義務論理について紹介し、それを踏まえて「ニューカム問題」という現代哲学上の有名なパズルをめぐる形で、ベイズ主義について論じていきたい。

現代哲学の中での実践的推論について論じるには、イギリスの哲学者エリザベス・アンスコムに言及しなければならない。アンスコムは、その著書『インテンション――実践知の考察』の中で、「意図的行為」についての分析を行っている。意図的行為とは、行為者が明確な意図を持って行う行為のことである。たとえば、タクシーを止めようと思って手を挙げる、といった行為であり、それは、意図せずに行ってしまう行為、身体の痙攣《けいれん》とか、電車に乗っているときに急ブレーキがかかってしまったがゆえに隣の人を押し倒してしまったとかの行為、そうしたものと対比される。

アンスコムは、こうした「意図的行為」の最大の特徴として、行為者が「観察によらない知識」を持っている、という点を強調する。つまり、私がタクシーを止めようとして手を挙げている場合、それを観察する第三者は、私が友達に合図しているのか、まぶしくて太陽を遮ろうとしているのか、タクシーを止めようとしているのかなど、私が何をしているのかを判断するには、いろいろと周りの状況を観察してからでないと確定できないのに対して、手を挙げている私自身は、そうした観察なしに、じかに「タクシーを止めるために手を挙げている」ということを知れる、というのである。

こうしたアンスコムの議論に対しては、「知識」を伝統的な仕方で理解した場合、つまり、証拠を挙げて真理であることを正当化できるような信念であると理解した場合、そもそもこうした自分の行為についての了解を「知識」といえるのか、証拠を出せないではないか、といった批判が考えられる。この点を考えるには、おそらく、アンスコムが「観察によらない知識」と実践的推論とを対応させている点に目を向ける必要があるだろう。

「実践的推論」(practical reasoning)とは、アリストテレスが最初に提起した行為に関する推論のことで、いくつかの型に分けられるが、典型的なものは次のような推論によって例示できる。

「私は大阪に行きたい」

「新幹線に乗れば、大阪に行ける」
「私は新幹線に乗りたい」
「東京駅に行けば、新幹線に乗れる」
よって、
「私は東京駅に行く」

こうした推論は、結論が行為になっているという点で、通常の論理的推論とは異なる。しかし、推論の構造という点では、「モードゥス・ポネンス」[*1]に対応する原理を(逆の順番でだが)用いているのであり、通常の論理的推論と本質的な違いはない。アンスコムの言う「観察によらない知識」が実践的推論と対応されている限り、「観察によらない知識」というのは、この実践的推論によって表現されるような、行為の導き方についての理解と結びついていると考えることができるはずである。つまり、こうした推論を引き合いに出せるという意味で、何らかの証拠による正当化をなしうる態勢になっており、その限りで「知識」と見なされているのではないか、ということである。いずれにせよ、これは間違いなく経験論的な議論の展開であり、一つの洞察である。

2　義務論理

けれども、こうした「実践的推論」は、厳密に言うならば、推論の構造の明示化としていささかラフにすぎる。さきの例で言うならば、通常、「大阪に行きたい」という目的があるときには、新幹線で行くか飛行機で行くかバスで行くか、といったいくつかの選択肢の中から、それぞれの「利点」（所要時間や費用や疲れる度合いや快適さなど）を勘案しつつ決めていくはずである。しかるに、そうした「利点」を考慮する仕組みが「実践的推論」には直接的には備わっていない。また、実を言うと、新幹線や飛行機やバスのそれぞれに対して、大阪に着きたい時間にうまく到着できるかについての「確からしさ」の差もある。天候や交通事情や、場合によっては政治事情なども考慮しつつ、そうした「確からしさ」が計算され、さきの「利点」と相まって、どうすべきかが決められていくというのが実際のところであろう。

けれども、「実践的推論」の構造は、こうした実態に必ずしも適応していない。言うまでもなく、ここでの「確からしさ」とは「確率」であり、「利点」とは「効用」、つまり功利主義の「功利」である。つまり、「実践的推論」には、確率と効用という、実践的決定に現実に組み込まれている肝心の要素をうまく処理できる用意が組み込まれにくいという弱みがあるのである。

では、現代哲学の中で知識と行為を結びつけることを主題化している、もう一つの領域、「義務論理」(deontic logic) はどうだろうか。「義務論理」というのは、「べし」あるいは「当為」(ought to) を扱う論理の意味であり、一四世紀の中世時代から主題化され、ゴットフリート・ヴィルヘルム・ライプニッツを経て現代に至り、ゲオルク・ヘンリック・フォン・ウリクトの仕事によって一つの領域を形成するようになった。「義務」、「許可」、「禁止」にまつわる規範的な概念の論理を、一般に、「必然性」、「可能性」、「不可能性」という様相概念に対応づけて、そうした様相概念を扱う様相論理に準じて定式化する。

たとえば、「pであるべきである」という「義務」は、「善なる状態であるにはpであることが必然(必要)である」と同値であるとか、「pであってよい」という「許可」は、「善なる状態でありかつpであることは可能である」と同値であるなどと理解して、規範的な概念を記号化し、推論操作を明示化していくのである。

しかし、こうした義務論理の体系には、もとから多くの問題点が指摘されていた。たとえば、通常の様相論理と対応的に義務論理を定式化することで、「pであるべきである」から「pまたはqであるべきである」が演繹《えんえき》されてしまうが、これは直観に反するといったパズル(ロスのパラドックスと呼ばれる)や、かつてロデリック・チザムが示したような、規範概念を条件文で使用するときに矛盾が発生してしまうといった問題である。

今日では、義務論理は、単なる命題を要素として扱うのではなく、行為あるいは実践を要素とするような論理、「動的論理」(dynamic logic)として展開されたり、「pであるべきである」(ought to be p)ではなく、「pするべきである」(ought to do p)を扱う行為者論理へと変容しつつある。こうした義務論理の展開は大変実り豊かであり、また、経験論の流れを汲《く》む分析哲学にとって、王道を行く道筋であるといえる。

けれども、義務論理はあくまでも論理なので、最初の義務の内容が何であるかという問題には直接コミットしない。まして、ジョン・スチュアート・ミルについて論じたときなどに触れた「トロリー問題」(トロッコ問題)のような、規範や義務が衝突してしまうケースについて、義務論理を適用して問題を整理したり解決したりすることはあまり期待できない。つまり、規範それ自体にも、不確かさ、曖昧《あいまい》さがあるという事実は、義務論理を洗練させることによっては対処できないのである。「実践的推論」とか「義務論理」とは別のアプローチがどうしても必要になってくる。そして、そうした別のアプローチと結びついてこそ、「実践的推論」や「義務論理」はその能力を真に発揮するのではないだろうか。

3　ベイズ的意思決定理論

では、別のアプローチとは何か。それは、不確かさ、不確実性、ひいてはそこでの「程度」を自覚的に考慮に入れて、知識と行為の橋渡しをするようなアプローチであろう。今日の哲学の状況からして、「ベイズ主義」あるいは「ベイズ的意思決定理論」がその有力な立場である。「ベイズ主義」そして「ベイズ的意思決定理論」とは何かは論者によってぶれがあり、明確に定義するのは難しいが、概して言えば、数学的確率論に現れる「ベイズの定理」（イギリスの統計学者トマス・ベイズにちなむ）を、主観的確率をデータの集積に応じて改訂していくという手続きを示していると経験的に解釈して、認識や統計の問題に適用していくのが「ベイズ主義」であり、そうした確率理解に基づいて、各選択肢の「効用」（つまり功利）を考慮しながら、合理的意思決定の問題を考えていくのが「ベイズ的意思決定理論」であるといえる。

「ベイズの定理」とは、$P(b|a)$を「ａが生起したという条件のもとでのｂの生起する確率」という条件つき確率の表現とすると、

$$P(a|b)=\frac{P(b|a)P(a)}{P(b)}=\frac{P(b|a)P(a)}{P(b|a)P(a)+P(b|\sim a)P(\sim a)}$$

と表現することのできる定理である。これを用いてデータｂを得たときのａが成り立つ条件つき確率を求め、それを新しいデータが得られるたびに行って、ａの成り立つ確率をアップデートしていく、というのが「ベイズ主義」の基本的な着想にほかならない。このア

ップデートの操作は「ベイズ的条件づけ」と呼ばれる。

この「ベイズ的条件づけ」は、たとえば、「これこれの文言が入っているメールであるという条件のもとで、そのメールがスパムメールである」という条件つき確率を、実際のメールに入っていた文言と、それがスパムメールであるかどうかとの確率付与を積み重ねて、徐々にスパムメールであることを発見する手続きの精度を上げていくときなどに使用される考え方にほかならず、実際、多くの領域で実用的に活用されている。ちなみに、第12章で触れたように、パースの「アブダクション」が「ベイズ主義」とどう連関しうるか、もまた現在論争中の主題である。

また、「ベイズ的意思決定理論」は、今日では非常に多様化され洗練されてもいるが、一般的に、「ベイズ主義」の確率改訂の方式を踏まえつつ、確率と効用（功利）とを相関的に規定し、ある行為を行ったならば、これこれの効用を伴う結果が帰結するという文に対する条件つき確率を基本に据えた上で、各選択肢の確率と効用とを掛けたものの総和、「期待効用」と呼ばれるが、それを最大化するものを選択すべきである、と論じるリチャード・ジェフリーの理論が代表的なものであるといえる。このジェフリーの理論は証拠的意思決定理論、あるいは意思決定の証拠説と呼ばれることもある。

いずれにせよ、言うまでもなく、こうした期待効用最大化原理は功利主義の最大幸福の原理を一直線に継承した見方にほかならない。功利主義は、現代哲学の先端のところで依然として脈々と息づいているのである。けれども、こうした条件つき確率を基にした期待効用最大化を旨とする合理的意思決定のベイズ的方法論に対して、重大なパズルが投げかけられた。それは「ニューカム問題」と呼ばれる。

4 ニューカム問題

ニューカム問題とは、アメリカの物理学者ウィリアム・ニューカムによって提起され、同国の哲学者ロバート・ノージックによって広く報知されたパラドックスである。のちにノージックが再びこの問題に言及したときの記述が、このパラドックスを理解するのには適しているので、それを引用しよう。

ロバート・ノージック　1938-2002 年

あなたの選択を正確に予言できる能力を持っていて、その能力に対してあなたが大きな信頼を抱いている存在者が、以下のような状況のなかでのあなたの選択を予言しようとしている。B1とB2という二つの箱がある。B1には一〇〇〇ドル入っている。B2には一〇〇万ドル入っているか、空っぽかの、いずれかである。あなたには次の二つの行為のどちらかを選ぶ選択肢が与えられている。⑴両方の箱の中に入っているものを受け取る、⑵B2に入っているものだけを受け取る。その上、以下のことをあなたは知っているし、あなたが知っていることをその存在者は知っているし等々のことが成り立っている。すなわち、もしその存在者があなたは両方の箱の中に入っているものを受け取るだろうと予言したならば、彼はB2に一〇〇万ドルは入れない。もしその存在者がB2に入っているものだけを受け取るだろうと予言したならば、彼はB2に一〇〇万ドル入れる。最初にその存在者が予言を行う。次に彼が、自分の予言に従って、B2に一〇〇万ドル入れるか入れないかする。その後、あなたが選択する（Nozick, R. *The Nature of Rationality*. Princeton University Press. 1993. p. 41. 一ノ瀬『原因と理由の迷宮』八八‐八九頁も参照）。

もちろん、これはお話であって、現実性はないだろう。けれども、この「ニューカム問題」がなぜ現代哲学で重大なトピックの一つになったかというと、これが合理的意思決定を導く考え方に対して深刻な反省を迫る思考実験となっているからである。とりあえず、さらに分かりやすくするため、ここでの選択肢を表3のようにまとめてみよう。

ここで注意したいのは、まず、ここでの「あなた」は、少しでも利益を多く得たいとい

表3

	予言者はB2に お金を入れなかった	予言者はB2に お金を入れた
あなたは 両方の箱を開ける	①あなたは 1000ドル得る	③あなたは 1001000ドル得る
あなたは B2だけを開ける	②あなたは 0ドル得る	④あなたは 1000000ドル得る

う観点に立って選択をする、ということが前提されている点である。このように前提した上での「合理性」は、どのように規定されるか、ということがここでの問題なのである。

次に注意したいのは、ここで言われている予言する存在者は人間であって、絶対に間違うことのない神ではない、という点である。というのも、絶対に間違いなくあなたの選択行為を予言してしまうのだったなら、「B2だけを開ける」という選択が合理的な選択であることは最初から明白になってしまうからである。したがって、予言が的中することに対して「確率」が付与されることになる。

こうした意思決定の問題に対しては、一般に、二つの考え方が提起される。一つは、すでに触れた「条件つき確率に基づく期待効用最大化原理」である。それは文字どおり、条件つき確率に基づく期待効用が最大である行為を選択することが合理的である、とする考え方である。

たとえば、非常に信頼のおける予言能力を持つ予言者ということを勘案して、①のケースの条件つき確率、P(予言者はB2にお金を入れなかった|あなたは両方の箱を開ける)＝0.9、と置くことがで

きるだろう。よって、②のケースは、P(予言者はB2にお金を入れなかった｜あなたはB2だけを開ける)＝0.1、同様にして、③のケースは、P(予言者はB2にお金を入れた｜あなたは両方の箱を開ける)＝0.1、④のケースは、P(予言者はB2にお金を入れた｜あなたはB2だけを開ける)＝0.9、と置くことができるだろう。そして、①から④までのこれらの確率に、それぞれの効用、すなわちこの場合は得られる金額を乗じて、比較するわけである。すると、両方の箱を開ける行為の期待効用は、(0.9×1000)＋(0.1×1001000)＝101000となる。対して、Ｂ２だけを開ける行為の期待効用は、(0.1×0)＋(0.9×1000000)＝900000となる。これは明らかに両方の箱を開ける期待効用よりも大きい。

こうして、期待効用最大化原理に従えば、「Ｂ２だけを開ける」という行為が最も合理的な選択であるといえることになる。この立場に立つ人は、しばしば「一箱派」などと呼ばれる。これは、予言ということをかなり重くとらえる立場である。つまり、両方の箱を開けてたくさんお金を得たいという魂胆はすぐに見破られてしまう、という見越しに基づいているわけである。そして、こうした期待効用原理で用いられる条件つき確率は、ジェフリーなどの場合、ベイズ主義の考え方にのっとって理解されるので、ここでの期待効用最大化原理を採用する立場は、「ベイズ的意思決定理論」とも呼ばれるわけである。

5　因果的意思決定理論

けれども、期待効用最大化原理にのっとる「一箱派」の議論には、何か不合理なものを感じる、という人もいるだろう。最大の疑問は、選択者が選択を行うときには、予言者がすでに箱B2の中身を決定してしまっており、いまさら選択者が何をしようと、B2の中身には何の影響もない、というように思われるという点である。こうした考え方に沿って、期待効用最大化原理とは別の、「優越原理」という考え方が導かれる。ここでの「優越」とは、いかなる状態においてもQという結果がRという結果よりも悪いということはなく、また少なくとも一つの状態においては、Qという結果はRという結果よりもよい、という場合、QはRに優越する、という意味である。

この意味での「優越」に沿った「優越原理」とは、「世界の状態が選択者の行為から因果的に独立である場合（つまり、選択の行為が世界の状態に影響を与えない場合）、ある行為がそのほかの行為に優越するならば、その優越する行為を選択することが合理的である」という考え方である。この「優越原理」に従うと、「ニューカム問題」に対する態度は、さきの「期待効用最大化原理」とは大いに異なることになる。

すなわち、予言者の箱B2の中身に対する決定はすでに行われてしまっているので、あなたの選択とは因果的に独立である。よって、予言者がB2に一〇〇万ドルすでに入れてしまったならば、つまり、さきの表の③と④の場合だが、③のほうが、つまり「両方の箱を開ける」ほうが、「B2だけを開ける」よりも優越する（一〇〇〇ドル多い）。また、予言者がB2に何も入れなかったならば、つまり、さきの表の①と②の場合だが、①のほうが、つまり「両方の箱を開ける」ほうが、「B2だけを開ける」よりも優越する（やはり一〇〇〇ドル多い）。こうして、「優越原理」によれば、「両方の箱を開ける」が最も合理的な選択になるわけである。このように考える人々は「二箱派」と呼ばれる。

ただ、この「二箱派」の立場は、予言者の予言力というものを頭から無視してしまっているような、考え方の道筋である。つまり、そもそも予言の的中率についての確率が関与しない考え方である。その点、はたして「ニューカム問題」の問題設定に沿っているのかどうか、ということが今度は疑問になってくる。

こうした疑問に応じるには、予言者の予言によるB2の中身はあなたの選択とは因果的に独立である、という考え方に沿いつつも確率を導入して期待効用を考慮していく必要があるが、それはどういう見方を促すだろうか。こうした問題意識のもと、「因果的意思決定理論」あるいは「意思決定の因果説」と呼ばれる考え方が、アラン・ギバートやウィリアム・ハーパーといった哲学者たちによって提起された。この因果説との対比のもと、前節で言及した「条件つき確率に基づく期待効用最大化原理」の考え方は（それはジェフリーなどの場合はベイズ的意思決定理論にほかならないが)、「証拠的意思決定理論」あるいは「意思決定の証拠説」と呼ばれるわけである。

さて、この因果的意思決定理論では、因果関係を「もし何々が生じれば、かくかくが生じる」という条件文としてとらえる。そして、この条件文に対する確率を考慮するのである。[*2] すると、①の場合は「もしあなたが両方の箱を開けるならば、予言者はB2にお金を入れなかっただろう」の確率を考慮することになるが、これは、予言者のB2に関する決定はすでになされているので、客観的に言って、二箱を開けるという選択はその決定に何の因果的影響も与えないゆえ、②の場合、「もしあなたがB2だけを開けるならば、予言者はB2にお金を入れなかっただろう」の確率と同じになる。すると、③の場合、「もしあなたが両方の箱を開けるならば、予言者はB2にお金を入れただろう」は、①や②の確率の余事象なので、①や②の確率を1から引いた確率値になる。そしてそれは、因果的影響についての同様の考え方に基づいて、④の場合、「もしあなたがB2だけを開けるならば、予言者はB2にお金を入れただろう」と同じ確率のはずである。

だとすると、これらの確率の値がどのようであろうとも、一箱と二箱の期待効用を求めるならば(①と②の確率をa、③と④の確率を1-aと考えて、それぞれの効用、つまり金額を乗じて計算すればよい)、明らかに「両方の箱を開ける」の期待効用のほうが、「B2だけを開ける」よりも大きくなる。よって、因果的意思決定理論に基づいても、「両方の箱を開ける」が最も合理的とされるのである。[*3] これは、実質的には、「優越原理」を適用して「ニューカム問題」に対応するのと同じ手続きになる。

こうした「ニューカム問題」をめぐる対立は、結局、予言者の能力を重視して、「確率的依存性」に基づいた「ベイズ的意思決定理論」を採用するか、それとも、過去にすでになされた決定と、これから行う行為との「因果的独立性」に基づいた「因果的意思決定理論」を採用するか、という対立であるといえる。つまり、ベイズ主義と、それへの疑問という対立である。これはいまも未決の問題である。

6 因果・人格・経験

いずれにせよ、以上で理解されたように、主観的確率に基づくベイズ主義がいつでも万能でうまくいくというわけではなく、状況の理解の仕方次第では説得力を失う可能性もあるわけである。それに、「ベイズ的条件づけ」に対しては、いくつか根源的な批判も加えられてきた。代表的な批判は、「古証拠問題」であろう。

「古証拠問題」とは、アメリカの哲学者クラーク・グリモアが提起した問題で、すでに古くから知られている証拠については、その真である確率は1であると考えられるが、そうすると、その確率1の値を「ベイズ的条件づけ」に適用すると、さきの式で言うなら、

P(b)＝1のときだが、そうなると、P(a)とP(a｜b)とが同じ値になってしまい、そうだとすると、古証拠によって何らかの仮説の確率が改訂されるという事態（これは当然起こりうる事態である）が説明できなくなってしまう、という問題である。

グリモアは、アインシュタインは自分の重力場方程式を確証するに際して、それよりも五〇年ほど前にすでに知られていた水星の変則的な近日点の動きという古証拠を引き合いに出した、という例を挙げ、そうした場合には古証拠が実際に仮説の確率を改訂しているのに、「ベイズ的条件づけ」ではそのことが説明できない、と批判しているわけである。

こうしたベイズ主義をめぐるすべての問題を一挙に解決することはできない。しかし、そうした解決に向かうために、まずもって気にかけるべきは、「因果性」の概念であろう。前節で説明したように、主観的確率にとくには依拠せず、行為が客観的に引き起こすことのできる事柄のみに焦点を合わせて意思決定を行うことこそが合理的であるという考え方、すなわち因果的意思決定理論が、ジェフリー流の証拠的意思決定理論、あるいはベイズ的意思決定理論に対立する考え方として展開されている。この立場に立つと、「ニューカム問題」については、「優越原理」によっても「期待効用最大化原理」によっても、いずれにせよ二つの箱を選択すべきだということになるのであった。ここでのポイントが、因果的意思決定理論という名前の示すとおり、因果性であることは間違いない。つまり、因果性が意思決定には大きな役割を果たすべきだという見方が根底に流れているのである。

これに対して、ベイズ的意思決定理論での期待効用最大化原理を採用すると、箱を選ぶ行為者の選択の行為が予言者の予言（そして箱の中身）と、少なくとも確率的に依存するがゆえに、一つの箱だけを選ぶべきだ、ということになったわけである。しかし、この部分についてもう少し突っ込んで考えてみるならば、ここでの確率的な依存関係というとき、実は、行為者の選択行為と予言者の予言とが、単なる確率的依存ではなく、因果関係ととらえられているのではないか、そしてそれがゆえに、因果的意思決定理論の場合と同じ程度の説得力を伴って（ともに因果関係なのだから）、一つの箱だけを選ぶべきだという意思決定が導かれているのではないかという、そういう理解の仕方が浮かび上がってくる。

実際、そのように因果的にとらえられているからこそ、予言の正確さがことさら問題になってきたのではないだろうか。しかるに、ここで因果関係を導入することは、著しく直観に反する考え方をも同時に伴う。すなわち、選択の行為が原因となって、その行為よりも時間的に先に生じていた予言者の予言を引き起こすという考え方、原因と結果で原因が時間的に後に生じるという考え方、が導入されてしまうのである。これは「逆向き因果」と呼ばれる。こうした「逆向き因果」は、実は物理学では、「反粒子」などの動きとしてすでに理論的に導入されているが、私たちの常識からすると受け入れ難い面がある。けれども、常識からしても、必ずしも全面的に不合理なわけでもない。

ネルソン・グッドマンが挙げる「仮現運動」がよい例になるだろう。「仮現運動」とは、ネオンサインに現実に生じている運動の知覚のことで、ある点aと、ちょっと離れた別の点bとが、少しの時間間隔を経て順に点滅すると、点aから点bへと光が運動したように見える現象のことである（『世界制作の方法』第五章）。この点aから点bへの運動はしかし、点bの点滅の後にいわば遡及《そきゅう》的に仮想されるものである。そして、この遡及的な仮想は、点bの点滅を知覚することによって引き起こされると考えられる。というのも、これは、点bの点滅がなければ、そもそも現れない運動知覚なのだからである。だとすると、これは、点bの点滅が原因となって、点aから点bへの運動知覚が引き起こされているというように、つまりは、点bの点滅がそれに先立つ時間帯での運動の知覚を因果的に引き起こしているというように理解できることになる。「逆向き因果」である。

そして、こうしたネオンサインのような現象が珍しいことでない以上、「逆向き因果」を想定することも絶対的に不合理とはいえないことになる。ならば、期待効用最大化原理に訴えるベイズ主義的な意思決定の仕方を、「ニューカム問題」のような奇妙な事例にまで適用することにも、それなりの理があるかもしれない。

いずれにせよ、私の見方では、以上からも示唆されるように、経験論的発想を共有する功利主義と分析哲学の融合は、究極的には因果性の概念へと収斂《しゅうれん》してくる。そして、こうした経験論的な文脈で因果性に焦点を合わせるという視点は、経験論的発想が「知ること」と「行うこと」との連続性を起点とする思考様式である限り、「知ること」と「行うこと」の起点、その意味で知識や行為の原因としての「人格」(パーソン)、へと回帰してくるはずである。「人格」は責任帰属のありかであり、そして原因概念はもともと責任概念と同根だからである(本書三二六頁の注1参照)。経験論はこうして、伝統的な「人格」の問題を遠巻きにめぐりながら、巨大な渦のようなものとして、いわばらせん状に進展し続けていく。そして、英米哲学の流れが、経験論を基軸とするものである以上、因果性の問題、そして「パーソン」の問題は、英米哲学の全体を投影し映し出す焦点として、いまも思考のひだに光を当て続けている、といえるだろう。

参考文献

エリザベス・アンスコム『インテンション——実践知の考察』、菅豊彦訳、産業図書、一九八四年
一ノ瀬正樹『原因と理由の迷宮——「なぜならば」の哲学』、勁草書房、二〇〇六年
ネルソン・グッドマン『世界制作の方法』、菅野盾樹・中村雅之訳、みすず書房、一九八七年
Jeffrey, R. *The Logic of Decision*. Second Edition. University of Chicago Press. 1983.
リチャード・マーク・セインズブリー『パラドックスの哲学』、一ノ瀬正樹訳、勁草書房、一九九三年

注

＊1 「モードゥス・ポネンス」とは、「もしpならば、qである」、「pである」という二つの前提があるときに、「qである」を導いてよい、とする推論規則のことである。これは、「$\{(p \supset q) \wedge p\} \supset q$」というトートロジーと対応している。

＊2 因果的意思決定理論では、こうした条件文の確率を条件つき確率と捉える。しかし、そうなると、第15章で触れたデイヴィッド・ルイスの「トリヴィアリティ結果」の議論が立ちはだかる。この辺りにどう対応していくかは、現在論争中の課題である。

＊3 ここで言及した「一箱派」と「二箱派」以外にも、「ニューカム問題」にはいくつかの応答がある。たとえば、この問題は設定が不整合であって未確定的だとする「無箱派」と呼ばれる考え方、あるいは、ロバート・ノージックのように、一つの選択行為がほかの同種の行為を象徴するという次元での「象徴的効用」という高次の効用概念を導入することによって、「ニューカム問題」に対する多様な応答可能性を許容する立場、などがある。

『論理学体系』 143, 144, 184
論理形式 212
論理実証主義（論理経験論） 14, 15, 163, 165, 169-178, 182, 183, 185, 186, 208, 253, 266, 293, 297, 302-304, 306, 310
論理主義 187, 188, 197
論理的真理 → 形式的真理
『論理哲学論考』（『論考』） 167, 169, 208, 209, 211-218, 224, 225

【わ 行】

ワーズワース，ウィリアム 143

ミル，ジョン・スチュアート　19, 134, 142–163, 181, 184, 228, 234, 323, 356
民主主義　265
ムーア，ジョージ・エドワード　159, 175, 229, 261
無差別の原理　332
無知　347, 349
無知のヴェール　269, 270
無箱派　371
命題論理　189, 190, 193
メタ倫理学　97, 115, 121, 171
網膜倒立像問題　91
モードゥス・ポネンス　345, 347, 353, 371
モラル（道徳的）・ディレンマ（葛藤）　132–135, 160, 234, 235, 238
モラル・ラック　228, 247
モリヌークス・ウィリアム　92
モリヌークス（モリニュー）問題　91, 92, 96

【や　行】

『唯物論と経験批判論』　79
優越原理　363, 364, 366, 367
要素一元論　164, 173
様相論理　355

【ら　行】

ライプニッツ，ゴットフリート・ヴィルヘルム　42, 92, 187, 280, 281, 355
ライヘンバッハ，ハンス　168, 336, 337
ライル，ギルバート　177
ラッセル，バートランド　20, 175, 176, 189, 195–199, 201, 207, 261
ラッセルのパラドックス　196–201
ラムジー，フランク・プランプトン　202, 333, 340, 341
ラムジー・テスト　341
『リヴァイアサン』　34
リーガン，トム　249
利己主義　124, 230, 231, 249
リスク　349
リバタリアニズム　272, 274, 319
リベット，ベンジャミン　322
リベラリズム　271, 272
量化子　194
量子（論，力学）　103, 328, 334
量的測定　→　計量化
両立主義　109, 111, 319–321
倫理学の自然化　319
類似性原理　81
ルイス，デイヴィッド　341, 371
ルソー，ジャン＝ジャック　99, 119
歴史的で平明な方法　45
レーニン，ウラジーミル　79
連合原理　101
連帯　267
労働（所有権論）　64–68, 70, 71
ろ過する　337
ロスのパラドックス　355
ロック，ジョン　26, 36, 38–73, 75, 83, 96, 100, 130, 144, 152, 173, 218, 227, 273, 331
ロック的ただし書き　66–68, 274
ローティ，リチャード　166, 266–268
ロールズ，ジョン　268–273
ローレンツ，ヘンドリック　308
論証的知識　53

263, 265, 267, 278
フラーセン，バス・ヴァン　258
ブラッドリー，フランシス・ハーバート　261
プラトニズム　189
プラトン　214
プランク，マックス　168
フランクファート，ハリー・G.　320
ブラント，リチャード　233
フレーゲ，ゴットロープ　20, 167, 168, 187–189, 197, 199, 207
ブレンターノ，フランツ　165, 168
プロトコル命題　174
『プロレゴメナ』　39
分析／総合　170, 172, 305–307
文脈原理　167, 188
文脈主義　347
ヘア，リチャード・マーヴィン　160, 235–238, 269
ベイズ，トマス　357
ベイズ主義　10, 55, 97, 258, 350–371
ベイズ的意思決定理論　357, 358, 362, 365–368
ベイズ的条件づけ　358
ベイズの定理　333, 357
ヘーゲル，ゲオルク・ヴィルヘルム・フリードリヒ　137, 261, 264, 266
ベーコン，フランシス　28–34, 144, 152, 173, 252, 256, 277, 282, 283, 295
ベーコン，ロジャー　28
ベッカリーア，チェーザレ　120, 139
ペリー，ジョン　181
ペルキピ原理（存在するとは知覚されることである）　78–80, 85–87, 93, 94
ベンサム（ベンタム），ジェレミー　19, 118, 120–143, 152, 155–158, 160, 228, 232, 237, 254
ヘンデル，ゲオルク　77
ヘンペル，カール　145, 168, 283–287
ヘンペルのカラス　279, 283–287, 293, 295
ボイル，ロバート　38
包括原理　197, 198
法廷用語　49
保証つきの言明可能性　265
ポスト・モダン　41
ホッブズ，トマス　33–36, 59–62, 130, 249
ポパー，カール・ライムント　20, 32, 74, 168, 206, 207, 294–296, 334
ホーリズム　266, 267, 307, 309
ボルツァーノ，ベルナルト　166
ボルツマン，ルートヴィヒ　168
ホワイトヘッド，アルフレッド・ノース　20, 74, 189

【ま　行】

マイケルソン・モーレーの実験　308
マキシミン・ルール　271, 272
マコーレー，トマス　143
マージナル・ケースの問題　243
マッキンタイア，アラスデア　271
マッハ，エルンスト　164, 165, 168, 173, 308
マルクス，カール　141
マルブランシュ，ニコラ・ド　88
ミル，ジェームズ　142

パース，チャールズ・サンダース　250-256, 258-261, 263-265, 267, 277, 358
パスカル，ブレーズ　54, 331
パーソン（人格，声主）　25, 35, 49, 50, 52, 64-66, 70, 71, 115, 137, 242, 244-246, 370
ハチスン，フランシス　129
ハッキング，イアン　169
発語行為　179, 180
発語内行為　180
発語媒介行為　180
バッハ，ヨハン・セバスチャン　77
パトナム，ヒラリー　266, 277
パノプティコン　120, 139, 140
ハーパー，ウィリアム　364
パラダイム論　279, 296, 297
バーワイズ，ジョン　181, 202
反実在論　349
反証（主義，可能性）　32, 279, 293-297, 307, 308
反照的均衡　270
ハンソン，ノーウッド・ラッセル　296
万人の万人に対する闘争　35
反粒子　103, 368
光の形而上学　27
非決定論　320
必然（性，的，的結合）　104-110, 144, 170, 306, 319, 321, 328, 334-336, 355
ビーティ，ジェイムズ　129
非認知主義　171
美の功利説　74, 94
批判的レベル　238, 239
非物質論　79-82, 84, 85, 94
ヒューエル，ウィリアム　144
ヒューム，デイヴィッド　97-120, 129, 145, 255, 282, 287, 289, 298, 310, 319-321, 334
ヒュームのフォーク　102, 145
ヒュームの法則　115
非両立主義　319
頻度説　333
ファイン，キット　346
ファインマン，リチャード　103
ファジー論理　203
フィルマー，ロバート　58, 59
フォン・ウリクト，ゲオルク・ヘンリック　355
フォン・ミーゼス，リヒャルト　333
不確実（性）　76, 189, 204, 224, 225, 228, 238, 246-248, 282, 283, 295, 300, 343, 356
不確定性原理　328
複雑観念　48, 49
フーコー，ミシェル　140
フッサール，エドムント　166
物質　79-82, 84
フット，フィリッパ　162
物理主義　317
普遍化可能性　236, 241
プライベート性　48, 51, 52, 227
ブラウワー，ライツェン・エヒベルトゥス・ヤン　208, 216
プラグマティズム　10, 14, 166, 250, 253-256, 259-261, 263-269, 272, 275, 277
プラグマティズムの格率　250, 252, 253, 255, 258
プラグマティズムの真理論　261-

デザイン論証　111-114
『哲学探究』(『探究』)　208, 215, 217, 219-223
『哲学的評注』(『評注』)　77, 87, 89
デ・フィネッティ，ブルーノ　333
デューイ，ジョン　264-266, 268
デュエム，ピエール　307
デュエム＝クワイン・テーゼ　307
天に訴える　62, 72
ドイツ観念論　15, 164
道具主義　74, 265
『統治論』　46, 50, 57, 58, 65-67, 72, 73
動的論理　356
『道徳および立法の諸原理序説』(『諸原理』)　120-123, 129
道徳感情(論)　115, 117, 118, 129, 130
道徳心理学　162
道標の事例　33
投票のパラドックス　155
動物解放論　228, 242, 249
動物権利論　249
独我論　212
徳倫理学　124
トートロジー　193, 212, 295, 313
トムソン，ジュディス・ジャーヴィス　162
トリヴィアリティ結果　341, 371
トロリー問題(トロッコ問題)　134, 160-162, 356

【な　行】

なまの事実　181, 312, 315
偽の原因　337
二層理論　237, 238
二値原理　190, 202, 203
日常言語学派　178
二箱派　364, 371
ニューカム，ウィリアム　359
ニューカム問題　272, 359-371
ニュートン，アイザック　99, 165
『人間知性研究』　98, 101, 111
『人間知性論』　39-41, 44-47, 51, 52, 54, 56, 57, 65, 70, 71
人間の科学　99, 100
『人間本性論』(『人性論』)　98, 99, 102, 115, 116
『人間本性論摘要』　102
認識説　347
認識論　15, 21, 38-40, 43-47, 50, 51, 70, 74-76, 80, 168, 279, 302, 309-311, 347
ネオ・プラグマティズム　266, 278
ネーゲル，トマス　247
ノイラート，オットー　168
脳神経倫理　162, 322
『ノヴム・オルガヌム』　29
ノージック，ロバート　66, 272-275, 359, 360, 371
ノーブ，ジョシュア　324, 325
ノミナリズム(唯名論)　28

【は　行】

排中律　216, 217, 303
ハイデガー，マルティン　164, 169, 170, 183
『ハイラスとフィロナスの三つの対話』　77, 88
バークリ，ジョージ　74-94, 98, 250, 255
ハーシェル，ウィリアム　144

スミス，アダム　274
精確化　346
正義（の原理）　10, 117, 118, 160, 231, 235
『正義論』　268, 270–272
整合説　260, 261
制裁　122
精神の能動性　87, 94
生得（説，原理）　42–44, 92, 280
制度的事実　181, 312, 315
生物学の哲学　279, 298–300
生命倫理　149
セインズブリー，リチャード・マーク　199
責任　108, 110, 245, 248, 318–321, 326, 369
世代間倫理　240
接近　103, 104
セラーズ，ウィルフリッド　267
選言三段論法　185, 186, 328–330
先行　103–105
選好（の充足）　236–240, 246
選好功利主義　160, 228, 237, 238, 269
センシビリア　176
センス・データ　56, 175–177
戦争状態　61, 62
双真理説　203
想像（ヒューム因果批判における）　107
創造説　97, 113, 298
ソライティーズ・パラドックス　343–348
存在論　→　オントロジー
存在論的曖昧性　348
ゾンビ論法　318

【た　行】

対応説　260, 261
代表説　84, 85, 94
大福主義　12, 125, 127–129, 131–136, 138, 140, 142, 229
タイプ理論　199, 201, 202
ダーウィン，チャールズ　265, 298
多元的宇宙論　262
他行為可能性　320
他者危害原則　147, 149–154
多数者の専制　148, 151, 154, 155
多値論理　203, 347
ダメット，マイケル　166, 349
単純観念　47–49
単純枚挙　30, 32, 282
ダント，アーサー・コールマン　342
チザム，ロデリック　355
知的所有権（知的財産権）　46, 70, 71
知は力なり　31
チャルマーズ，デイヴィッド　318
抽象観念　82–85, 94
中立説　299
超真理（重真理）　347
直観主義　146, 208, 216
直観的レベル　238, 239
チョムスキー，ノーム　44
通約不可能性　297
月の錯視　91
デイヴィドソン，ドナルド　315, 316
デイリー，マーティン　326
デカルト，ルネ　42, 221, 317, 327, 328

実質含意　192, 193
実践的推論　350–354, 356
『実践の倫理』　241, 242
実践理性の二元性　231
質的功利主義　155, 156
私的言語　51, 218, 227
私的所有　51
シドナム，トマス　38
思念　87, 88
死の形而上学　139
自文化中心主義　267
（社会）契約論（説）　35, 62, 249
シャフツベリ卿（伯三世）　129
自由（意志）　21, 75, 97, 108–111, 245, 318–323
習慣　106, 107, 251–253
集合（論）　188
自由主義　319
囚人のディレンマ　36
重評価論　346
『自由論』　147–151, 154
主観的確率（信念の度合い）　332, 341, 357, 366
種差別　243
述語論理　189, 193–195
シュリック，モーリッツ　168, 208
純粋経験　262
準備電位　322
状況意味論　181
証拠的意思決定理論（意思決定の証拠説）　358, 365, 367
象徴的効用　371
剰余法　146, 147
ショーペンハウアー，アルトゥール　214
所有権　57–73
所与の神話　267
指令性　235, 236
人為的徳　117
シンガー，ピーター　19, 241–244, 249
人格　→　パーソン
人格知識　301
人格（パーソンの）同一性　49, 71
進化心理学　323, 326
進化理論　97, 113, 298, 299, 311, 323
人工言語学派（理想言語学派）　172, 178
『人知原理論』（『原理論』）　77, 82, 84, 89, 90, 93
信念（ヒューム因果批判における）　107
信念の度合い　→　主観的確率
シンプソンのパラドックス　337, 338, 340
真理関数　210, 211
真理値ギャップ　203
真理値グラット　203
真理値表　191, 193, 211
真理のデフレ理論　263
スウィフト，ジョナサン　77
数学基礎論　200
『数学原理』（『プリンキピア・マテマティカ』）　20, 189, 199
スコトゥス，ドゥンス　28
スッピス，パトリック　336
ストルネイカー，ロバート　341
ストルネイカーの仮説　341
ストローソン，ピーター・フレデリック　177, 183, 205
スペキエス　28
スマート，J. J. C.　233

原初状態　270, 271
ケンブリッジ（大学）　159, 202, 206, 207
原理主義　13, 135
行為功利主義　233, 234
行為者論理　356
行為遂行的発言　179
行為の因果説　314-317
公益主義　11, 125
恒常的連接　105-107, 109, 113, 282
構成的／統整的　335
公正としての正義　270
構文論　171, 172, 178, 182
効用（功利）　354, 357, 371
『功利主義論』　155-157, 160
功利性の原理　121, 123, 124, 127, 128, 156, 233
合理的意思決定　357, 358, 360
合理的自愛の原理　231
合理的博愛の原理　231, 235
声主（パーソン）　245
心の決定　107
心の哲学　314, 317
古証拠問題　366
誤判可能性　138
コペンハーゲン解釈　334
語用論　178, 182
コンウェイ（ハートフォード卿）　99
コンヴェンション　117
コンドルセ（マリー・ジャン・アントワーヌ・ニコラ・ド・カリタ）　155

【さ　行】

最善の説明　257, 258
最大多数の最大幸福（最大幸福の原理）　11, 123, 125, 156, 229, 237, 358
差異法　146
坂部恵　77, 96
錯覚論法　175, 177
サール，ジョン　180, 181, 312
『算術の基礎』　188
『算術の基本法則』　188
三段論法　29, 30, 144
思惟経済　165
ジェイムズ，ウィリアム　259-266
ジェフリー，リチャード　358, 362, 364, 367
ジェフリーズ，ハロルド　301
『視覚新論』　77, 90, 91, 93
死刑　136-139
志向的内在　166
シジウィック，ヘンリー　228, 230-232, 235, 237
事実／規範　59, 60, 114, 117, 118, 159, 181, 229
『事実・虚構・予言』　288, 290, 292
自然化された認識論（自然主義的認識論）　302, 309-311, 313-315
自然権　35
『自然宗教に関する対話』　99, 112, 113
自然主義　97, 302-325
自然主義的誤謬　159, 181, 229, 232, 323
自然状態　34, 59-63
自然選択　299
自然的徳　117
自然法　35, 44, 59-63, 67-71, 130
実験哲学　324

規則功利主義　233, 234
規則のパラドックス　222, 224, 226, 290
期待効用（最大化原理）　358, 362, 363, 367-369
帰納（法，論理）　29-33, 106, 107, 144-146, 152, 184, 256, 257, 279-301
ギバート，アラン　364
規範（倫理学）　121, 124, 129, 159, 228, 231, 249, 335, 355, 356
木村資生　299
義務論　124, 132, 134-137, 156, 160, 161, 237
義務論理　351, 355, 356
規約による真理　205, 302-304
逆向き因果　277, 368, 369
客観的確率　332, 333
キャロル，ルイス　303
境界線事例　343-346
共感（と反感）　116, 127, 129-131, 158
教義的直観主義　230
共同体論　271
共変法　146
キリスト教　60, 62, 63, 73, 298
禁欲主義　127, 128, 131
偶然　119, 210, 298, 320, 342
クオリア　318
愚行権　150, 153
グッドマン，ネルソン　287-289, 291, 292, 301, 368
グライス，ポール　180
クラーフト，ヴィクトル　169, 174
クリプキ，ソール・アーロン　222, 290, 291
グリモア，クラーク　367
グルーのパラドックス　279, 286, 287, 289-291, 295, 301
グレーリング，アントニー　227
グローステスト，ロバート　27, 28
クワイン，ウィラード・ヴァン・オーマン　15, 205, 266, 267, 302-307, 309-312, 315
クーン，トーマス　296, 297
経験主義の二つのドグマ　304
経験（論）的　23, 45, 80, 83, 350
傾向性説　334
形式的真理（論理的真理）　170, 172, 185, 186, 188, 192, 193, 303, 305, 328, 329, 331
形而上学（メタフィジックス）　15, 21, 74-76, 80, 95, 139, 147, 164, 170, 183, 337, 348
形而上学クラブ　251, 259
刑罰　127, 131, 136-140
計量化（への志向性）　9, 10, 25, 72, 133, 152, 246, 254, 328, 348, 350, 351
結果主義（帰結主義）　124, 231
結合子　191
決定実験　33
決定（論，性）　104, 119, 319, 320, 328
ゲーム理論　36, 238
権威　313, 314
原因　→　因果
権原　274
言語ゲーム　219-221, 225
言語行為（論）　163, 178, 180-182, 218, 228
言語論的転回　166-169

291, 294, 302
ヴェジタリアン　243
嘘つきのパラドックス（意味論的パラドックス）　200-202
宇宙のセメント　102
エア（エイヤー），アルフレッド・ジュールズ　171, 175, 177
エヴァンズ，ギャレス　348
エジントン，ドロシー　347
エチェメンディ，ジョン　202
エネルギー保存則　28
エピクロス　156
エピメニデス　200
エルヴェシウス，クロード＝アドリアン　120
演繹（論理）　22, 29, 35, 36, 143-145, 184-186, 256, 294, 295, 303, 328, 355
王権神授説　58
応報主義　136
応用倫理学　121
オースティン，ジョン・ラングショー　177-180
オッカム，ウィリアム　28
オックスフォード（大学，学派）　27, 38, 77, 120, 171, 177, 178, 235, 347
オントロジー（存在論）　15, 21, 76, 80, 166

【か　行】

『概念記法』　188
快楽の計算　124-126, 158
確言命題　174, 176
格差原理　271-273
『確実性の問題』　208, 225
確証　283, 284
確率　52-55, 255, 299, 327, 330-342, 351, 354, 361, 366-368
確率革命　54, 327, 331
確率的因果　334, 336, 337, 339
仮現運動　368
過去の偶然性　342
家族的類似性　220
固い非両立主義　319
語りえないもの　210-215, 225
加藤尚武　152, 153, 162
カバー法則モデル　145
可謬主義　260, 261
貨幣　68-70
神（の概念，の存在）　44, 75, 88, 89, 112, 113, 253
神の言語（自然の創造主の言語）　91
ガリレイ，ガリレオ　33
カルナップ，ルドルフ　168, 172-174, 178, 291, 292, 302, 303
感覚的知識　53
還元主義　170, 173, 176, 306, 307
観察によらない知識　352, 353
観察の理論負荷性　279, 296, 297
カント，イマヌエル　24, 39, 45-47, 97, 98, 132, 134, 160, 214, 334
カントール，ゲオルク　188
観念の関係／事実の問題　102, 106
観念の方法　40
寛容　344, 345
機会原因論　88
疑似命題　213
記述主義的誤謬　179
記述理論　195, 205
奇跡　114

索　引

配列は五十音順（「功利主義」，「分析哲学」，「経験論」は除く）。

【あ　行】

アイティア（原因，責任）　326
曖昧（性）　189, 204, 330, 343–348, 356
アインシュタイン，アルベルト　308, 367
アウグスティヌス　218
アシュリー卿（シャフツベリ伯一世）　38, 39
『アナーキー・国家・ユートピア』　272, 273
アブダクション　254, 256–258, 358
ア・プリオリ（ア・プリオリズム）　21, 22, 30, 40, 45, 46, 80, 88, 100, 103, 144, 169, 184–187, 311
ア・プリオリで総合的な判断　40
ア・ポステリオリ　103, 104
アリストテレス　27, 33, 143, 187, 260, 317, 352
『アルシフロン』　77, 93, 94
アンスコム，エリザベス　316, 351, 352
暗黙の同意　51
イギリス経験論　22, 24, 27, 164
意識　49, 65, 71, 322, 334, 335
一次性質／二次性質　49
一箱派　362, 363, 371
逸脱因果　316, 317
一致差異併用法　146
一致法　146
一般的視点　116, 130
遺伝的浮動　299
意図（的行為）　316, 324, 351, 352
イドラ　31, 32
意味の検証可能性（テーゼ）　170, 173, 176, 294, 306
意味の使用説　215–218
意味論　171, 172, 178, 182
因果（原因）　75, 76, 87–90, 93–119, 145–147, 212, 255, 277, 299, 315–317, 326, 324–340, 365–369
因果的意思決定理論（意思決定の因果説）　363–368, 371
因果の規則説　107
印象／観念　100, 101, 107, 282
インテリジェント・デザイン　298
ヴァイスマン，フリードリヒ　168, 216
ウィトゲンシュタイン，ルトヴィヒ　20, 51, 167–169, 206–227, 290
『ウィトゲンシュタインのパラドックス』　291
ウィリアムソン，ティモシー　347
ウィルソン，マーゴ　326
ウィーン学団　20, 165, 168–170, 283,

本書は二〇一〇年三月、放送大学教育振興会より刊行された『功利主義と分析哲学——経験論哲学入門』に、「第12章　プラグマティズムから現代正義論へ」を増補し、全体にわたり改訂を施したものである。

ちくま学芸文庫

英米哲学史《えいべいてつがくし》講義《こうぎ》

二〇一六年七月十日　第一刷発行
二〇二三年七月五日　第六刷発行

著　者　一ノ瀬正樹（いちのせ・まさき）

発行者　喜入冬子

発行所　株式会社　筑摩書房
東京都台東区蔵前二―五―三　〒一一一―八七五五
電話番号　〇三―五六八七―二六〇一（代表）

装幀者　安野光雅
印刷所　株式会社精興社
製本所　株式会社積信堂

ISBN978-4-480-09739-2 C0110